Marc M. Galal

So überzeugen Sie jeden

Marc M. Galal

So überzeugen Sie jeden

Neue Strategien
durch „Verkaufshypnose"

3. aktualisierte
und ergänzte Auflage

GABLER

Bibliografische Information der Deutschen Nationalbibliothek
Die Deutsche Nationalbibliothek verzeichnet diese Publikation in der
Deutschen Nationalbibliografie; detaillierte bibliografische Daten sind im Internet über
<http://dnb.d-nb.de> abrufbar.

Die 1. und 2. Auflage sind im wbv W. Bertelsmann Verlag erschienen.
3. aktualisierte und ergänzte Auflage 2010

Alle Rechte vorbehalten
© Gabler Verlag | Springer Fachmedien Wiesbaden GmbH 2010

Lektorat: Barbara Möller

Gabler Verlag ist eine Marke von Springer Fachmedien.
Springer Fachmedien ist Teil der Fachverlagsgruppe Springer Science+Business Media.
www.gabler.de

Umschlaggestaltung: KünkelLopka Medienentwicklung, Heidelberg
Druck und buchbinderische Verarbeitung: MercedesDruck, Berlin
Gedruckt auf säurefreiem und chlorfrei gebleichtem Papier
Printed in Germany

ISBN 978-3-8349-2149-9

INHALTSVERZEICHNIS

DANKSAGUNG

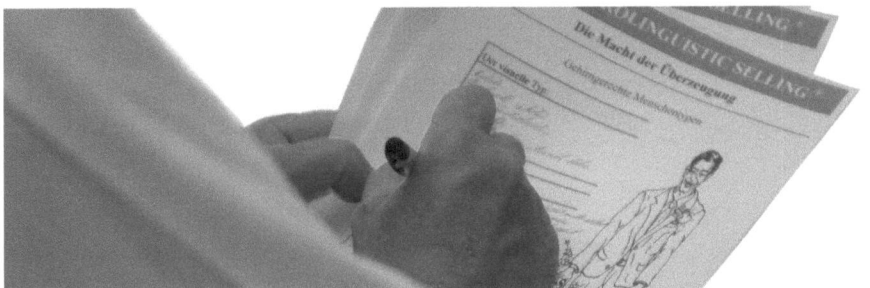

Manchmal sollte man innehalten und auf den Weg zurückschauen, den man gegangen ist. Die dritte, vollständig aktualisierte Auflage meines Buches „So überzeugen Sie jeden. Neue Strategien durch Verkaufshypnose" ist einer meiner persönlichen Meilensteine und damit ein guter Moment, innezuhalten und zurückzublicken.

Viele Menschen haben mich auf diesem Weg begleitet, haben mein Know-how, meine Kraft und Inspiration gefördert, und dafür werde ich ihnen für immer dankbar bleiben. Doch wenn ich alle diese mir wertvollen und besonderen Menschen namentlich aufführen wollte, dann würde dies ein eigenes Buch füllen.

Einige möchte ich dennoch nennen: Richard Bandler, Anthony Robbins und Brian Tracy. Von ihnen habe ich viel gelernt, und ich schätze, respektiere und bewundere sie. Was ich bei ihnen gelernt habe, bildete die Grundlage für die nls®-Strategie, die ich entwickelt habe.

Mein herzlicher Dank gilt auch dem Team des Marc M. Galal Instituts, das mir den Rücken frei hält, mich unterstützt und dafür sorgt, dass viele wissbegierige Menschen von der nls-Strategie profitieren können.

VORWORT DES AUTORS ZUR 3. AUFLAGE

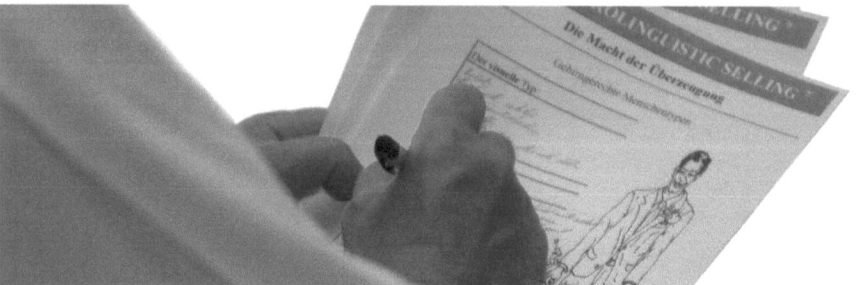

Die Fähigkeit, Menschen zu überzeugen und zu beeinflussen, zieht sich wie ein roter Faden durch unser Leben und entscheidet darüber, ob wir erfolgreich oder erfolglos sind. Ob Sie eine neue Arbeitsstelle suchen, eine Beförderung anstreben, Ihre Bank von Ihrem Konzept überzeugen wollen oder einen Lebenspartner suchen – alles hängt von dieser speziellen Begabung ab.

Eliteverkäufer, Politiker, Werbestrategen und Staranwälte – sie alle haben diese Fähigkeit perfektioniert und wissen, dass nur derjenige erfolgreich sein wird, der in der Lage ist, schnell eine vertrauensvolle Beziehung zu seinem Gesprächspartner aufzubauen und ihn auf der bewussten und der unterbewussten Ebene zu überzeugen. Es ist unumstritten, dass Eliteverkäufer Sprach- und Verkaufshypnose in ihrem Verkaufsalltag verwenden, um Aufmerksamkeit zu erreichen und ein Vertrauensverhältnis aufzubauen, um einen unvergesslichen Eindruck zu hinterlassen und schließlich den Verkaufsabschluss zu erzielen.

Vor diesem Hintergrund stellt sich die Frage, warum sich so wenige Menschen mit dem wichtigen Thema Verkaufslinguistik beschäftigen. Unsere Sprache ist nun einmal die einzige Form, wie wir unseren Mitmenschen unsere Gedanken und Gedankenmuster mitteilen können. Wenn Sie dieses Buch durchgearbeitet haben, werden Sie erkennen, wie Sie in den Bereichen Verkaufslinguistik und Sprachfertigkeit enorme Fortschritte machen. Denn in jedem Wort und jedem Satz stecken unbewusst mehr Informationen, als Sie denken.

Dieses Buch handelt von Neuro Linguistic Selling, nls®[1], und basiert auf den Prinzipien und Techniken der anerkannten Neurolinguistischen Programmierung, NLP™. Gepaart mit bewährten Verkaufsstrategien bietet es eine wahre Wunderwelt an erprobten Strategien, umsetzbaren Tipps und ungewöhnlichen Denkansätzen. Die dritte Auflage dieses Buches wurde vollständig aktualisiert und um zahlreiche Beispiele, Techniken und Strategien erweitert. Neu hinzugekommen ist das Kapitel 3.13 „Der Zusatzverkauf". NLP wurde in den siebziger Jahren von Richard Bandler und John Grinder entwickelt. Sie haben die besten Psychotherapeuten der Welt (Virginia Satir, Fritz Perls und Milton Erickson) modelliert. Richard Bandler und John Grinder haben dafür deren Sprache und Fähigkeiten genau analysiert und ein Modell entwickelt, das uns ermöglicht, diese außergewöhnlich erfolgreichen Strategien zu übernehmen.

Wenn es den weltbesten Therapeuten gelungen ist, allein mit der Sprache ihre Klienten vom Vorteil eines gesunden Lebens zu überzeugen, ist das doch wohl das effektivste Instrument, um Ihre Kunden vom Vorteil Ihres Produktes oder Ihrer Dienstleistung zu überzeugen.

Die Sprache ist einer der wichtigsten Faktoren, wie wir die Weltmodelle anderer Menschen wahrnehmen können und auf sie reagieren. Die Fähigkeit zu sprechen und zu kommunizieren, macht uns Menschen auf diesem Planeten einzigartig. Sigmund Freud hielt das Wort und die Sprache für das grundlegende Instrument des menschlichen Bewusstseins und hat dies auch im folgenden Zitat wiedergegeben:

„Worte waren ursprünglich Zauber, und das Wort hat noch heute viel von seiner alten Zauberkraft bewahrt. Durch Worte kann ein Mensch den anderen selig machen oder zu Verzweiflung treiben, durch Worte überträgt der Lehrer sein Wissen auf die Schüler, durch Worte reißt der Redner die Versammlung der Zuhörer mit sich fort und bestimmt ihre Urteile und Entscheidungen. Worte rufen Affekte hervor und sind das allgemeine Mittel zur Beeinflussung der Menschen untereinander."

[Sigmund Freud, Studienausgabe Bd. 1: Vorlesungen zur Einführung in die Psychoanalyse und Neue Folge der Vorlesungen zur Einführung in die Psychoanalyse. II. Teil: Die Fehlleistungen, Frankfurt, April 1982, S. 43]

Marc M. Galal

---

1   nls® ist eine geschützte Wort-Marke des Autors.

VORWORT VON BRIAN TRACY

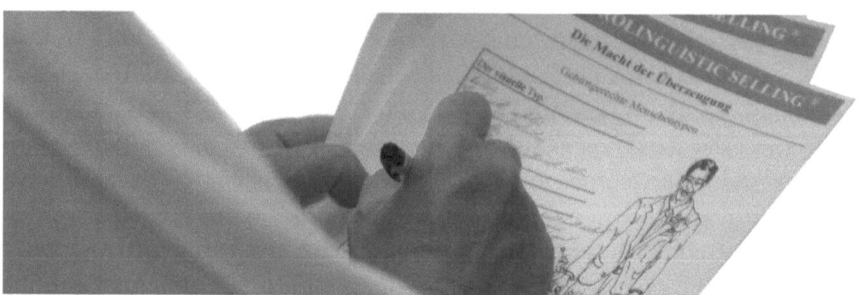

Es ist mir ein Vergnügen, dieses Vorwort für Marc M. Galal, einen der besten Verkaufstrainer in Europa, zu schreiben. Seine Ideen und Einblicke in den Verkaufsprozess haben in vielen Ländern eine tief greifende Wirkung auf eine Vielzahl von Verkäufern.

In den vergangenen 20 Jahren habe ich selbst über 500 000 Verkäufer in 24 Ländern trainiert. Außerdem habe ich gleichzeitig Trainingsprogramme mit entsprechendem Anspruch für über 100 000 Verkaufsmanager geleitet. Inzwischen habe ich hunderte von Büchern und tausende von Artikeln über die psychologische Basis eines Verkaufsprozesses gelesen und unzählige selbst verfasst bzw. erarbeitet. Jetzt hat Marc M. Galal all diese Ideen auf höchstem Niveau in diesem Buch zusammengefasst.

Einer Verkaufsregel zufolge heißt es: „Kunden entscheiden emotional und rechtfertigen logisch." Das bedeutet, dass die Entscheidung zum Kauf in den Gedanken des Kunden, also hauptsächlich emotional bzw. im Unterbewusstsein, getroffen wird. Die Entscheidung basiert nicht auf Logik oder Vernunft. In diesem Buch erklärt Ihnen Marc M. Galal, wie Sie sofort einen positiven Einfluss auf das Unterbewusstsein Ihres Kunden und damit den Verkauf des Produktes oder der Dienstleistung nehmen können.

In vielen Fällen entscheidet sich der Kunde innerhalb der ersten 30 Sekunden während der Begegnung mit dem Verkäufer für den Kauf. In anderen Fällen lehnt der Kunde den Kauf, auch nach mehreren intensiven Gesprächen mit dem Verkäufer, ab. Was Sie während der Lektüre der nächsten Seiten lernen, ist, warum dies passieren kann und wie Sie bestimmte Maßnahmen ergreifen können, um unverzüglich Harmonie sowie einen positiven Einfluss auf den Kunden in den ersten Sekunden der Begegnung herzustellen.

Verkaufen ist beides – Kunst und Wissenschaft. Es benötigt Fachtraining sowie geistige Vorbereitung. Je mehr Ideen und Verständnis Sie für den Verkaufsprozess und speziell für die Gedanken und die Gefühlsart Ihrer Kunden aufbringen können, umso schneller und einfacher ist es für Sie, Ihr Produkt und Ihren Service zu verkaufen.

Dieses Buch wird Ihnen die Augen für Strategien, Techniken und Methoden öffnen, die weltweit erfolgreich auf jedem Gebiet bewiesen worden sind. Sobald Sie diese Ideen erlernt und geübt haben, werden Sie zum effektivsten und erfolgreichsten Verkäufer. Sie werden auf schnellere und einfachere Art mehr verkaufen.

Sie werden mehr Geld verdienen, und Sie werden sicher zu den Besten Ihres Fachgebietes gehören.

Brian Tracy

Vorwort von Dr. Richard Bandler

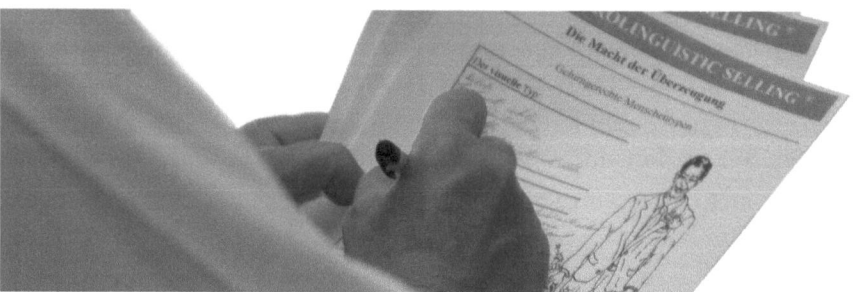

Es ist mir eine große Freude, dieses Vorwort für das Buch von Marc M. Galal zu schreiben, weil er meine Gedanken aufgreift und es so ermöglicht, dass Berufstätige diese in ihrem Bereich sinnvoll umsetzen können.

Dieses Buch hilft allen Menschen, die in ihrem Beruf andere Menschen überzeugen wollen. Jeder Einzelne dieser Zielgruppe, Verkäufer ebenso wie leitende Führungskräfte, sollte sich bewusst werden, dass seine Geschicklichkeit im Verkauf fachlich genauso sicher sein muss wie beim Chirurgen. In dieser Situation, in welcher man sich bewusst werden sollte, dass Sie in einem Beruf sind, in dem man Menschen hilft, eine richtige Entscheidung zu treffen, anstatt eine schlechte Entscheidung zu treffen. Und es ist gewiss eine gute Entscheidung, dieses Buch zu kaufen, und es wäre eine noch bessere Entscheidung, mit dem Lesen fortzufahren und diese Geschicklichkeit auch anzuwenden.

Es ist meine Pflicht, dass ich den Leuten sage: Lesen Sie dieses Buch, weil das Lesen dieses Buches Sie sowohl in beruflicher als auch in privater Hinsicht erfolgreicher macht - und das mit Leichtigkeit. Denn je mehr Sie sich darin verstehen, Menschen zu überzeugen, werden Sie gewiss auch in der Lage sein, sich selber zu überzeugen, gute Entscheidungen zu treffen.

Vielen Dank

Dr. Richard Bandler

Nutzen Sie Ihre Fähigkeiten!

EINLEITUNG

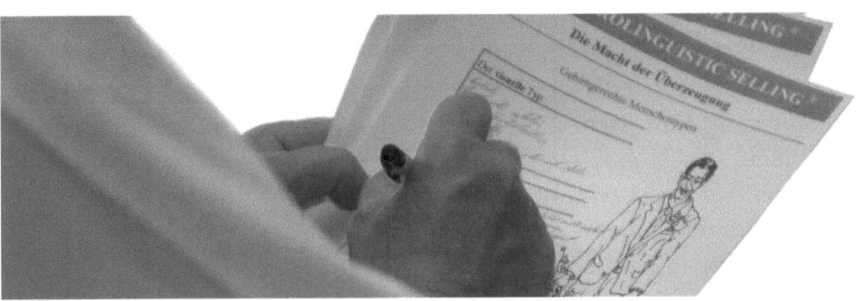

Die meisten von uns können sich noch an die Berliner Mauer erinnern. Bilder von Stacheldraht, Grenzübergängen und einem geteilten Deutschland kommen einem in den Sinn. Umso mehr, wenn man selbst zu dieser Zeit in Berlin war und alles mit eigenen Augen gesehen hat. Auch ich bin vor vielen Jahren einmal mit einem Bekannten an der Berliner Mauer entlanggegangen, und wir haben uns gefragt, ob wir es wohl je erleben werden, dass diese Mauer fällt. Und sie ist gefallen. Wieder erscheinen Bilder von begeisterten Menschenmassen, von Glück in den Gesichtern und Tränen in den Augen der unmittelbar betroffenen Bürger der geteilten Stadt.

Veränderungen passieren tagtäglich. Dass sich etwas verändert, ist ganz natürlich. Wenn man in der Natur eine Pflanze beobachtet, ist diese am Anfang noch ziemlich klein, fängt plötzlich an zu wachsen und wird immer größer und größer. Es ist ganz natürlich, wenn man sich, bewusst oder unbewusst, verändert. Kein Mensch ist mehr so, wie er vor zwei, drei, fünf oder zehn Jahren war. Und keiner von Ihnen wird nach der Lektüre dieses Buches so sein wie jetzt, während Sie die ersten Seiten umgeblättert haben. Vielleicht werden Veränderungen stattfinden, die Sie bewusst wahrnehmen. Und ganz sicher werden Veränderungen stattfinden, die Sie nicht bewusst wahrnehmen. Liebe Leser, wir sprechen hier über nls, Neuro Linguistic Selling.

nls verbindet die besten und effektivsten Strategien des Verkaufens mit den bahnbrechenden und anerkannten NLP™ Techniken, die gezielt weiterentwickelt wurden. Sie fragen sich vielleicht, was nls Neuro Linguistic Selling bedeutet?

Das **N** steht für unsere Neuronen, unsere Nervenbahnen, unsere Denkmuster. Immer, wenn Sie etwas Neues lernen, entsteht eine neuronale Verbindung. Stellen Sie sich ein großes Kornfeld vor. Ein kleines Kind läuft dort umher und hinterlässt in diesem großen Kornfeld seine Spuren. Genauso ist es auch, wenn Sie etwas Neues erleben. Gehen Sie öfter denselben Weg, so wird er für Sie schnell zur Gewohnheit. Wenn Sie jetzt diese Gewohnheit, also das Entscheidungsmuster oder Persönlichkeitsmuster, bei Ihrem Kunden erkennen, dann können Sie schnell eine Voraussage über sein Verhalten vornehmen.

Das L in nls steht für Linguistic, die Sprache im Verkauf. Linguisten erforschen bereits seit vielen Jahren die Gesprächsführung und Gesprächshypnose. Sie haben dabei festgestellt, dass bestimmte Satzkonstellationen und die Modulation der Stimme bei uns Menschen eine große Wirkung auslösen. Deshalb bieten sich gerade durch die Sprache unendlich viele Möglichkeiten, noch erfolgreicher zu verkaufen. Sokrates hat gesagt: „Sprich, damit ich dich sehe".

Das S steht für Selling, das hervorragende, exzellente, einzigartige Verkaufen. Wenn Sie als Verkäufer immer nur verkaufen MÜSSEN, haben Sie ein hartes Los. Erfolgreicher und glücklicher sind diejenigen, die kaufen lassen. „Sog statt Druck" lautet der Erfolgsgrundsatz. Wie können Sie Ihr Produkt so anziehend machen, Ihr Angebot so verlockend gestalten, dass Ihr Kunde von einem echten Kaufverlangen gepackt wird? Um dies in Perfektion umzusetzen, ist es wichtig, die psychologischen Kaufentscheidungen Ihres Kunden zu ergründen.

Sie werden mit nls in den gesamten Prozess des überzeugenden Verkaufens eingeführt. Sie lernen also nicht Sätze auswendig, sondern erfahren, wie Sie Satzmuster strategisch günstig aufbauen und in welcher Reihenfolge Sie welche Satzformulierungen einsetzen, um Ihren Kunden zu überzeugen. Genau wie sich ein Menü in Vorspeise, Hauptspeise und Dessert gliedert, so wird auch der Verkaufsprozess in einzelne Schritte unterteilt.

Mit nls werden Sie die Denkmuster Ihrer Kunden erkennen und lernen, wie Sie präzise und stilsicher darauf reagieren und Ihre Argumentation darauf abstimmen; so wie ein Arzt für jeden Patienten die richtige Diagnose stellt und die für die Heilung idealen Medikamente verordnet.

Vereinfacht ausgedrückt ist nls die Kunst der Überzeugung durch die gezielte Anwendung der Sprache.

Wir werden gemeinsam Brücken beschreiten, Themen besprechen, die für Sie mit 100-prozentiger Sicherheit faszinierend, hervorragend und exzellent sein werden. Sie werden Dinge erleben, die Sie am Anfang nicht für möglich halten. Sie werden an Ihren Fähigkeiten arbeiten und feststellen, dass Sie enorme Kenntnisse und Fähigkeiten haben. Wir werden gemeinsam herausfinden, warum Menschen etwas tun, etwas bewegen, etwas kaufen.

Warum pilgern hunderttausende Menschen zu Festivals und fahren stundenlang mit dem Auto durch Deutschland, reisen sogar aus dem Ausland an? Warum kommen 80 000 zu einem Konzert von Robbie Williams? Warum kommen so viele Leute zu einem solchen Event? Weil er gut singen kann? Das können andere mindestens ebenso gut! Was macht ihn so einzigartig, was macht ihn für die Massen so anziehend, so magnetisch? Was ist die Quintessenz? Warum gehen Sie ins Kino und sind hin und weg von manchem Schauspieler, der Sie in eine fremde Welt entführt? All diese Fragen werden Sie sich selbst beantworten können, wenn Sie dieses Buch gelesen und durchgearbeitet haben – und nicht nur das! Sie können dank des neuen Know-hows anders agieren und noch erfolgreicher verkaufen.

Erfolgreicher verkaufen durch nls Neuro Linguistic Selling. Einen Schwerpunkt wird dabei die Linguistik bilden. Wir werden uns intensiv mit Sprachmustern beschäftigen, speziell mit der Variante der Tiefenstruktur der Sprache. Ein Beispiel dazu: „Man kann heutzutage keine Immobilien kaufen!" Ein Satz, wie wir ihn, so oder ähnlich, täglich sagen oder hören. Doch was steckt in der Tiefenstruktur der Sprache, welche unausgesprochenen Botschaften verstecken sich hinter so einem Satz? Wer ist „man"? Wer sagt das? Wessen Weltbild wird vermittelt? Heutzutage? Wie lange dauert heutzutage? Ist heutzutage auf die Dauer eines Tages, eines Monats, eines Jahres oder eines Jahrzehnts beschränkt? Der Satz drückt zudem Ablehnung aus. Klar, aber nur das in diesem Satz zu erkennen wäre zu wenig. Gehen Sie in die Tiefe! Nicht der Kontext, der Zusammenhang, in dem dieser Satz geäußert wird, ist an dieser Stelle wichtig. Dieser bezieht sich ja nur auf den Inhalt. Gehen Sie in die Tiefe! In vielen Sätzen sind Botschaften versteckt, die wir nicht immer richtig wahrnehmen. Schließlich sehen, hören und empfinden (wenngleich vieles unbewusst geschieht) wir im gleichen Moment, in dem der Kunde diesen einen (und vielleicht entscheidenden) Satz sagt, noch tausend andere Dinge in der Umgebung. Und das, was wir sagen, ist nicht immer das, was wir denken. Das ist bei Ihnen genauso wie bei Ihrem Kunden. Die Kunst ist es, in der Kommunikation nicht nur zu hören, was gesagt wird, sondern auch die versteckten Botschaften in einem Satz zu erkennen. Ebenso ist es wichtig, wie etwas gesagt wird. Die Satzmelodie kann die Botschaft vollkommen verändern, ebenso wie das, was der Kunde nicht sagt, manchmal wichtiger ist als das, was der Kunde sagt. Nur wenn Sie ganz genau zu- oder sogar hineinhören, können Sie Ihrem Kunden das verkaufen, was er wirklich braucht und womit er glücklich ist. Das macht die Kunst der Überzeugung aus!

In einem weiteren entscheidenden Bereich beschäftigen wir uns mit Verkaufshypnose. Nach der Lektüre dieses Buches sind Sie in der Lage, andere Menschen zu hypnotisieren. Wenn Sie es in Ihrem Verkaufsalltag nicht schon längst tun. Hypnose? Da denken Sie vielleicht an Science-Fiction, an Filme, in denen jemand hypnotisiert wird und unter Hypnose Verbrechen begeht. Kaum wird das Schlüsselwort genannt, erwacht die Person wieder und weiß nicht, welche Taten sie verübt hat. Vielleicht denken Sie auch an das schwingende Pendel, doch Wissenschaftler haben erkannt, dass wir alle in unserem täglichen Sprachgebrauch ganz natürlich Hypnose verwenden. Hypnotische Zustände werden durch verschiedene Techniken und durch den Einsatz unserer Sprache herbeigeführt. Wie man nun im Verkauf damit arbeiten kann, zeige ich Ihnen in diesem Buch. Verkaufslinguistik, Tiefenstruktur der Sprache, Verkaufshypnose - das alles sind fantastische Werkzeuge. Lassen Sie die Themen im Buch einfach auf sich wirken. Sie lesen hier eine kleine Geschichte, machen dort eine kurze Übung, beschäftigen sich mit einem bestimmten Thema - vertrauen Sie mir: Alles im Buch hat seinen besonderen Sinn!

Mein Tag ist heute

Bäume wachsen! Niemand sagt ihnen, dass sie wachsen sollen. Sie suchen sich ihren Weg zum Licht und holen sich über feste Wurzeln das, was sie zum Wachstum brauchen. Sie suchen nach Wegen, um ihre volle Pracht zu entfalten. Wo sind Ihre Wurzeln als nls-Seller? Bringen Sie Ihre Kunden zum Lachen, und Ihr Erfolgsweg wird von glücklichen Menschen gesäumt sein, die Ihnen immer wieder die Kraft geben zu wachsen. So erzeugen Sie bei Ihren Kunden nicht nur eine unwiderstehliche Neugier, sondern haben im Beratungs- und Verkaufsgespräch bis zum Abschluss auch die volle Aufmerksamkeit Ihres Kunden.

> *Wenn ich so viele Dinge erreicht habe, so liegt es daran,*
> *dass ich immer nur eine Sache zur gleichen Zeit wollte.*
>
> [William Pitt]

Vier Elemente entscheiden, ob Sie ein Spitzenverkäufer sind oder werden:
▶ Um andere zu überzeugen, musst du zuerst von dir selbst überzeugt sein.
▶ Nur 20 Prozent des Erfolges hängen vom WIE ab und 80 Prozent vom WARUM.
▶ Verkaufen ist immer eine Übertragung von Gefühlen.
▶ Der gemeinsame Nenner aller Spitzenverkäufer ist, dass sie sich gezwungen fühlen, die Besten sein zu wollen, und viele Gründe dafür haben.

Welche Gründe haben Sie, um an die Spitze zu kommen? Nur was in Ihnen brennt, können Sie in anderen entfachen!

Die 5 Kernfähigkeiten herausragender Verkäufer

1. Wahrnehmungsfähigkeit
2. Flexibilität
3. Zielorientierung
4. Die Fähigkeit, sich selbst in einen Top-Zustand zu bringen
5. Die Fähigkeit, den Kunden in einen Top-Zustand zu bringen

Alles Gelingen hat sein Geheimnis! Alles Misslingen seine Gründe!
Viel Spaß bei der Umsetzung und beim Ergründen der Geheimnisse!

❗ LESER-EXTRA FÜR SIE:
KOSTENLOSER DOWNLOAD VON VERKAUFSLEITFÄDEN

Auf www.marcgalal.com finden Sie Checklisten und interessante Verkaufstipps zum kostenlosen Download. Zutritt erhalten Sie mit folgendem Passwort: **X13m87**

1. BASICS

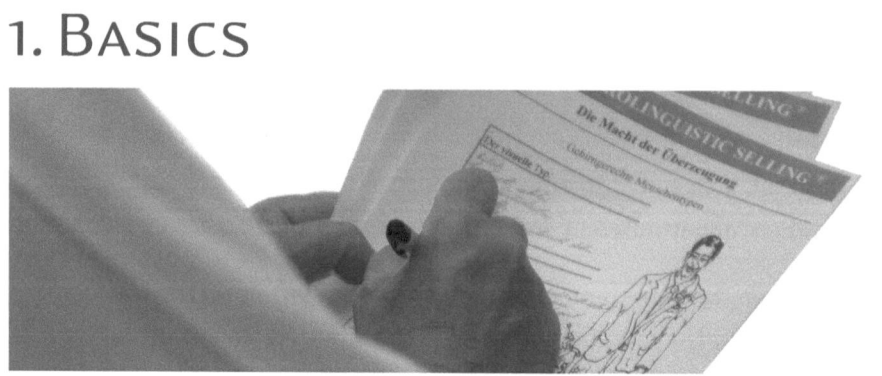

Grundlagen zu schaffen ist eine der maßgeblichen Voraussetzungen, um im Leben erfolgreich zu sein. Dies gilt für das fachliche Know-how im Berufsleben genauso wie für jedes Hobby. Wollen Sie ein Instrument spielen lernen, dann ist es sinnvoll zu lernen, wie man Noten liest. Jeder Sportler macht Grundlagenübungen, um neben den wichtigsten Bewegungsabläufen auch den gesamten Muskelapparat zu trainieren. Ähnlich verhält es sich, wenn es um unser Thema, die geheimnisvolle Macht der Überzeugung, geht. Auch hier bildet das Grundlagenwissen die solide Basis. Sich mit dem Bewusstsein eines Spitzenverkäufers auseinander zu setzen und die Werkzeuge eines Spitzenverkäufers überhaupt erst einmal kennen zu lernen, liefert Ihnen das Grundwissen, um die folgenden Kapitel besser zu verstehen. Sie werden nach und nach entdecken, warum Sie tun, was Sie tun. Sie werden ganz neue Erkenntnisse über Glaubenssätze und Zustandsmanagement gewinnen. Sie werden Ihre einzigartige Identität kennen und entfalten lernen. Und zahlreiche Tipps für ein besseres Zeitmanagement, den effektiven Umgang mit dem Telefon und die Bedeutung der Zahlen im Verkauf eröffnen Ihnen neue Möglichkeiten, in Zukunft noch exzellenter zu verkaufen.

Die drei Säulen überzeugenden Verkaufens

Wir wissen so viel! Aber setzen wir in der Praxis auch um, was wir an theoretischem Wissen angesammelt haben? Jeder von Ihnen kennt vielleicht einen erfolgreichen, exzellenten Verkäufer. Möglicherweise sind Sie selbst ein hervorragender Verkäufer? Oder vielleicht können Sie sich einen hervorragenden, exzellenten Verkäufer vorstellen! Was zeichnet ihn aus, was macht ihn so besonders?

Gehen wir jetzt einmal einen Schritt zurück, in die Schule oder auf die Universität. Was bekommen Sie in diesen Einrichtungen hauptsächlich vermittelt? Genau! Sie erhalten Wissen. Und was verlangen die Markwirtschaft, Ihr Beruf, Ihr Chef oder andere Personen von Ihnen? Ebenfalls richtig! Sie verlangen, dass Sie dieses Wissen, das Sie erworben haben, auch in der Praxis anwenden können. Wie erreichen wir, dass das erworbene Wissen auch angewendet werden kann? Stellen wir diese Frage zugunsten eines anderen Beispiels noch einmal einen Moment zurück. Wenn Sie sich entscheiden würden, ein Musikinstrument zu spielen, zum Beispiel Saxofon, dann würden Sie sicher neben der richtigen Technik auch lernen, wie man Noten liest. Doch ab wann sind Sie nicht nur ein ordentlicher, sondern ein ausgezeichneter Saxofonspieler? Sie werden nur zu einem ausgezeichneten Musiker, wenn Sie üben, üben und noch mal üben. Was ist der Unterschied zwischen einem Profifußballer und einem Amateur? Der Unterschied liegt in der Disziplin, der Bereitschaft, permanent zu üben und seine Technik stetig zu verbessern. Doch das Allerwichtigste ist die Einstellung: Der Profi hat den eisernen Willen zu siegen.

Die drei Säulen überzeugenden Verkaufens sind erstens: Wissen. Um dieses Wissen anzuwenden, müssen wir spezifische Kenntnisse haben. Also zweitens: Können. Damit wir etwas können, müssen wir es auch können wollen. Somit ist die dritte Säule die wichtigste: die Einstellung.

Wenn Sie einen eisernen Siegeswillen haben und bereit sind, stetig an Ihren Verkaufstechniken zu arbeiten, dann werden Sie mit Sicherheit, früher oder später, ein erfolgreicher Spitzenverkäufer.

1.1 Das Bewusstsein eines Spitzenverkäufers

Bevor wir anfangen und Sie vieles über die Qualität eines Spitzenverkäufers erfahren werden, habe ich einige wichtige Fragen an Sie. Was denken Sie: Welches Bewusstsein sollte ein effektiver und einzigartiger Spitzenverkäufer haben? Welche Veränderung wird bei Ihnen in der Zukunft eintreten, ganz plötzlich und unerwartet, wenn Sie die Strategien und die Techniken eines Spitzenverkäufers beherrschen, wenn Sie das Bewusstsein eines Spitzenverkäufers haben, wenn Sie denken, fühlen und handeln wie ein Spitzenverkäufer? Was ganz genau wird sich bei Ihnen in der Zukunft verändern? Vielleicht können Sie sich schon bildlich vorstellen, welche erfolgreiche Veränderung bei Ihnen eintritt. Doch zügeln Sie Ihr Verlangen und haben Sie Geduld. Wir fangen gerade erst an, in dieses Thema einzusteigen. Dieses Kapitel gewährt Ihnen nur einen kleinen Einblick. Sehr bald werden Sie den Gesamtüberblick bekommen.

Durch meine Arbeit als nls-Trainer habe ich meine Beobachtungsgabe schärfen können. Bei allen Betrachtungen habe ich mir immer wieder die Frage gestellt, warum manche Menschen andere einfach leichter überzeugen können und warum andere Menschen, die nahezu die gleichen Strategien anwenden, dennoch so wenig Erfolg haben.

Es ist unumstritten, dass wir Menschen in unserem täglichen Sprachgebrauch gewisse Sprachmuster verwenden, die eine besondere Wirkung auf Menschen haben. Wir sprechen hier zum Beispiel über Sprachhypnose, die die besten Therapeuten der Welt in ihrer Arbeit mit ihren Klienten verwenden, um eine schnelle und effektive Änderung des Verhaltens zu erreichen. Bewusst oder unbewusst wenden außergewöhnlich erfolgreiche Menschen diese wertvollen Strategien bereits in ihrem Geschäftsalltag an. Staranwälte, exzellente Redner, sehr gute Werbetexter und -strategen, Politiker und Spitzenverkäufer - sie alle arbeiten mit Sprachhypnose.

Wenn Sie sich jetzt vorstellen, dass Sie ein goldenes Pendel in die Hand nehmen und anfangen, Ihre Kunden zu hypnotisieren, und vielleicht sagen: „Ihre Augenlider werden schwer und schwerer, immer schwerer werden Ihre Augenlider und fallen langsam zu", ist das alles vielleicht doch etwas ungewöhnlich. Das ist nicht der Weg, den wir zusammen gehen werden.

Sprachforscher und Linguisten erforschen bereits seit vielen Jahren die Gesprächshypnose und haben dabei festgestellt, dass bestimmte Satzkonstellationen und die Modulation der Stimme bei uns Menschen eine große Wirkung auslösen. Genau mit dieser Verkaufslinguistik werden wir arbeiten.

Allein die Vorstellung, dass jetzt Hypnose in den Verkaufsprozess eingebracht wird, löst bei Ihnen vielleicht ein Bild aus, dass Sie nach der Lektüre dieses Buches mit gemeinen Tricks arbeiten und Ihren Kunden etwas verkaufen, das sie gar nicht brauchen oder wollen. Ich versichere Ihnen, das ist nicht das Ziel, es ist nicht Inhalt dieses Buches, noch hat es etwas mit Verkaufslinguistik und Verkaufshypnose zu tun. Die Arbeit mit diesem Buch soll Ihnen helfen, die Wünsche, Bedürfnisse, Werte und Glaubenssätze Ihrer Kunden zu erkennen, um mit ihnen in ihrer Sprache und entsprechend ihres Weltmodells zu kommunizieren.

Eine Biographie, die nachdenklich macht

Es war einmal ein junger Mann, der musste innerhalb von 25 Jahren folgende Schicksalsschläge einstecken: Er machte Bankrott. Er kandidierte für den Senat und wurde nicht gewählt. Er machte ein weiteres Mal Bankrott. Das Mädchen, das er über alles liebte, starb. Daraufhin erlitt er einen Nervenzusammenbruch. Er kandidierte für den Kongress und wurde nicht gewählt. Er kandidierte erneut für den Kongress und wurde erneut nicht gewählt. Jetzt kandidierte er noch einmal für den Senat und verlor wieder. Er kandidierte für das Amt des Vizepräsidenten der Vereinigten Staaten und unterlag. Er wurde auch beim dritten Versuch nicht in den Senat gewählt. Wer war dieser Mann? *Abraham Lincoln,* der populärste Präsident in der Geschichte der Vereinigten Staaten von Amerika.

Das, was jemand von sich selbst denkt, bestimmt sein Schicksal.

[Marc Twain]

Sie müssen von sich selbst überzeugt sein

Bevor Sie zu Ihren Kunden gehen, müssen Sie von sich selbst überzeugt sein. Sie müssen alle Vorteile und alle Nachteile Ihres Produktes kennen. Sie müssen wissen, was es Ihrem Kunden bringt, wenn er von Ihnen dieses Produkt kauft. Normalerweise müssten Sie zuerst sich selbst dieses Produkt oder diese Dienstleistung verkaufen. Nur wenn Sie von etwas überzeugt sind, können Sie andere Menschen überzeugen. Sie müssen die Vorzüge genießen können, und selbstverständlich müssen Sie selbst dieses Produkt oder diese Dienstleistung besitzen, verwenden oder anwenden. Das erinnert mich an eine Firma, die ich vor einigen Jahren trainiert habe. Ich war dort und habe den Verkäufern verschiedene Techniken und Strategien an die Hand gegeben. Bei genau diesem Thema, also dem Fakt, dass man von sich selbst bzw. von dem Produkt, das man verkaufen will, zu hundert Prozent überzeugt sein muss, habe ich in die Runde gefragt: „Wer von Ihnen besitzt eigentlich dieses Produkt und benutzt es auch?" Sehr wenige Personen haben sich gemeldet und gesagt: „Ich benutze dieses Produkt." Der erste wichtige

Punkt, den ich daraufhin nannte, war: „Benutzen Sie Ihr Produkt, empfinden Sie eine große Wertschätzung dafür, lieben Sie Ihr eigenes Produkt, denn dann werden Sie auch die hundertprozentige Kraft haben, andere Menschen von dem großen Nutzen zu überzeugen. Gelingt Ihnen das nicht, wirken Sie auf Dauer nicht authentisch, nicht ehrlich und nicht glaubwürdig."

Wenn ein Spitzensportler in seiner Disziplin Höchstleistungen erbringen will, dann muss er von sich selbst überzeugt sein und einen starken Willen haben. Liebe Leser, ich frage Sie: Wenn ein Spitzensportler das alles hat, jedoch keinen wirklich triftigen Grund, an die Spitze zu kommen, zur Weltklasse zu gehören - was meinen Sie, wie groß seine Chancen dann sind? Unabhängig davon weiß natürlich jeder Spitzensportler, wie man wirklich trainiert und welche Trainingsmaßnahmen am effektivsten sind. Stellen Sie sich vor, Sie wären ein sehr guter Sportler, Sie würden sich für eine Disziplin entscheiden, Sie würden alle Techniken, alle Strategien erlernen, die Sie zu einem Spitzensportler werden lassen. Meinen Sie wirklich, wenn Sie jetzt ein Buch über herausragende Spitzenleistungen beim Golfspielen lesen, in dem jede Kleinigkeit aufgeführt ist wie etwa die richtige Schlägerhaltung, die richtige Schlagtechnik, die Position zum Ball, meinen Sie, nach der Lektüre dieses Buches und Ihrem anschließenden harten Training könnten Sie bereits bei einem Turnier der Weltelite mitspielen? Nein, selbstverständlich nicht. Ein hervorragender Spitzensportler hat wirklich triftige Gründe, warum er zur Weltelite gehört.

REGEL:
> 20 Prozent bilden das WIE. Wie machen Sie etwas? Wie verkaufen Sie? Wie sind die Techniken des Golfs?
> 80 Prozent bilden das WARUM. Warum machen Sie, was Sie machen?

Stellen Sie sich selbst einmal die Frage: Welche Gründe haben Sie, um wirklich an die Weltspitze zu kommen, um wirklich ein Spitzenverkäufer zu sein? Nehmen Sie sofort Blatt und Stift zur Hand und beantworten Sie diese Frage. Danke.

Haben Sie sich Gedanken gemacht, welche Gründe für Sie wirklich wichtig sind? Haben Sie herausgefunden, warum Sie wirklich zur Spitze gehören wollen? Warum Sie wirklich ein Spitzenverkäufer sein wollen? Haben Sie sich darüber Gedanken gemacht? Wenn nicht, sollten Sie daran arbeiten herauszufinden, welche Gründe Sie haben, an die Spitze zu gelangen. Das ist Ihr Motor. Das ist Ihr Energiepotenzial. Das ist der Grund, warum Sie jeden Morgen aufstehen und einen Kunden besuchen und wieder einen Kunden besuchen und Ihr Bestes geben und bereit sind, alle Strategien und Techniken zu verinnerlichen, zu üben, zu arbeiten, permanent zu wachsen und sich weiterzubilden, an sich zu arbeiten und den Weg in Ihre erfolgreiche Zukunft zu ebnen.

Der Axtdieb

Ein Mann fand seine Axt nicht mehr. Er verdächtigte den Sohn seines Nachbarn und begann, ihn zu beobachten. Sein Gang war der eines Axtdiebes. Die Worte, die er sprach, waren die Worte eines Axtdiebes. Sein ganzes Wesen und sein Verhalten erinnerte verdächtig an einen Axtdieb. Doch unvermutet fand der Mann beim Umgraben seine Axt wieder. Als er am nächsten Morgen den Sohn seines Nachbarn neuerlich betrachtete, fand er weder in dessen Gang noch in seinem Verhalten etwas von einem Axtdieb.

Wenn Sie von etwas überzeugt sind, dann haben Sie Recht

Was denken Sie über Ihre Tätigkeit? Was denken Sie über die Marktsituation? Welche Gefühle haben Sie, wenn Sie auf dem Weg zu einem Kunden sind? Welche Bilder schwirren Ihnen durch den Kopf, wenn Sie schließlich vor diesem stehen? Was sagen Sie zu sich selbst? All das, was in Ihnen vorgeht, Ihre internen Gedankenprozesse, ist für Sie existenziell. Es bestimmt über Erfolg oder Misserfolg im Verkaufsprozess und in Ihrem gesamten Leben.

Ihre internen Prozesse sind wie eine Währung, die Sie auf Ihr imaginäres Konto einzahlen. Sie bestimmen die Wertigkeit Ihres Lebens. Machen wir zusammen ein kleines Experiment: Stellen Sie sich vor, ich komme von einer langen Reise zurück und bringe Ihnen eine exotische Frucht mit, die Sie noch nie gesehen, gerochen oder geschmeckt haben. Der Anblick der Frucht verwundert Sie, weil diese eierförmig ist, in einem dunklen Pink schimmert und Stacheln hat, die an einen Kaktus erinnern, nur, dass sie nicht so schmerzhaft pieken. Sie fragen sich vielleicht, wonach die Frucht riechen und wie sie schmecken wird, wie sie sich anfühlt, wenn Sie sie in der Hand halten. Sie fragen sich vielleicht auch, ob man sie besonders vorsichtig anfassen muss oder wie man sie am besten öffnet, um an das Fruchtfleisch zu gelangen. Welche Vorstellungen entstehen gerade in Ihrem Kopf? Können Sie irgendetwas von dem, was Sie gerade gelesen haben, einordnen? Nein, selbstverständlich nicht. Sie kennen diese Frucht ja gar nicht, ich habe sie ja gerade erst erfunden. Was ich Ihnen mit diesem Beispiel sagen möchte, ist, dass alles, was Sie in Ihrem gesamten Leben gesehen, gerochen, gefühlt, geschmeckt und gehört haben, in Ihrem Unterbewusstsein abgespeichert ist.

Das Unterbewusstsein speichert alles

Jedes Erlebnis und jede Erfahrung haben Sie, wie ein Computer, der permanent alles speichert, in Ihrem Unterbewusstsein abgespeichert und verankert. Ob Sie wollen oder nicht. Wenn Sie keine Erfahrung haben, dann können Sie sie auch nicht einordnen. Unser Gehirn jedoch versucht, jeden Vorgang und jedes Bild aus Erfahrungen und Erlebnissen zu konstruieren und so einzuordnen. Stellen Sie sich jetzt einmal vor: Ich stehe in diesem Moment vor Ihnen und halte eine Zitrone in meiner rechten Hand. Stellen Sie sich bitte vor, wie ich diese goldgelbe Zitrone nehme und sie mit einem scharfen Messer halbiere. Beim Halbieren steigt der Duft der Zitrone langsam in Ihre Nase. Dann teile ich die Zitrone in vier Stücke, und beim Aufteilen spritzt der Saft in alle Richtungen. Dann nehme ich die gelbe Zitrone, die wir geviertelt haben, in die Hand und führe sie an meinen Mund. Beim Reinbeißen läuft der Saft am Mundwinkel entlang. Der saure Geschmack sorgt dafür, dass das Wasser im Mund zusammenläuft. Haben Sie die Zitrone geschmeckt und gerochen? Ist Ihnen bei der Vorstellung das Wasser im Mund zusammengelaufen?

Jetzt nehmen Sie einmal an, Sie sitzen mit Ihrer Partnerin oder Ihrem Partner zu Hause auf dem Sofa. Das Licht ist gedämpft, Sie hören leise Musik und unterhalten sich gerade. Plötzlich beginnt, für Sie unerwartet, Ihr Lieblingssong. Sie hören die Musik in diesem Moment. Ja, der Song, bei dem Sie schöne, romantische Stunden verlebt haben. Dann spüren Sie ein warmes Gefühl, vielleicht in der Bauchgegend. Sie verspüren wieder das besondere Gefühl, das Sie beide hatten, und Sie sagen zu Ihrer Partnerin oder Ihrem Partner: „Kannst du dich noch daran erinnern, wie wir beide damals ...?" Und plötzlich können Sie genau das spüren, was Sie damals gespürt haben, nicht wahr?

Worin unterscheiden sich die beiden Situationen? Der Unterschied liegt darin, dass die Zitrone nicht real war, sondern nur in Ihrer Vorstellung existierte. Die romantische Musik hingegen war genau in dem Moment real. Und doch konnten Sie sich beides vorstellen, und Ihr Körper reagierte entsprechend. Fazit: Unser Unterbewusstsein kann nicht unterscheiden zwischen Realität und Illusion. Das heißt für Sie, dass jeder Gedanke, den Sie haben, für Ihr Unterbewusstsein real ist. Seien Sie also ab dem heutigen Tag immer vorsichtig mit dem, was Sie denken, weil Ihr Unterbewusstsein keinen Unterschied zwischen Realität und Illusion macht.

Gedanken sind Aufträge an das Unterbewusstsein

Vielleicht sind Sie manchmal ziemlich streng zu sich selbst, und wenn Sie etwas machen und dies nicht gleich funktioniert, schimpfen Sie mit sich und machen sich nieder: „Ich tauge einfach nichts, ich bin eine Flasche und ein großer Versager. Wie kann ich von mir denken, dass ich das überhaupt schaffe. Was für ein Trottel ich doch bin!" Nachdem Sie nun wissen, dass das Unterbewusstsein alles für bare Münze nimmt, entschließen Sie sich ab dem heutigen Tag bitte dazu, immer gut mit sich zu sprechen. Wenn etwas schieflaufen sollte, dann sprechen Sie sich Mut zu, anstatt sich fertig zu machen. Denken Sie an das imaginäre Bankkonto: Je schlechter Sie zu sich selbst sprechen, desto mehr Geld wird von Ihrem imaginären Bankkonto abgehoben. Je öfter Sie sich Lob zusprechen, desto mehr Geld wird auf Ihr imaginäres Konto eingezahlt.

Wenn Sie erfolgreiche Menschen beobachten, erkennen Sie, dass gerade diese immer wieder Geld auf ihr imaginäres Konto einzahlen. Es gibt sogar welche, die stellen sich jeden Morgen vor den Spiegel und sprechen ganz gezielt positiv zu sich selbst. Gedanken sind Aufträge an unser Unterbewusstsein, und jeder Gedanke hat die Tendenz, sich zu verwirklichen. Vielleicht erkennen Sie ja schon bald eine Parallele zwischen dem imaginären und Ihrem tatsächlichen Bankkonto.

Unser Unterbewusstsein kann nicht unterscheiden zwischen Realität und Illusion. Unser Unterbewusstsein ist wie ein Nährboden. Es ist verrückt, aber können Sie sich vorstellen, wessen Umgang mit uns besonders schlecht und schlimm ist? Es ist unser Umgang mit uns selbst; wir sind so gemein, wir beschimpfen uns tagtäglich, wir machen uns die ganze Zeit fertig, weil wir dieses nicht geschafft oder jenes nicht gemacht haben oder unser Vorgehen nicht optimal war. Wenn ein anderer sich uns gegenüber so verhalten würde, uns derart beleidigen und kritisieren würde, wie wir selbst das uns gegenüber häufig tun, dann würden wir uns das nie im Leben gefallen lassen.

Die Macht des Unterbewusstseins ist wirklich fundamental wichtig. Dr. Joseph Murphy beschreibt in seinem Buch, was mit dem Unterbewusstsein alles möglich ist. Er sagt, das Unterbewusstsein sei wie ein Ackerfeld oder Nährboden. Alles, was wir denken, alles, was wir machen, ist genauso, wie wenn Sie etwas einpflanzen und es wächst nach oben. Kunst und Aufgabe eines jeden Menschen ist es, diese Pflanze zu pflegen und zu hegen. Egal, was Sie auch denken, es wird eingepflanzt. Jede Erfahrung, jedes Erlebnis - egal, was es ist - wird in einer von zwei Kategorien eingeordnet. Alles Positive wird mit einem Plus abgespeichert, alles Negative mit einem Minus. Falls Sie denken, wir können die in der Minus-Kategorie abgespeicherten Dinge aus unserer Vergangenheit löschen, dann täuschen Sie sich. Das geht nicht. Liebe Leser, wir können nichts, aber auch rein gar nichts löschen. Wir können Erlebnisse zwar verdrängen und so tun, als sei nichts geschehen, aber passiert ist es trotzdem.

Unser Unterbewusstsein registriert alles. Sie gehen zum Kunden, er sagt nein, Sie kreiden sich diese Entscheidung selbst an, machen ein Minus. Der Kunde sagt ja, Sie machen einen Abschluss, Sie fühlen sich gut, machen ein Plus. Sie haben eine rundum gelungene Präsentation gemacht, machen ein Plus. Irgendein Erlebnis, das Ihnen nicht so gut gefallen hat, Minus. Sie können keine Punkte streichen, können keine Erlebnisse löschen. Das Einzige, was Sie tun können, ist, daran zu arbeiten, mehr positive Erlebnisse zu generieren und unter Plus zu verbuchen, weniger Minus-Erlebnisse zu verzeichnen oder zumindest ein Minus durch mindestens zweimal Plus auszugleichen. Natürlich ist es auch möglich, ein negatives Erlebnis in ein positives (Ihre Einstellung zählt!) umzuwandeln. Eine Absage ist nicht länger eine Absage (Minus), sondern die Möglichkeit, das eigene Können unter Beweis zu stellen (Plus). Dann fällt Ihre Bewusstseinsbilanz schon bald positiv aus, und Ihr Unterbewusstsein hat einen sehr guten Nährboden, um zu wachsen.

Achten Sie also darauf, was Sie zu sich selbst sagen; achten Sie darauf, was Sie denken und tun. Dr. Joseph Murphy verrät in seinem Buch zwei kleine Tricks, wie man am besten mit seinem Unterbewusstsein arbeiten kann. Erstens: Man macht Autosuggestionsübungen. Autosuggestion bedeutet: Ich suggeriere mir mit einem bestimmten Satz, wie gut ich bin oder dass ich eine Leistung erbringen kann, dass ich es schaffe. Das wiederhole ich permanent, entweder immer morgens vor dem Spiegel oder woanders. Sie zahlen ganz bewusst immer wieder Plus-Erlebnisse und -Momente auf Ihrem Bankkonto ein, holen sich Energie.

Natürlich muss man sehr vorsichtig mit der Autosuggestion sein, mit dem, was man genau sagt. „Ich möchte nicht versagen" ist für das Unterbewusstsein eine sehr interessante Suggestion, denn das Unterbewusstsein kennt weder „nicht" noch „nein". Das möchte ich Ihnen an einem Beispiel verdeutlichen. Stellen Sie sich doch bitte einmal nicht, liebe Leser, einen riesengroßen, grauen Elefanten vor. Auf dem Rücken dieses schönen, großen, grauen Elefanten sitzt ein Affe. Dieser Affe hat einen schwarzen Zylinder auf dem Kopf und hält in der rechten Hand einen Regenschirm. Stellen Sie sich dieses schöne Bild bitte nicht vor. Stellen Sie sich bitte nicht den Affen auf dem Rücken des Elefanten vor, mit dem Schirm in der Hand und dem Zylinder auf dem Kopf. Ich zahle Ihnen Geld, wenn Sie es schaffen – aber Sie werden merken: Es geht nicht. Das Wort „nicht" hört unser Unterbewusstsein nicht, bzw. es hört das Wort schon, muss allerdings bei allen Negationen wie „keine", „nicht", „unmöglich" oder „niemals" zuerst in unserem Kopf ein Bild davon konstruieren, um es dann vermeintlich wieder zu löschen. Es handelt sich dabei also um eine negative Autosuggestion!

Greifen wir den hypnotischen Sprachmustern etwas vor, denn damit können Sie dem Unterbewusstsein Ihres Kunden etwas Interessantes suggerieren: Alle Negationen sind schon kleine unbewusste Botschaften. „Ich möchte heute, dass Sie sich auf keinen Fall schnell entscheiden, dieses Produkt zu kaufen. Ich möchte Ihnen heute nichts verkaufen, absolut nichts." Da Ihr Kunde bzw. sein Unterbewusstsein das Wort „nicht" ja nicht hört bzw. sich erst ein Bild von der Entscheidung bzw. dem Kauf macht, wird damit die Entscheidung zum Kauf gefördert. Somit haben Sie das erste Samenkorn bereits eingepflanzt. Wenn Sie jetzt auf dieser Ebene weitermachen und ihm versteckte Suggestionen geben, dann wird der Abschluss ein Kinderspiel. Zurück zum Unterbewusstsein, denn Dr. Joseph Murphy hat noch einen Tipp für die Bilanz des Unterbewusstseins: Sie werden mit diesen einfachen Strategien Erfolg haben. Wenn Sie ein schlechtes Erlebnis, eine negative Erfahrung gemacht haben, können Sie eines machen: Setzen Sie sich hin, schließen Sie

Ihre Augen, entspannen Sie sich und wiederholen Sie mehrmals das Erlebte, jedoch so, wie es für Sie am besten gewesen wäre. So wird das Unterbewusstsein positiv programmiert.

Das, was wir glauben, ist Realität

Egal, was Sie glauben, Sie haben immer Recht. Wir leben in unserer eigenen Welt, und diese Welt ist unsere Realität. Wir sind von unseren Erfahrungen und Erlebnissen so stark geprägt und gefangen in uns selbst, dass wir uns meist selbst im Wege stehen. Wenn Sie in der Schule, von Ihren Eltern oder Bekannten immer wieder Sätze zu hören bekommen haben wie „Das kannst du nicht oder dafür bist du zu jung oder du bist ein Mädchen oder du bist ein Junge und Jungs weinen nicht", dann kann das schwerwiegende Folgen für Ihr weiteres Leben haben.

Jeder von uns kennt sicher einen Bereich, in dem er glaubt, keine guten Leistungen erbringen zu können - sei es in der Musik, bei handwerklichen Aufgaben oder beim Malen. Oft steckt die Ursache für diese Überzeugung so tief in unserem Inneren, dass wir sie nach der langen Zeit gar nicht mehr zu ändern versuchen. Da hat vor vielen, vielen Jahren einmal ein Lehrer zu Ihnen gesagt: „Du kannst einfach nicht singen." Später hat Sie vielleicht noch einmal eine Freundin gefragt: „Singst du eigentlich gerne?". Sie haben „Ja" geantwortet, woraufhin die Freundin gesagt hat: „Dann solltest du es endlich einmal lernen" - und vorbei ist es mit der Musik. Wenn ein handwerklich geschickter Vater seinem Sohn über Jahre hinweg zu verstehen gibt, dass er in dem Bereich einfach eine „Niete" sei, und der sich später bei jedem Nagel, den er in die Wand schlägt, einen blauen Daumen holt (Papa hatte eben doch Recht!), wird er es auch glauben. Wir Menschen bilden von Kindesbeinen an solche Glaubenssätze, die von unseren Eltern, Bekannten, Lehrern oder Freunden verstärkt werden. Stellen Sie sich einmal einen Tisch vor: Die Tischplatte ist Ihre Meinung, und jedes Tischbein ist eine Bestätigung von außen, die den Glauben festigt. Je mehr Tischbeine Sie für eine Meinung haben, umso fester sitzt der Glaubenssatz.

Der Fokus ist nichts anderes als zum Beispiel die Sichtweise, ob ein Glas nun halb voll oder halb leer ist. Der Fokus ist das, was wir wahrnehmen. Und was und wie wir etwas wahrnehmen, ist genau das, was wir dann möglicherweise auch denken. Machen wir ein kleines Spiel. Schauen Sie sich einmal in dem Raum um, in dem Sie sich gerade befinden, und suchen Sie nach der Farbe Rot, ganz intensiv, überall. Eine rote Vase, ein roter Bucheinband, Lippenstift, ein roter Stift, rote Knöpfe zum Ein- und Ausschalten. O.K., gut, jetzt schließen Sie bitte die Augen. Lassen Sie die Augen geschlossen und sagen Sie mir, wo in diesem Zimmer die Farbe Blau ist. Rote Gegenstände hätten Sie wohl aus dem Stegreif nennen können. Aber blaue zu nennen ist fast unmöglich, nicht wahr? Das liegt daran, dass Ihr Fokus auf Rot eingestellt war. O.K., jetzt öffnen Sie Ihre Augen und suchen Sie nach blau. Hier ist blau, dort ist blau, dunkelblau, blauer Stift, blaue Hose, blaue Tasche. Es ist Wahnsinn, wie viele blaue Dinge es auf einmal gibt.

Ist Ihnen schon etwas aufgefallen, worauf Sie sich fokussieren? Nicht so richtig, oder? Das, worauf Sie sich nicht konzentrieren, sehen Sie erst gar nicht. Das bedeutet, Sie suchen regelrecht nach einer Bestätigung für Ihren Glaubenssatz. Kennen Sie das? Als ich meinen Motorradführerschein gemacht habe, ist mir erst aufgefallen, wie viele Motorräder es auf der Straße gibt. Ich habe überall Motorräder gesehen. Jeder hatte einen Führerschein! Schwangere Frauen sehen nur noch schwangere Frauen oder Mütter mit Babies. Ist Ihnen so etwas Ähnliches auch schon einmal passiert? Eine Frau macht solche Erfahrungen öfter, wenn sie eine sündhaft teure Handtasche, die gerade in ist, kauft und dann plötzlich entdeckt, dass sie nicht die Einzige ist, die mit dieser Tasche durch die Stadt flaniert. Oder sie taucht mit einem neuen Paar Schuhe der absoluten In-Marke auf der Tanzfläche auf und muss feststellen, dass die Marke wohl so in ist, dass diese Schuhe in diesen Tagen jeder trägt.

Glaubenssätze bremsen oder beflügeln

Die meisten Verkäufer haben Glaubenssätze - ob diese positiv oder negativ sind, entscheidet über den Umgang mit Kunden und darüber, wie erfolgreich der Verkäufer im Markt agiert. Erkennen Sie sich wieder?

Einschränkende Glaubenssätze für erfolglose Verkäufer

- ▶ Der Markt ist auch nicht mehr das, was er einmal war.
- ▶ Die Kunden kaufen doch sowieso immer das günstigste Produkt.
- ▶ Die Konkurrenz ist immer günstiger als wir.
- ▶ Ein Verkäufer muss immer ein Lächeln auf den Lippen haben.
- ▶ Ich muss jede Hürde überwinden.
- ▶ Ein Verkäufer ist niemals privat unterwegs, das Geschäft ist sein ständiger Begleiter.
- ▶ Wer erfolgreich sein will, der muss immer und überall arbeiten.
- ▶ Verkaufen bedeutet, dass der Kunde überredet wird, etwas zu kaufen, das er nicht braucht.
- ▶ Verkaufen bedeutet, von Tür zu Tür zu gehen.
- ▶ Akquisition ist ein Fass ohne Boden.
- ▶ Ohne Fleiß kein Preis.

Wenn Sie es schaffen, diese negativen Glaubenssätze umzuformulieren, kommen Sie Ihren Zielen ein gewaltiges Stück näher. Wenn Sie zum Beispiel alte, einschränkende Glaubenssätze haben, wie „Ich muss alles im Griff haben, ohne mich geht nichts!" oder „Ich muss für alle da sein!", ist Ihre Einstellung gekennzeichnet durch

1. Zwang
2. Generalisierung (immer und überall)
3. Fremdbestimmung
4. Stresserzeugung.

Wenn Sie diese alten, einschränkenden Glaubenssätze in neue, unterstützende Glaubenssätze umformulieren, wie etwa „Ich vertraue auf unser Team!" oder „Ich sage auch nein!", dann ist Ihre Einstellung gekennzeichnet durch

1. Auswahl (positiv formuliert)
2. Generalisierung (immer und überall)
3. Selbstbestimmung
4. Befreiung (wohltuend).

Haben Sie in der Liste der Glaubenssätze vielleicht einen erkannt, den Sie selbst auch schon ausgesprochen oder möglicherweise zumindest gedacht haben? Wenn ja, was machen Sie dann? Wie können wir Glaubenssätze verändern? Es kann sein, dass Sie einen einschränkenden Glaubenssatz bei sich hören und anfangen, daran zu zweifeln, was ganz natürlich und durchaus gewollt ist, nachdem Sie diese Informationen erhalten haben. Sie können jetzt erst verschiedene Sichtweisen einnehmen und dadurch anfangen, an Ihren einschränkenden Glaubenssätzen zu zweifeln, um diese in fördernde Glaubenssätze umzuformulieren.

Alte einschränkende Glaubenssätze	Neue förderliche Glaubenssätze
Ich muss immer Kaltakquise machen, um im Verkauf erfolgreich zu sein. Ich muss für alle da sein!	Es gibt auch andere Wege, um neue Kunden zu gewinnen. Ich sage auch nein!
Kennzeichen: 1. Zwang 2. fremdbestimmt 3. stresserzeugend	Kennzeichen: 1. Auswahl/positiv formuliert 2. generalisiert (immer und überall) 3. selbstbestimmt 4. wohltuend/befreiend
Mein alter Glaubenssatz: _____	Mein neuer Glaubenssatz: _____

Nehmen Sie einmal an, Sie gehen zum Arzt. Nicht zu irgendeinem, sondern zu einem ganz besonderen Arzt. Er nimmt eine riesengroße Spritze, einen Meter groß und 30 cm breit, und in dieser Spritze sind alle Fähigkeiten, die Sie brauchen, um ein Spitzenverkäufer zu sein. Diese Fähigkeiten bringen Ihnen jedoch nichts, solange Sie einschränkende Glaubenssätze haben. Einschränkende Glaubenssätze behindern Sie wie ein Klotz am Bein.

Der Unterschied zwischen Erfolg und Misserfolg hängt von Ihrer Einstellung und Ihren Entscheidungen ab. Ihre Entscheidungen werden von Ihren Zuständen gesteuert, und somit steuern Ihre Zustände Ihr Leben. Die Qualität Ihres Lebens hängt von der Qualität der Fragen ab, die Sie sich stellen!

Zustandsmanagement

Was ist ein Zustand? Ein Zustand ist ein momentanes Empfinden, eine Momentaufnahme Ihrer Gefühle. Stellen Sie sich einmal vor, Sie sitzen bei mir im Seminar, und es sind ungefähr 100 Teilnehmer da. Ich trete zu Ihnen und sage: „Kommen Sie bitte mit nach vorn, stellen Sie sich vor und erzählen Sie, was Sie verkaufen." Was geht in Ihrem Kopf vor? Sie werden vielleicht Bilder im Kopf haben, wie Sie sich blamieren, wie Sie beim Vorlaufen stolpern und hinfallen. Oder Sie haben plötzlich ein mulmiges Gefühl im Bauch und bekommen feuchte Hände. Möglicherweise hören Sie auch eine Stimme, die zu Ihnen sagt: „Das schaffe ich nicht! Das kann ich nicht! Ich will mich nicht blamieren!" Sie gehen nach vorne und befinden sich in exakt diesem Zustand.

Wenn wir über Zustände sprechen, dann sprechen wir über innere Abläufe; also das, was in Ihrem Gehirn vorgeht. Stellen Sie sich einmal vor, wir würden es wagen, bei unseren Kunden bzw. bei uns selbst ins Gehirn zu schauen. Wir würden die Schädeldecke öffnen, hineinschauen und genau prüfen, wie alles abläuft.

Es gibt verschiedene Arten von Zuständen. Es gibt einmal lähmende Zustände, dazu gehören zum Beispiel Depression, Angst, Unsicherheit oder Verwirrung. Und dann haben wir noch beflügelnde Zustände. Zustände, die uns verleiten, große Dinge zu wagen. Das sind beispielsweise Leidenschaft, Begeisterung, Liebe, Sicherheit.

All das sind verschiedene Arten von Zuständen. Stellen Sie sich einmal vor, Sie beschließen, zu einem besonderen Anlass neue Kleider zu kaufen. Sie machen sich auf den Weg, gehen in verschiedene Geschäfte und sehen ganz plötzlich ein wunderschönes Kleidungsstück. Sie sehen dieses tolle Stück und in Ihrem Innern laufen verschiedene Prozesse ab:

- ► Sie stellen sich bildlich vor, wie Sie mit dem Kleidungsstück bei dem besonderen Anlass aussehen werden, oder Sie haben ganz andere Bilder im Kopf.
- ► Sie hören vielleicht sogar, wie gewisse Personen sagen: „Oh, in diesem Kleid sehen Sie wirklich sehr elegant aus". Oder Sie hören ganz andere Stimmen.
- ► Sie spüren, wie sich Ihre Körperhaltung strafft und Sie selbstbewusst und aufrecht dastehen; vielleicht haben Sie auch ein anderes angenehmes Gefühl.

Das alles läuft innerhalb weniger Sekunden blitzschnell in Ihrem Kopf ab, wie ein Prozess. Ich gebe Ihnen noch ein anderes Beispiel zur Verdeutlichung: Stellen Sie sich vor, Sie gehen zu einem Kunden, sind vielleicht ein wenig nervös oder aufgeregt. Während Sie bei diesem Kunden sitzen und ihn von Ihrem Produkt oder Ihrer Dienstleistung überzeugen möchten, laufen bei Ihnen verschiedene interne Prozesse ab. Sie stellen sich bildlich vor, dass Ihr Kunde einen abwehrenden Gesichtsausdruck hat, er als Person vielleicht auch viel, viel größer ist. Sie können schon hören, wie der Kunde zu Ihnen sagt: „Nein, dieses Produkt gefällt mir nicht." Möglicherweise hören Sie auch den klassischen Einwand: „Der Preis ist zu hoch, das Produkt ist zu teuer." Sie führen also einen internen Dialog. Sie hören Argumente, Sie spüren ein leichtes mulmiges Gefühl in der Bauchgegend oder ganz woanders. Das alles sind interne Prozesse, und wir lassen uns von diesen Prozessen leiten. Was geht ganz genau vor sich? Wir produzieren Bilder in unserem Kopf. Wir führen Selbstgespräche, und unser Körper verändert sich dementsprechend. Diese drei Punkte ergeben den Zustand, das persönliche Empfinden. Wenn Sie also zu einem Verkaufsgespräch gehen wollen, müssen Sie in einem Top-Zustand sein. Dann wird sich auch ganz automatisch Ihr Verhalten verändern.

Der nächste wichtige Punkt ist der Fokus (Sichtweise), also das, was in der Umwelt passiert und wie Sie es wahrnehmen. Alles, was passiert, wird von uns interpretiert. Haben Sie ein halb volles oder ein halb leeres Glas vor sich stehen? Informationen, die Sie erhalten, werden zu Input, wenn Sie diese aufnehmen und in Ihrem Gehirn verarbeiten. Dann entstehen gewisse Bilder, Sie führen interne Dialoge, haben Gefühle oder spüren eine körperliche Veränderung. Diese verschiedenen Punkte wiederum ergeben Ihren Zustand, der dann Ihren Output, also Ihr Verhalten, beeinflusst.

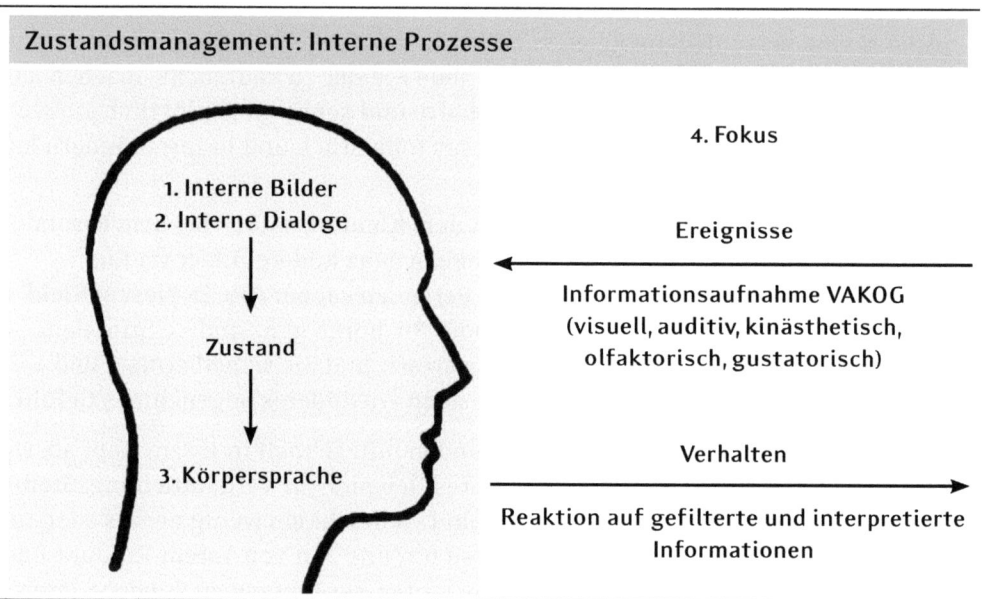

Zustandsmanagement: Interne Prozesse

1. Interne Bilder
2. Interne Dialoge

Zustand

3. Körpersprache

4. Fokus

Ereignisse

Informationsaufnahme VAKOG
(visuell, auditiv, kinästhetisch,
olfaktorisch, gustatorisch)

Verhalten

Reaktion auf gefilterte und interpretierte
Informationen

❗ Fazit ist:

Sie können im ersten Schritt kein Verhalten verändern – weder bei sich selbst noch bei anderen Menschen. Sie können nur Zustände verändern.

Die Frage ist: Wer ist der Busfahrer in Ihrem Leben? Sind Sie der Busfahrer, sitzt niemand vorne am Steuer, und Ihr Bus ist führerlos und fährt in verschiedene Richtungen, gerade so, wie es Ihr jeweiliger Gesprächspartner oder aktuelle Ereignisse oder auch einfach nur die aktuelle Wetterlage erfordert?

Vielleicht erhalten Sie von einem Kunden ein negatives Feedback oder jemand sagt zu Ihnen: „Sie sehen heute aber gar nicht gut aus. Haben Sie sich die Nacht um die Ohren geschlagen?" Alleine diese Aussage versetzt Sie in einen Zustand, den Sie gar nicht wollten. In diesem Fall sitzen nicht Sie am Steuer. Der Bus steuert führerlos in verschiedene Richtungen und ganz bestimmt nicht in die Richtung, die Sie einschlagen wollten. Die Frage ist: Wer ist der Busfahrer? Sind Sie der Busfahrer und bestimmen Sie persönlich, wie Ihr Zustand, also Ihr Empfinden, ist, oder bestimmt das die Außenwelt? Fangen Sie an und beginnen Sie mit mir, ab dem heutigen Tag Ihren Zustand selbst zu bestimmen. Seien Sie Ihr eigener Busfahrer. Wollen Sie wissen, wie Sie innerhalb von Sekunden Ihren Zustand managen und damit effektiv arbeiten können? Sind Sie neugierig, welche Instrumente dafür notwendig sind, um Ihren Bus zu steuern? Ich sage es Ihnen: Es gibt genau zwei Strategien.

Die erste Strategie: Verändern Sie Ihren Körper

Wenn Sie Ihren Körper verändern, dann verändern Sie Ihren Zustand. Unser Körper ist der direkte Schlüssel zu unseren Gefühlen und unseren Zuständen. Vielleicht kennen Sie die Aussage von Ihrer Mutter oder Ihrem Vater, wenn diese Sie ermahnt haben: „Mensch, Junge oder Mädel, geh aufrecht!" Das heißt also für Sie: Wenn Sie in einem schlechten Zustand sein möchten, müssen Sie nur Ihren Kopf und die Schultern hängen lassen und so durchs Leben gehen. Wollen Sie erfolgreich sein, dann müssen Sie Ihren Körper aufrichten und sich gerade halten, so dass die gesamte Energie Ihren Körper durchströmen kann. So sind Sie zu Spitzenleistungen fähig.

Was und wie wir unseren Körper einsetzen

Der Körper steht in direkter Beziehung zu Ihren Gefühlen und Zuständen. Bei einem wissenschaftlichen Experiment bekamen Studenten die Aufgabe, zwei Gruppen zu untersuchen. Die Mitglieder beider Gruppen waren deprimiert. Eine Gruppe sollte regelmäßig zu einer therapeutischen Sitzung gehen und sich behandeln lassen. Die andere Gruppe sollte jeden Tag joggen. Nach einem gewissen Zeitraum sollte dann überprüft werden, welcher Gruppe es besser ging. Was meinen Sie? Welcher Gruppe ging es besser? Sie haben fast richtig geraten. Es ging beiden Gruppen gleich gut. Doch wo liegt der Unterschied? Genau, die erste Gruppe, die zu dem Psychotherapeuten ging, hat eine Besserung durch fremde Hilfe von außen erzielt. Die anderen Personen, die joggen gingen, haben die Besserung durch eigene Initiative erreicht.

Liebe Leser, wenn Sie schlecht drauf sind, wenn Sie deprimiert sind, fangen Sie an, Ihren Körper als Instrument zu nutzen. Machen Sie Sport, gehen Sie joggen, ernähren Sie sich gut und bringen Sie Ihren Körper so zu Höchstleistungen. Ihr Körper steht in direkter Beziehung zu Ihrem Zustand.

Er ist der Schlüssel, der absolute Schlüssel dafür!

Die zweite Strategie: Stellen Sie Fragen

Sie haben richtig gelesen: Fragen. Eine Frage bringt Sie dazu, interne Abläufe zu hinterfragen, sie zu reflektieren. Ein Beispiel: Was haben Sie in Ihrem letzten Urlaub gemacht? Können Sie sich noch an Ihren letzten oder an Ihren ersten Kuss erinnern? Wissen Sie noch, wie es war, dieses angenehme, schöne Gefühl? Welche internen Prozesse laufen dabei genau ab? Es wird eine Frage gestellt, und sofort werden intern blitzschnell Bilder produziert. Der innere Dialog beginnt, Geräusche werden produziert. Das alles löst ein Gefühl in Ihrem Körper aus. Sie können sich selbst jeden Morgen fragen: Wann war ich so richtig erfolgreich? Wann war mein erfolgreichster Abschluss? Wie war meine Körperhaltung? Was habe ich gedacht? Was habe ich selbst zu mir gesagt? Was habe ich gesehen? Malen Sie sich das bitte ganz plastisch aus. Und Sie werden lernen, sich blitzschnell in diesen Zustand hineinzuversetzen. Zeigen Sie mir einen erfolgreichen Menschen, einen, der es wirklich zu Spitzenleistungen gebracht hat, und ich zeige Ihnen einen, der immer wieder in einem Spitzenzustand ist. Ich zeige Ihnen einen Menschen, der positive Bilder im Kopf hat, einen, der positiv zu sich selbst spricht, einen, der eine aufrechte Körperhaltung und immer ein angenehmes, gutes Gefühl hat. Erfolgreiche Menschen haben die Fähigkeit, ihre Zustände zu steuern. Sie haben diese Fähigkeiten jetzt auch. Sie müssen nur den ersten Schritt tun und anfangen, Ihre Zustände selbst zu steuern. Wer ist der Busfahrer? Sind Sie es oder ist es jemand anderes?

Ein jeder Mensch will etwas sein, doch keiner will etwas werden.

[Johann Wolfgang von Goethe]

Der Fluss und die Wüste

Ein Fluss wollte durch die Wüste zum Meer. Als er aber den unermesslichen Sand sah, wurde ihm angst, und er klagte: „Die Wüste wird mich austrocknen, und der heiße Atem der Sonne wird mich vernichten." Da plötzlich hörte er eine Stimme, die sagte: „Vertraue dich der Wüste an." Aber der Fluss entgegnete: „Bin ich dann noch ich selber? Verliere ich nicht meine Identität?" Die Stimme aber antwortete: „Auf keinen Fall kannst du bleiben, was du bist." So vertraute sich der Fluss der Wüste an. Wolken sogen ihn auf und trugen ihn über die heiße Sandfläche. Als Regen wurde er am anderen Ende der Wüste wieder abgesetzt. Und aus den Wolken strömte ein Fluss, schöner und frischer als zuvor. Da freute sich der Fluss und sagte: „Jetzt bin ich wirklich ich." Finden Sie Ihre absolute und einzigartige Identität. Finden Sie heraus, was Sie denken. Finden Sie heraus, welche Kraft in Ihnen steckt. Wie beeinflusst die Umwelt Sie? Welches Verhalten haben Sie und welches Verhalten sollten Sie haben? Welche Fähigkeiten benötigen Sie, um an die Spitze zu kommen? Welche Fähigkeiten besitzen Sie? Welchen Glauben haben Sie, welche Überzeugung, und welche Überzeugung sollten Sie haben? Und welche Identität, welche Person sind Sie? Bitte beantworten Sie sich die folgenden Fragen:

Was an Ihrem Umfeld gefällt Ihnen in Ihrem Beruf als Verkäufer besonders gut?

_____

_____

_____

Was macht Ihnen im Verkauf den meisten Spaß?

_____

_____

Was zeichnet Spitzenverkäufer Ihrer Meinung nach aus? Was können Sie, was Spitzenverkäufer auch können?

_____

_____

_____

Wie kam es, dass Sie sich für den Verkauf entschieden haben?

_____

_____

_____

Welche Werte halten Sie für besonders wichtig im Verkauf?

_____

_____

_____

Was macht das Berufsleben für Sie erfüllend? Welche Parameter müssen gegeben sein, damit Sie Spaß an Ihrer Tätigkeit haben?

_____

_____

_____

Bitte beurteilen Sie sich selbst. Wer sind Sie als Verkäufer?

_____

_____

_____

Bei welchen Menschen fühlen Sie sich besonders wohl? Zu welcher Gruppe möchten Sie gehören? Mit wem würden Sie in der Zukunft gerne beruflich noch mehr zu tun haben?

_____

_____

_____

Warum sollte ein Kunde bei Ihnen kaufen und nicht bei einem anderen Verkäufer?

_____

_____

_____

Sie haben diese Fragen ehrlich beantwortet? Dann frage ich Sie: Was denken Sie über Ihren Beruf? Was denken Sie über sich selbst? Welches Potenzial steckt noch in Ihnen und soll endlich entfaltet werden? Es ist auf jeden Fall besser, ein kantiges Etwas zu sein als ein rundes Nichts.

Seien Sie zu einhundert Prozent kongruent

Eine Frau kam mit ihrem kleinen Sohn zu dem weisen Ali. „Meister", sprach sie, „mein Sohn ist von einem furchtbaren Übel befallen. Er isst Datteln von morgens bis abends. Wenn ich ihm keine Datteln gebe, schreit er, dass man es bis in den siebten Himmel hört. Was soll ich tun, bitte hilf mir!" Der weise Ali schaute das Kind freundlich an: „Gute Frau, geht nach Hause und kommt morgen zur gleichen Zeit wieder!" Am nächsten Tag stand die Frau, müde von der langen Reise, mit ihrem Sohn wieder vor Ali. Der große Meister setzte den Jungen auf seinen Schoß, sprach freundlich zu ihm, nahm ihm schließlich die Datteln aus der Hand und sagte: „Mein Sohn, erinnere dich der Mäßigkeit. Es gibt auch andere Dinge, die gut schmecken." Mit diesen Worten entließ er Mutter und Kind. Etwas verwundert fragte die Frau: „Großer Meister, warum hast du das nicht schon gestern gesagt, warum mussten wir den langen Weg zu dir noch einmal machen?" „Gute Frau", antwortet da Ali, „gestern hätte ich deinem Sohn nicht überzeugend sagen können, was ich ihm heute sagte, denn gestern hatte ich selber die Süße der Datteln genossen!"[2]

Einige von Ihnen kennen den Begriff „kongruent sein" sicher aus der Mathematik. Dort steht Kongruenz für Deckungsgleichheit. Sind Sie stets auf Deckungsgleichheit bedacht? Anders gefragt, sind Sie immer eins mit sich? Zu einhundert Prozent kongruent sein, heißt, dass die Bilder in Ihrem Kopf, Ihre Handlungen, Ihre Körperbewegungen und Ihre Äußerungen zueinander passen, eins sind. Stellen Sie sich einmal vor, ein Karatekämpfer möchte zehn Ziegel mit seiner Hand durchschlagen. Der Karatekämpfer muss sich konzentrieren. Er stellt sich bildlich vor, wie er mit einem Schlag seiner Handkante die zehn Ziegel durchschlägt. Er konzentriert sich, wärmt seinen Körper auf, und dann schlägt er zu. JA - die Ziegel zerbrechen. Er war kongruent. Seine Bilder, seine Körperhaltung und das gesprochene Wort, JA (oder UH), waren auf ein Ziel ausgerichtet, waren also eins. Nur so können Sie Ihren Kunden die absolute Kraft, die absolute Identität und die absolute Authentizität entgegenbringen. Seien Sie also kongruent.

Beantworten Sie bitte kurz die folgende Frage: Was denken Sie über Ihr Produkt oder Ihre Dienstleistung? Bilden Ihre Äußerungen, Ihre Körpersprache und Ihre Gedanken immer eine Einheit? Bei einhundert Prozent Stimmigkeit fühlen Sie sich am sichersten und am stärksten. Wer sich sicher fühlt, hat eine mächtige Überzeugungskraft. Seien Sie authentisch.

Es fällt kein Meister vom Himmel

Ein Zauberkünstler führte am Hofe des Sultans seine Künste vor und begeisterte die Zuschauer. Der Sultan selbst war außer sich vor Bewunderung: „Gott, steh mir bei, welch ein Wunder, welch ein Genie!" Sein Wesir aber gab zu bedenken: „Hoheit, kein Meister fällt vom Himmel. Die Kunst des Zauberns ist die Folge seines Fleißes und seiner Übung." Der Sultan runzelte die Stirn. „Du undankbarer Mensch! Wie kannst du behaupten, dass solche Fertigkeiten durch Übung kommen? Es ist, wie ich sage: Entweder man hat das Talent oder man hat es nicht. Du hast es jedenfalls nicht, ab mit dir in den Kerker. Dort kannst du über meine Worte nachdenken. Damit du nicht so einsam bist und du deinesgleichen um dich hast, bekommst du ein Kalb als Kerkergenossen." Vom ersten Tag seiner Kerkerzeit an übte der Wesir nun, das Kalb hochzuheben, und trug es jeden Tag über die Treppe seines Kerkerturmes. Die Monate vergingen dabei. Eines Tages erinnerte sich der Sultan an seinen Gefangenen. Er ließ ihn zu sich holen. Bei seinem Anblick überwältigte ihn das Staunen: „Gott, steh mir bei, welch ein Wunder, welch ein Genie!"

---

2   Diese Geschichte ist aus dem Buch „Der Kaufmann und der Papagei" von Nossrat Peseschkian.

Der Wesir, der mit ausgestreckten Armen einen Stier trug, antwortete mit den gleichen Worten wie damals: „Hoheit, kein Meister fällt vom Himmel. Meine Kraft ist die Folge meines Fleißes und meiner Übung."[3]

Zusammenfassung: Das Bewusstsein eines Spitzenverkäufers

▶ Seien Sie von sich selbst überzeugt. Finden Sie Ihr WARUM heraus, Ihren zwingenden Grund.

▶ Von was Sie auch überzeugt sind, Sie haben Recht damit! Welche Glaubenssätze kontrollieren Ihr Leben und welche Glaubenssätze sind förderlich?

▶ Zustandsmanagement – beginnen Sie, tagtäglich Ihren Zustand zu managen, durch Ihre Körperhaltung und die richtigen Fragen.

▶ Entfalten Sie Ihre einzigartige Identität. Wie ist Ihre Umwelt? Wie ist Ihr persönliches Verhalten? Wie ist Ihre Fähigkeit? Wie sind Ihr Glaube und Ihre Überzeugung?

1.2   Die Werkzeuge eines Spitzenverkäufers

Mit welchen Werkzeugen arbeiten die Spitzenverkäufer? Wie können Sie diese Werkzeuge in Ihrem täglichen Leben anwenden? Welche Veränderungen würden Sie durch den Einsatz der effektiven Werkzeuge der Spitzenverkäufer erreichen? Antworten auf diese Fragen liefert das folgende Kapitel.

Zeitmanagement

Was wollen Sie wirklich erreichen? Es ist eine grundlegende Frage, die Sie sich regelmäßig stellen sollten. Klar formulierte Ziele sind der Schlüssel zum Erfolg. Genau definierte Zeitpläne sind der Garant für Effektivität und Spitzenleistungen.

Wenn ich weiß, was ich will,
weiß ich auch, was ich brauche, um es zu bekommen.

[Managerweisheit]

---

3   Diese Geschichte ist aus dem Buch „Der Kaufmann und der Papagei" von Nossrat Peseschkian.

1952 wurde an der Stanford Universität in Kalifornien eine Langzeitstudie gestartet, um das Leben einer ausgewählten Gruppe von Studenten und Studentinnen zu beobachten. 2 Prozent der Studenten schrieben ihre Ziele kontinuierlich auf. 10 Prozent der Studenten setzten sich Ziele, aber schrieben sie nicht auf. Die restlichen Studenten hatten gar keine Ziele. 20 Jahre später hatten die 2 Prozent der Studenten, die ihre Ziele kontinuierlich und schriftlich notiert hatten, mehr Geld verdient als die verbliebenen 98 Prozent der Studenten zusammen, die an der Studie teilgenommen hatten. Als Messgröße für den Erfolg wurde der Faktor Geld definiert; schließlich lassen sich allgemeine Werte wie Wohlbefinden oder Zufriedenheit nicht oder nur sehr schwer messen.

Erfolgreiche Spitzenverkäufer setzen sich kontinuierlich schriftlich festgelegte Ziele. Wo möchten Sie in fünf Jahren sein? Welches Einkommen haben Sie? In welcher Umgebung leben Sie? Wie ist Ihr Verhalten? Welche Fähigkeiten besitzen Sie? Welche Überzeugung und welchen Glauben haben Sie? Wer werden Sie in fünf Jahren sein? Wer möchten Sie in zwei Jahren sein? Und wer werden Sie in einem Jahr sein?

Wenn Sie spüren, dass ein Ziel Unbehagen oder sogar Unzufriedenheit bei Ihnen auslöst und es Sie ermüdet, an der Realisierung zu arbeiten, dann ist es womöglich das falsche Ziel. Denken Sie an Ihre Werte, denken Sie an Ihre Ziele und Ihre Motivation, Ihren Weg zu gehen. Ermitteln Sie die Ihnen besonders wichtigen Werte und leben Sie danach. Egal, welche Ziele Sie auch immer verfolgen, diese sollten positiv formuliert sein. Manchmal treffe ich Personen, die mir immer wieder sagen, was sie nicht erreichen wollen, was sie nicht haben möchten. Da frage ich mich immer wieder: Was will diese Person denn dann? Manche Verkäufer schreiben zum Beispiel auf: Ich möchte im Umgang mit Kunden nicht mehr so nervös sein. Oder: Ich möchte diesen Auftrag nicht verlieren. Das alles sind negativ formulierte Zielvorstellungen, und Sie wissen inzwischen ja, das Unterbewusstsein kennt das Wort „nicht" nicht. Das sollten Sie auch bei Ihrem persönlichen Ziel- und Zeitmanagement beachten.

Definieren Sie Ihre Ziele so spezifisch und genau wie möglich. Wann wollen Sie Ihr Ziel erreichen? Wo wollen Sie sein? Wie wollen Sie es erreichen? Eine präzise Terminierung ist bei der Zieldefinierung maßgeblich. Was Sie bei der Zielsetzung vermeiden sollten:

▸ Nicht von anderen abhängig machen.
▸ Kein Vergleich mit anderen Personen oder Dingen.
▸ Keine Negationen. Also: keine, nicht etc.

Zielcheckliste

▶ Ein Ziel muss klar und eindeutig formuliert sein.
▶ Verwenden Sie eine positive Sprache.
▶ Ein Ziel muss einen festen Termin haben.
▶ Verwenden Sie Ich-Formulierungen: Ich bin ..., Ich habe ...

Machen Sie sich genaue Gedanken, wo Sie in fünf Jahren stehen möchten. Stellen Sie sich die Frage: Was will ich in fünf Jahren erreicht haben und sein? Beantworten Sie die Frage klar, positiv und setzen Sie sich selbst einen Termin.

▶ Was wollen Sie in drei Jahren erreichen und sein?
▶ Was wollen Sie in zwei Jahren erreichen und sein?
▶ Was wollen Sie in einem Jahr erreichen und sein?

Machen Sie sich einmal über den Zeitraum eines Jahres Gedanken: Um wie viel sollte sich Ihr Umsatz steigern? Wie viele Abschlüsse möchten Sie erreichen? Wie viele Neukunden wollen Sie gewinnen? Wie groß ist Ihr grundsätzliches Kundenpotenzial? Wie viele Stammkunden haben Sie? Wenn Sie wissen, was Sie in einem Jahr erreichen möchten, wie hoch zum Beispiel Ihre Umsatzsteigerung sein soll, dann beginnen Sie im nächsten Schritt herauszufinden, wie viele Aufträge Sie abschließen müssten, um dieses Ziel zu erreichen. Wie viele Neukunden müssten Sie gewinnen? Wenn Sie genau wissen, was Sie in einem Jahr erreichen wollen, dann brechen Sie Ihr Ziel herunter auf einen Monat. Was müssen Sie jeden Monat tun, um Ihr Jahresziel, Ihr 2-Jahres-Ziel, Ihr 3-Jahres-Ziel und Ihr 5-Jahres-Ziel tatsächlich zu erreichen? Wenn Sie Ihr Jahresziel auf das Pensum eines Monats heruntergebrochen haben, dann ermitteln Sie das Pensum für eine Woche. Ist das geschafft, dann errechnen Sie, was Sie am Tag leisten müssen, um Ihr großes Ziel zu erreichen. Jetzt müssen Sie sich nur noch darauf konzentrieren, jeden Tag Ihr Pensum abzuarbeiten. Verwenden Sie einen dreistufigen Ziel-Erreichungsplan.

Der 3-Stufen-Plan zum Ziel

Träume nicht dein Leben, lebe deine Träume.

[Walt Disney]

Die meisten Menschen haben große Schwierigkeiten mit der Zieldefinierung und setzen sich entweder viel zu große Ziele, die nicht erreichbar sind, oder viel zu kleine Ziele, an deren Realisierung sie keine Freude haben. Setzen Sie sich ruhig große Ziele, die Sie wirklich fordern. Große Ziele sind wichtig. Sie sollten jedoch auch realistisch sein und Ihnen ein gutes Gefühl geben. Sie sollten Freude empfinden, wenn Sie an das Ziel denken, und diese Freude muss den Druck kompensieren, den Sie auf dem Weg dorthin immer wieder spüren. Sie sollten ein schlechtes Gefühl haben, wenn Sie daran denken, Ihr Ziel – aus welchen Gründen auch immer – nicht zu erreichen. Ich empfehle Ihnen deshalb: Machen Sie einen 3-Stufen-Zielplan.

Setzen Sie sich ein **Maximalziel**. Ein wirklich ganz großes Ziel, bei dem Sie nach den Sternen greifen müssen, bei dem Sie sich wirklich anstrengen müssen, alles geben müssen, um es zu erreichen. Setzen Sie sich zudem ein **erwartetes Ziel**. Dieses Ziel ist selbstverständlich zu erreichen, weil es Ihren Erwartungen entspricht. Und schließlich setzen Sie sich ein Minimalziel. Dieses **Minimalziel** umschließt das wirkliche Minimum, mit dem Sie (notfalls) auch zufrieden sind, wenn Sie es erreichen. So haben Sie eines auf jeden Fall geschafft: Sie werden mit Sicherheit eines von diesen drei Zielen erreichen. Damit können Sie nicht deprimiert sein, weil Sie Ihr Ziel verfehlt haben. Diese Strategie gibt Ihnen Selbstvertrauen, Kraft und die Motivation, sich immer wieder neue Ziele zu setzen und zu erreichen. Befolgen Sie den Rat und machen Sie einen 3-Stufen-Zielplan für ein Jahr, für zwei Jahre, für drei Jahre und für fünf Jahre. Brechen Sie Ihr Ziel herunter, bis Sie das Pensum für einen einzelnen Tag ermittelt haben. Ich weiß nicht, wie es Ihnen geht, aber wenn ich mir ein Ziel setze und es erreiche, dann gibt mir das Kraft, Motivation und neue Energie, so dass ich noch mehr leisten kann. Das ist eine Energie, die von innen heraus kommt und Bestleistungen ermöglicht.

Mehr Zeit mit dem Telefon gewinnen

Man mag es kaum glauben, aber viele Verkäufer haben Angst vor dem Telefon, Angst vor der Absage des Kunden, Angst vor der Ablehnung und dem hilflosen Ausgeliefertsein, wenn man dem Kunden nicht von Angesicht zu Angesicht gegenüber sitzt. Dabei bietet das Telefon doch die besten Möglichkeiten, an Kunden ganz nahe heranzukommen. Denken Sie doch nur einmal daran, wie nah Sie Ihrem Kunden sind, wenn Sie mit ihm telefonieren. Sie befinden sich direkt am Ohr des Kunden und sind ihm damit so nahe wie nie. Wenn Sie es nun schaffen, Ihre Überzeugungskraft durch das Telefon direkt in das Gehirn des Kunden zu transportieren und Ihre Begeisterung etwas tiefer im Herzen des Kunden zu platzieren, was wollen Sie dann noch mehr? Sie werden zukünftig gerne zum Telefon greifen, aktiv Termine vereinbaren oder in manchen Fällen sogar direkt verkaufen – und das alles mit dem Wundermittel Telefon!

Natürlich funktioniert das nur, wenn Sie das Telefon nicht länger als Ihren Feind, sondern ab sofort als Ihren Freund betrachten. Einen Freund, der es Ihnen erlaubt, zu jeder beliebigen Zeit mit Ihrem (potenziellen) Kunden ins Gespräch zu kommen. Sie können noch im Schlafanzug am Schreibtisch sitzen, eine erste gemütliche Tasse Kaffee genießen und schon aktiv sein. Sie können mehr Zeit mit Ihren Lieben verbringen, wenn Sie weniger auf der Strecke sind, weil Sie nicht mehr einfach nur „blind" auf der Suche nach Kunden durch die Gegend fahren, sondern gezielt per Telefon Besuchstermine vereinbaren.

Der direkte Draht

Das Telefon ist Ihr direkter Draht in die Welt. Sie können inzwischen immer und überall zum Telefon bzw. Handy greifen. Nutzen Sie diese Möglichkeit, und kommen Sie mit Ihrem Gesprächspartner per Telefon in Kontakt. Sprechen Sie Ihre Themen selbstbewusst und offen an und hören Sie Ihrem Gegenüber umgekehrt auch aufmerksam zu. Am Telefon, ohne Gestik und Mimik, kommt es noch einmal mehr darauf an, wie Sie etwas sagen. Der Ton macht die Musik. Ihre Stimmung überträgt sich durch das Telefon auf Ihr Gegenüber, im Positiven wie im Negativen. Umso mehr sollten Sie darauf achten, dass Sie, auch wenn Sie ungestylt am Schreibtisch sitzen (lümmeln würde ich Ihnen nicht empfehlen, weil auch das am anderen Ende der Leitung zu hören ist), mental in einem guten Zustand sind. Umgekehrt können Sie es aber auch schaffen, einen Kunden, der vielleicht gerade „ungemütlich" ist, durch die richtigen Worte am Telefon in einen besseren Zustand zu versetzen.

Freundlichkeit ist am Telefon oberstes Prinzip. Bleiben Sie ruhig, was immer Ihr Gegenüber auch „vom Stapel lässt", nehmen Sie sich (so viel) Zeit (wie Ihr Kunde braucht), und bedenken Sie, dass jeder die Welt mit anderen Augen sieht. Sprechen Sie die Sprache Ihres Kunden, dann fühlt er sich als Mensch mit seinen Wünschen, Ängsten und Problemen wahrgenommen. Helfen Sie ihm durch die richtigen Fragen, für sich selbst Antworten zu finden. Wie Sie in den folgenden Kapiteln noch erkennen werden, macht es im Umgang mit Kunden keinen wesentlichen Unterschied, ob Sie mit ihnen per Telefon oder direkt in Kontakt treten. Nutzen Sie den direkten Draht von Mensch zu Mensch, und das Telefon wird Ihnen die besten Dienste leisten. Oder könnten Sie sich vorstellen, auch nur einen Tag ohne Telefon auszukommen?

Termine mit dem Telefon vereinbaren

Eines Tages kam ein Seminarteilnehmer zu mir und sagte: „Herr Galal, ich möchte meinen Umsatz steigern. Können Sie mir einen Tipp geben?" Ich bat ihn: „Erzählen Sie mir, wie Sie an Ihre Termine kommen." Er antwortete: „Ganz einfach, ich schaue meine gesamte Datenbank an, und dann plane ich, wann ich welchen Kunden besuche." Bei den vielen wöchentlichen Kundengesprächen machte er gegebenenfalls ein oder zwei Aufträge. Eine wichtige Tatsache hatte er allerdings verschwiegen. Denn meistens fuhr er bei den Kunden einfach vorbei, und nur wenn er Glück hatte, waren diese zu Hause und wollten gerade auch beraten werden. Bei aller Kundenpflege war folglich die Quote, dass er die entscheidenden Personen auch wirklich erreichte, ziemlich gering. Deshalb riet ich ihm: „Vereinbaren Sie Termine und benutzen Sie dazu das Telefon. Das Telefon ist einer der effektivsten Zeitsparmechanismen, die es gibt. Sie machen am Tag vielleicht zehn oder fünfzehn Kundenbesuche, und nur fünf Kunden treffen Sie auch an. Von diesen erhalten Sie vielleicht einen oder maximal zwei Aufträge, wenn überhaupt! Überlegen Sie:

▶ Ist es für den Kunden angenehm, wenn Sie unerwartet auftauchen?
▶ Könnten Sie auf einem anderen Weg nicht viel mehr Kunden an einem Tag erreichen?"

Dann rechnete ich mit ihm aus, wie viele Kunden er telefonisch erreichen konnte. Er könnte am Tag mit mindestens 40 Kunden telefonieren. Dass heißt, er könnte fast dreimal so viele Kundenkontakte pro Tag machen wie zuvor. Er hätte also eine riesige Zeitersparnis. Von der erhöhten Effizienz gar nicht zu sprechen! Seit dieser Erkenntnis telefoniert er wirklich einen Tag pro Woche und vereinbart Termine für die restliche Woche. Schon am Telefon kann er den einen oder anderen Auftrag verzeichnen, seine Termine sind nun viel effektiver, viel effizienter, und er kann alles in allem viel mehr erreichen. Das Telefon ist ein hervorragendes Werkzeug, um verschiedene Dinge abzuklären:

▶ Sie können in kürzester Zeit viel mehr Menschen erreichen.
▶ Sie können per Telefon Termine machen.
▶ Bereits am Telefon erreichen Sie bei manchem Kunden eine erste kleine Entscheidung.

Machen Sie doch einfach eine Zeit lang eine statistische Erfolgsplanung. Finden Sie heraus, wie viele Telefonkontakte Sie machen müssen, um einen Termin zu vereinbaren. Wenn Sie diese Quote ermittelt haben, dann wissen Sie ganz genau, wie viele Telefonate Sie führen müssen, um noch erfolgreicher zu werden. Wenn Sie wissen, wie viele Termine Sie machen müssen, um einen Abschluss zu bekommen, dann können Sie sich genau ausrechnen, wie viele Telefonate Sie in einer Woche führen müssen oder wollen, um Ihr tatsächliches Ziel, also Ihr Wochenziel, zu erreichen.

Benutzen Sie das Telefon auch, um Weiterempfehlungen zu erhalten. Benutzen Sie das Telefon, um Ihre Kundenkontakte zu pflegen. Ein kurzer Anruf bei verschiedenen Kunden, und sei es nur, um nachzuprüfen, ob beim letzten Auftrag alles in Ordnung war, hilft schon, dem Kunden ein gutes Gefühl zu geben. Da ist jemand, der sich um mich und meine Belange kümmert - und nicht immer nur dann, wenn ich etwas kaufen soll. Genau bei diesen Telefonaten, die der Kundenpflege dienen, können Sie auch nach einer Weiterempfehlung fragen. Und Ihr Kunde wird sie Ihnen garantiert gerne geben!

Exzellentes Verkaufen

Wenn Sie an wirkliche Spitzenleistungen herankommen möchten, müssen Sie verschiedene Punkte erreichen. Sie müssen kontinuierlich daran arbeiten, Termine zu machen. Mehr als alles andere ist Kontinuität gefragt.

AKTIVITÄTEN

Kontaktzahlen errechnen und Ziele erreichen

Mein Umsatzziel   **Ziel**

Aufteilung der Produkte oder Dienstleistung:

1. Produkt _____ : _____ St. x _____ Prov. = _____

2. Produkt _____ : _____ St. x _____ Prov. = _____

Wie viele Interessenten benötigen Sie, um einen Abschluss zu tätigen?
Angenommene Abschlussquote (z. B. 3 Interessenten für 1 Auftrag)

Wie viele Kontakte brauchen Sie, um einen Interessenten zu erhalten?
(z. B. 6 Kontakte für 1 Interessenten)
Kontakte über Telefon oder persönlich _____

_____ Interessenten x _____ Kontakte = _____
(z. B. 3 Interessenten x 6 Kontakte = 18 Kontakte)

_____ Kontakte x _____ Aufträge = _____
(z. B. 18 Kontakte x 100 Aufträge = 1800 Kontakte)

_____ Kontakte : _____ Tage = _____
(z. B. 1800 Kontakte : 200 Arbeitstage im Jahr = 9 Kontakte)

Sie können alles erreichen, was Sie wollen. Sie können so viel verdienen, wie Sie wollen. Sie müssen nur darauf achten, dass Sie Ihre Kontaktquote auch wirklich jeden Tag erreichen. Konzentrieren Sie sich auf Ihre Kontakte und vergessen Sie Ihre Umsätze, weil das, was Sie wirklich jeden Tag beeinflussen können, ist die Zahl Ihrer Kontakte. Je mehr Kontakte Sie machen, desto bessere Chancen haben Sie, einen Auftrag zu erhalten. Mit nachfolgenden Punkten erhalten Sie wertvolle Tipps und eine kurze Erklärung, wie Sie Ihre genauen Kontaktzahlen errechnen können:

▶ Setzen Sie sich genaue Ziele. Wie viel wollen Sie realistisch im Jahr verdienen? Tragen Sie die Zahl oben rechts ein.

▶ Wie viel Provision bekommen Sie pro Auftrag? Tragen Sie den Betrag ebenfalls ein.

▶ Fragen Sie sich: Wie viele Aufträge müssen Sie hereinholen, um Ihr tatsächliches Provisionsziel zu erreichen?

- ▶ Wie viele Interessenten benötigen Sie, um einen Abschluss zu tätigen? Wie ist Ihre angenommene Abschlussquote? Tragen Sie die Zahl in der zweiten Zeile ein.
- ▶ Wie viele Kontakte brauchen Sie, um einen Interessenten zu erhalten? Es ist egal, ob Sie diese per Telefon kontaktieren oder jeden Einzelnen persönlich besuchen, um festzustellen, wer Ihr Interessent ist. Tragen Sie die Antwort in der dritten Zeile ein.
- ▶ Jetzt wissen Sie, wie viele Kontakte und Interessenten Sie benötigen, um einen Auftrag zu generieren. Tragen Sie diese Kontaktzahl in der vierten Zeile ein.
- ▶ Sie brauchen z. B. 18 Kontakte, um einen Auftrag zu erhalten, und Sie wollen z. B. 100 Aufträge machen, um Ihr tatsächliches Provisionsziel zu erreichen. Multiplizieren Sie Ihre Aufträge mit Ihren angenommenen Kontakten, die Sie benötigen, um einen Auftrag zu erhalten. Tragen Sie das Ergebnis in der fünften Zeile ein.
- ▶ Sie haben jetzt eine Übersicht darüber, wie viele Kontakte Sie im gesamten Jahr machen müssen, um Ihr Ziel zu erreichen. Dividieren Sie die Zahl Ihrer Kontakte durch die Anzahl der Arbeitstage, z. B. 200 Tage im Jahr. Zwar könnten Sie eine höhere Zahl Arbeitstage eintragen, doch auch Urlaub, Wochenenden, Feiertage oder mögliche Auszeiten sollten einkalkuliert werden, damit Sie Ihr Ziel in jedem Fall erreichen können. Sie erhalten jetzt eine genaue Zahl, die widerspiegelt, wie viele Kontakte Sie täglich benötigen, um Ihr gestecktes Ziel zu erreichen.

Jetzt liegt es an Ihnen, Sie haben keine Ausrede mehr. Sie müssen Ihre Kontakte täglich erreichen, und wenn Sie es nicht schaffen, dann sind Sie selber schuld, oder?

Kontakt herstellen

Das erinnert mich an einen meiner Mitarbeiter im Vertrieb, der wirklich permanent Kontakte machte und permanent telefonierte. Er war kein überragender Spitzenverkäufer. Er hatte auch noch nicht den richtigen Dreh heraus, um wirklich schnell eine sehr gute Beziehung zum Kunden aufzubauen. Aber er hatte den eisernen Willen, permanent Kontakte zu machen. Er hatte viel mehr Kontakte als alle anderen Verkäufer. Diese Kontaktzahl und die sich daraus ergebenden Chancen haben ihn wirklich an die Spitze des Verkaufens gebracht. Nach einer Weile hatte er auch seine anderen Fähigkeiten und Fertigkeiten immer weiter verbessert.

Ich persönlich schätze es sehr, wenn Verkäufer ehrlich und aufrichtig sind. Eines Tages kam ein Finanzfachmann zu mir und durchleuchtete meine finanzielle Situation. Er zeigte mir die vielen Möglichkeiten auf, wie mein Geld so effektiv und Gewinn bringend wie möglich angelegt werden könnte. Dabei gab es natürlich verschiedene Highlights, die wir beide grundsätzlich für sehr effektiv hielten, um mein Geld schnellstmöglich zu vermehren. Doch er riet mir aufgrund der momentan angespannten Wirtschaftslage von diesen Möglichkeiten ab und begründete diese Entscheidung für mich auch sehr verständlich und logisch. Ich schätzte an ihm, dass er mir in aller Aufrichtigkeit und Ehrlichkeit sagte, wozu er als Fachmann in diesem Bereich tendieren würde und warum.

Seien Sie Ihrem Kunden gegenüber aufrichtig und ehrlich, und Sie bekommen es um ein Vielfaches zurück. Wenn es Ihnen gelingt, einem Kunden zu sagen: „Nein, es ist nicht der richtige Zeitpunkt für Sie, diese Investitionen zu tätigen", dann merkt der Kunde, dass Sie nicht nur auf Ihre Provision aus sind und versuchen, „auf Teufel komm raus" etwas zu verkaufen. Der Kunde merkt, dass Sie es ehrlich mit ihm meinen. Der Kunde merkt, dass er einen vertrauenswürdigen Berater hat, der ihm ganz genau sagt, wann etwas möglich ist und wann nicht, wann er zum Beispiel investieren sollte oder eben nicht. Alles im Leben kommt zurück.

Zusammenfassung: Die Werkzeuge eines Spitzenverkäufers

1. Zeitmanagement:
Nutzen Sie Ihre Zeit richtig und definieren Sie Ziele. Finden Sie heraus, wo Sie in fünf Jahren, in drei Jahren, in zwei Jahren und in einem Jahr sein möchten. Brechen Sie Ihr Ziel herunter bis auf einen Tag, dann wissen Sie auch, was Sie täglich tun müssen, um Ihr großes Ziel zu erreichen.

2. Mehr Zeit mit dem Telefon gewinnen:
Nutzen Sie die Kraft und Macht des Telefons. Sie können durch das Telefon so viel mehr Menschen erreichen. Machen Sie sich Zeitblöcke. Erstellen Sie Statistiken. Pflegen Sie Ihre Kunden per Telefon.

3. Exzellentes Verkaufen:
Arbeiten Sie kontinuierlich an Ihrem Erfolg. Mehr Kontakte bedeutet mehr Umsatz. Seien Sie aufrichtig und ehrlich.

2. VERKAUFSPSYCHOLOGIE FÜR INSIDER

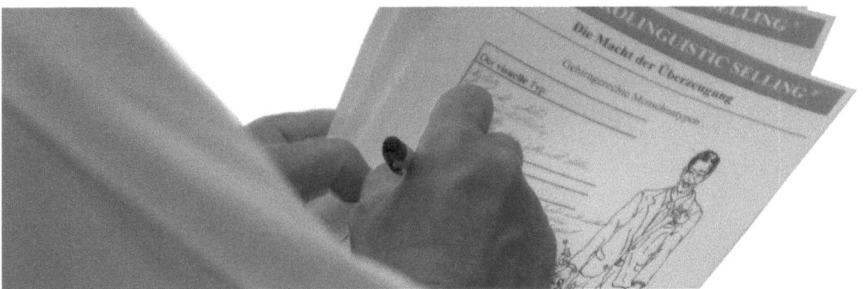

Haben Sie sich schon einmal gefragt, warum Sie gerade bei einem bestimmten Verkäufer etwas gekauft haben und bei einem anderen nicht? Haben Sie im Gespräch mit einem Verkäufer, der Ihnen etwas verkaufen wollte, bemerkt, dass Sie ganz plötzlich das Gefühl bekamen, kaufen zu müssen (jetzt gleich und hier)? Sie wollten dieses Produkt oder diese Dienstleistung unbedingt haben. Was waren die Gründe dafür, dass Sie wirklich gekauft haben? Welche internen Prozesse laufen bei uns Menschen ab, wenn wir uns entscheiden, ob wir etwas kaufen oder wie wir etwas kaufen? Welches geheime Wissen steckt in den meisten Werbespots, die im TV laufen? Was sind die Geheimnisse der Spitzenverkäufer, die genau wissen, warum ein Mensch etwas kauft? Welche Veränderung würde es bei Ihnen auslösen, wenn Sie genau wüssten, wie ein Mensch kauft, und welchen Knopf Sie drücken müssten, um ihn so zu überzeugen, dass er auch tatsächlich bei Ihnen kauft?

Ich weiß nicht, welche Vorstellungen Sie jetzt im Kopf haben. Vielleicht sehen Sie gerade, wie Sie mit diesen Techniken per Knopfdruck jedem Kunden etwas verkaufen können. Wie Sie so effektiv und effizient sind, dass Sie nach einer Weile so viel mehr verkaufen, dass Sie gar nicht wissen, wohin mit Ihrem ganzen Geld. Wenn Sie also wissen, welche Prozesse notwendig sind, um einem Menschen zu helfen, eine Kaufentscheidung zu treffen, dann halten Sie ein mächtiges Instrument in Händen.

Stellen Sie sich einmal vor, Sie könnten in den Kopf Ihres Kunden hineinschlüpfen und erfahren, wie er denkt. Was denkt wohl Ihr Kunde? Ihr Kunde denkt: Kann ich dem Verkäufer trauen? Der Verkäufer will mir doch nur etwas verkaufen. Es geht ihm doch nur um seinen eigenen Vorteil. Er interessiert sich doch nur für seine Provision. Er will mich über den Tisch ziehen. Das sind alles Dinge, die Kunden häufig denken. Ihre Aufgabe ist es, Ihrem Kunden zu zeigen, dass Sie es wirklich ehrlich mit ihm meinen. Sie müssen es ehrlich meinen, wenn Sie an die Spitze gelangen wollen, weil der Kunde unbewusst oder bewusst merkt, wie aufrichtig Sie ihm gegenüber sind. Wenn er merkt, dass Sie es ehrlich meinen, dann können Sie positiven Kaufdruck ausüben, weil die Entscheidung Vorteile für ihn hat. Genau wie bei einem kleinen Kind, das eine lebenswichtige Tablette braucht und dem Sie helfen wollen, ja, sogar verpflichtet sind zu helfen.

2.3 Warum wir Menschen etwas kaufen

Die Prophezeiung

Ein Mann lebte am Straßenrand und verkaufte heiße Würstchen. Er war schwerhörig, deshalb hatte er kein Radio. Er sah schlecht, deshalb las er keine Zeitung. Aber er verkaufte köstliche heiße Würstchen. Das sprach sich herum, und die Nachfrage stieg von Tag zu Tag. Er kaufte einen größeren Herd, musste immer mehr Wurst und Brötchen einkaufen. Er holte seinen Sohn von der Universität zurück, damit er ihm half. Aber dann geschah etwas ... Sein Sohn sagte: „Vater, hast du denn nicht Radio gehört? Eine schwere Rezession kommt auf uns zu. Der Umsatz wird zurückgehen. Du solltest nichts mehr investieren!" Der Vater dachte: „Mein Sohn hat studiert. Er schaut Fernsehen, hört Radio, liest Zeitung. Er muss es wissen." Also verringerte er seinen Wurst- und Brötcheneinkauf, sparte an der Qualität des Fleisches. Er reduzierte seine Kosten, indem er keine Werbung mehr machte. Und das Schlimmste: Die Ungewissheit vor der Zukunft ließ ihn missmutig werden im Umgang mit seinen Kunden. Was passierte daraufhin? Sein Absatz an heißen Würstchen fiel über Nacht. „Du hattest Recht, mein Sohn", sagte der Vater zum Jungen. „Es steht uns eine schwere Rezession bevor."

Was verkaufen Sie?

Was denken Sie? Was verkaufen Sie Ihrem Kunden oder was will Ihr Kunde bei Ihnen kaufen? Was veranlasst uns, täglich zur Arbeit zu gehen, uns schöne große Häuser und zusätzlich ein schnittiges Auto zu kaufen? Wir kaufen uns Kleidung, vielleicht auch bekannte Marken, wir freuen uns auf Urlaubsreisen in ferne Länder, lassen die Seele baumeln. Dann gibt es aber auch Intrigen, wir spielen uns gegenseitig aus. Zudem kommt es immer wieder zu schrecklichen Verbrechen wie Mord, Vergewaltigungen und vielen mehr. Wieso machen wir Menschen das alles?

Alles, was wir machen, jede Aktivität und jedes Verhalten, hat einen gemeinsamen Nenner: Wir wollen ein GEFÜHL befriedigen. Dafür machen wir alles, was in unserer Macht steht. Unser Leben ist geprägt von Emotionen. Wir leben auf einem Planeten namens Emotion. Selbst wenn unsere Handlungen rational erscheinen, gibt es, wenn man nur tief genug gräbt, immer einen emotionalen Grund. Entlässt ein Chef einen Mitarbeiter, mag der rationale Hintergrund sicher der sein, dass dessen Arbeitsleistung nicht ausreichend war, und doch spielen Gefühle dabei eine sehr große Rolle. Der Chef möchte ein schönes Haus für seine Familie kaufen oder die Firma soll so viel Umsatz erzielen, dass er sich seine Träume erfüllen kann. Es kann aber auch sein, dass er Angst hat, seine Firma zu verlieren, oder dass er durch die schlechte Leistung des Mitarbeiters einen wichtigen Kunden verlieren könnte. Gefühle waren in allen Lebensbereichen immer da und werden auch immer da sein.

Was bringt uns dazu, in ein Fitness-Studio zu gehen und monatlich Geld dafür zu bezahlen? Der Grund dafür ist, dass wir unsere Schönheit genießen und unsere gute Gesundheit erhalten wollen. Ein weiterer Grund ist, dass uns unser Aussehen und Ansehen wichtig sind und dass wir möglichst lange fit und vital leben wollen. Uns interessiert nicht wirklich, von welchem Hersteller oder aus welchem Material die Geräte sind. In jedem Haushalt finden Sie Kosmetikprodukte. Was ist der Antrieb, diese Produkte zu kaufen? Ist es vielleicht die Verpackung, die bunte Plastikdose oder die Tube, hergestellt aus unterschiedlichen Materialien? Wollen wir mit den Kosmetikprodukten nicht vielmehr wieder ein Gefühl erzeugen - ein Gefühl von Schönheit und Ansehen? Spielen nicht die Angst vor dem Alter und die Hoffnung, diesen Prozess verlangsamen zu können, eine entscheidende Rolle beim Griff zum Kosmetikprodukt?

Ich frage mich, warum dann immer noch fast 90 Prozent der Verkäufer denken, dass sie ein Produkt verkaufen. Was denken Sie? Was verkaufen Sie jeden Tag? Oder besser gefragt: Was wollen Ihre Kunden wirklich von Ihnen kaufen?

Wenn ich bei meinen Seminaren diese Frage in den Raum werfe, bekomme ich die besten Antworten: „Wie, was ich verkaufe? Software-Programme natürlich!" Einer verkauft Versicherungen, der andere Immobilien. Es gibt natürlich auch andere Antworten wie: „Ich verkaufe mich selbst!" - bitte Vorsicht, denn das ist zum Beispiel in manchen Staaten der Vereinigten Staaten von Amerika verboten.

Die einzige Sache, die wir verkaufen, sind Gefühle. Unsere Aufgabe ist deshalb, die Wertebedürfnisse des Kunden zu befriedigen, weil jedes Wertebedürfnis auch immer ein Gefühl ist. Und hinter jedem Wertebedürfnis steckt immer auch eine

Kaufentscheidungsstrategie, die dann ein positives Gefühl erzeugt. Ihre Aufgabe als Verkäufer ist es also, dieses Gefühl, das Ihr Kunde anstrebt, zu finden und es ihm zu vermitteln.

An ein Einzelcoaching, bei dem ich zusammen mit einem Klienten zum Kunden fuhr und dieser mir von seiner Arbeit erzählte, kann ich mich besonders gut erinnern. Der Klient berichtete mir mit monotoner Stimme, was er den ganzen Tag über machte. Seine Körperhaltung und sein ganzes Dasein wirkten gelangweilt. Genauso hat er dann auch den Kundenbesuch gestaltet. Kaum hatten wir uns begrüßt, begann er mit der Präsentation. Der Kunde hörte sich alles an und sagte zum Schluss: „Ich werde mir alles durch den Kopf gehen lassen und mich gegebenenfalls wieder melden." Wir gingen, und dann sprachen wir über die Situation. Der Klient hatte sein gelangweiltes Gefühl auf den Kunden übertragen - kein Wunder, dass das Geschäft nie zustande kam.

Ich war einmal in einer Bäckerei, trank gemütlich meinen Kaffee an einem Stehtisch und beobachtete die Menschen. Da kam ein älterer Mann herein. Er war ziemlich unfreundlich. Sein Gesicht sah leicht verbittert aus, seine Schultern hingen nach unten, und er bestellte mit kratziger Stimme. Die Verkäuferin war leicht schockiert über die Art und Weise, wie der Mann seine Brötchen bei ihr bestellte. Sie hat sich natürlich dementsprechend verhalten, war auch nicht gerade freundlich und legte kurz angebunden die bestellten Brötchen auf die Theke. Man konnte spüren, dass diese Situation für die Verkäuferin unangenehm war. Dann betrat ein anderer Mann den Laden, der sah eher fröhlich und zufrieden aus und bestellte bei der Verkäuferin mit einer freundlichen Stimme seine Brötchen. Sein Gang war aufrecht, und sein Gesicht wirkte zufrieden. Die Verkäuferin war wie ausgewechselt. Sie war sehr zuvorkommend, legte ganz freundlich die Brötchen auf die Theke und wünschte dem Herrn einen schönen Tag. Ich trank meinen Kaffee und ging nach Hause.

Warum kaufen Menschen?

Erinnern Sie sich bitte an einen Kauf, bei dem Sie mehr als 1.000 Euro ausgegeben haben. Welche Gründe hatten Sie, dieses Produkt/diese Dienstleistung zu kaufen? Was hat Sie angetrieben?

_____

_____

_____

Sicher haben auch Sie einen der vier wichtigsten Gründe, warum Menschen etwas kaufen, genannt:

▸ Um Freude zu erlangen.
▸ Um Werte zu befriedigen.
▸ Um ein Gefühl (Zustand) zu erhalten.
▸ Um Schmerz zu vermeiden.

Ob wir kaufen oder nicht, wie die Entscheidung auch ausfällt, sie ist mit Gefühlen und Zuständen verbunden – positiv wie negativ! Werte bestimmen unser Leben und unser Verhalten beim Kauf. Menschen sind von ihren Werten geprägt. Ein Mensch kauft, weil im Leben folgende Faktoren für ihn wichtig sind:

▸ **Profit:** Gewinnstreben, Spartrieb, Zeitgewinnung und -einsparung
▸ **Sicherheit:** Selbsterhaltung, Gesundheit, Risikofreiheit, Sorgenfreiheit
▸ **Komfort:** Bequemlichkeit, Ästhetik, Schönheitssinn
▸ **Ansehen:** Stolz, Prestige, Anlehnungsbedürfnis, „in" sein, „dabei" sein
▸ **Freude:** Vergnügen, Großzügigkeit, Sympathie, Liebe zur Familie

Ein Freund von mir wollte sich ein schönes, großes Haus kaufen. Er sah sich viele Objekte an und sprach mit Experten und Bekannten über die Vor- und Nachteile einer Immobilie. Unter den Experten herrschten verschiedene Meinungen vor. Die einen sagten ihm, dass ein Immobilienkauf wegen der hohen Sicherheit eine gute Geldanlage sei. Andere hingegen gaben zu bedenken, dass eine Immobilie wegen der vielen versteckten Kosten für den Vermögensaufbau nicht lukrativ sei. Eigentlich sei sie nur ein Zwang oder ein Druck, um jeden Monat Geld zu „sparen". Was meinen Sie: Hat mein Freund die Immobile gekauft? Ja, er hat sie gekauft, weil ihm gewisse Werte wichtiger waren als andere.

Werte bestimmen unser Leben und unser Verhalten beim Kauf eines Produktes oder einer Dienstleistung, und sie bestimmen, wie wir auf bestimmte Situationen reagieren. Jeder Mensch hat diese Werte – nur die Rangfolge differiert.

Die zwei größten Motivationsknöpfe

Wir Menschen haben ein Motivationsmuster, das uns veranlasst, Dinge zu kaufen oder gewisse Aktivitäten durchzuführen. Ich wurde von einer renommierten Vertriebsgesellschaft engagiert, um die Verkaufsmitarbeiter zu schulen. Bevor ich begann, das Konzept für diese Firma zu erstellen, bemerkte ich, dass auf dem firmeneigenen Parkplatz schöne große Autos standen, und dachte, die Verkäufer müssten gute Provisionen bekommen, um sich solche Luxuslimousinen leisten zu können. Der Vertriebsleiter und ich sprachen über die Mitarbeiter und deren Rahmenbedingungen. Er erzählte mir, dass die Mitarbeiter bestimmte Incentives erhielten, wenn sie ihre Umsatzzahlen erreichten. Und dann fragte ich ihn: „Bezahlen Sie auch gute Provisionen oder geben Sie Luxuslimousinen als Incentives?" Er antwortete, die Provisionen seien angemessen und die Autos hätten sich die Verkäufer selbst gekauft bzw. finanziert oder geleast. Viele müssten monatlich einen beträchtlichen Betrag zahlen, um sich ihr Auto leisten zu können. Er erzählte weiterhin: Wenn die Umsätze nicht stimmten, dann ginge er einfach zu der Person und fragte, wie es denn mit dem Auto so laufe. Oder er spräche über die Incentive-Möglichkeiten und würde den Verkäufer so „scharf" machen, dass er richtig schön hungrig sei. Diese Firma setzt die beiden stärksten Motivationsmuster ein, um ihre Leute „auf Trab" zu halten. Wir Menschen haben den Drang, Dinge zu erreichen, ein freudiges Gefühl wie Liebe, Freiheit oder Anerkennung zu erhalten, oder wir wollen Schmerz und Niederlagen vermeiden. Wenn jemand eine Immobilie kauft, dann will er damit vielleicht Vermögen oder Ansehen erlangen und zeigen, dass er im Leben etwas erreicht hat. Jemand anderes kauft eine Immobilie, um im Alter keine Angst zu haben, die Miete nicht bezahlen zu können.

Wir Menschen kaufen etwas, um Schmerz zu vermeiden oder um Freude zu erlangen. Stellen Sie sich vor, Sie haben seit Jahren eine heimliche Liebe. Wenn Sie ihn oder sie sehen, haben Sie so ein kribbelndes Gefühl im Bauch. Nach großer Mühe und viel Ausdauer haben Sie es geschafft, einen romantischen Abend mit Kerzenlicht mit Ihrem Schwarm zu arrangieren. Danach gehen Sie beide zu ihm oder ihr. Sie wissen beide, Sie sind füreinander bestimmt, und fallen übereinander her wie zwei hungrige Wölfe. Plötzlich fängt es an, im Haus zu brennen. Was machen Sie wohl? Löschen Sie das Feuer oder machen Sie einfach weiter, weil die Freude und Lust größer ist als die Angst, sich zu verbrennen? Wir Menschen unternehmen mehr, um Schmerz zu vermeiden, als um Freude zu erlangen. Mit dieser Strategie machen schon seit Jahren die Versicherungsgesellschaften Milliardenumsätze. Wie können wir diese beiden größten Motivationsknöpfe in unseren Verkaufsprozess einbinden?

Durch geschickte Fragen finden Sie heraus, wie Sie am effektivsten und schnellsten eine Kaufentscheidung herbeiführen können. Darauf können Sie schon ganz gespannt sein. Außer, Sie entscheiden sich, nicht weiterzulesen, und verpassen dadurch die Möglichkeit, noch erfolgreicher zu werden.

Die Strategie im Verkaufsprozess

▶ Finden Sie heraus, was das Problem Ihres Kunden ist, wo sein Schmerz und seine unerfüllten Wünsche liegen.
▶ Verstärken Sie das Problem, den Schmerz und die unerfüllten Wünsche.
▶ Helfen Sie dem Kunden, fungieren Sie als Problemlöser und schenken Sie ihm durch Ihr Produkt oder Ihre Dienstleistung Freude.

Beim Kauf spielt neben Werten und Emotionen auch die Logik eine Rolle. Es ist richtig, dass wir meist aus emotionalen Gründen kaufen. Wenn diese allerdings nicht ausreichen, brauchen wir noch logische Gründe, um eine Kaufentscheidung zu treffen.

Emotionen gegen Logik

Vielleicht können Sie sich noch an einen Moment erinnern, in dem Sie eine höhere Investition getätigt und sich etwas Luxuriöses gegönnt haben. Wie eine exklusive Armbanduhr oder ein besonderes Kleidungsstück oder ein Traumauto oder etwas Ähnliches. Wie sind Sie vorgegangen? Vielleicht hatten Sie einen intensiven Wunsch, ein Gefühl, das Sie dazu gedrängt hat, genau diesen Luxusartikel zu kaufen? Wie war es in diesem Moment? Sie standen vor der Wahl und fingen an zu zweifeln, ob Sie so viel Geld ausgeben sollten, weil es eigentlich doch nicht nötig wäre. Sie erstellten also im Kopf eine Pro- und Contra-Liste und gingen diese Punkt für Punkt durch. Sie sagten zu sich: „Dieses Traumauto brauche ich nicht wirklich, aber wenn ich damit bei meinen Kunden vorfahre, dann gehen die bestimmt davon aus, dass mein Geschäft richtig gut läuft und ich ein kompetenter und erfolgreicher Geschäftsmann bin. Also kann man auch sagen, dass das Auto geradezu förderlich ist und mein Geschäft sogar noch ankurbelt. Ja, eigentlich brauche ich es unbedingt." Somit haben Sie sich entschieden, das Produkt oder die Dienstleistung zu kaufen. Wir Menschen sind schon eigenartig. Unsere Emotionen drängen uns regelrecht zum Kauf. Es ist wie ein Sog, dem wir uns unmöglich entziehen können, nicht wahr?

> *Wir Menschen kaufen aus emotionalen Gründen,*
> *reichen diese noch nicht aus,*
> *dann brauchen wir logische Gründe,*
> *um die Kaufentscheidung zu treffen.*

Wenn Sie im Verkaufsprozess sind, sprechen Sie die Emotionen und Werte des Kunden an. Präsentieren und argumentieren Sie auf Sicherheit, Profit, Bequemlichkeit und Ansehen. Reicht das noch nicht aus, führen Sie logische Gründe an.

Die vier wichtigsten Gründe, warum Menschen etwas kaufen:

▶ Um ein Gefühl (einen Zustand) zu erlangen.
▶ Um unsere Werte zu befriedigen.
▶ Um Schmerz zu vermeiden.
▶ Um Freude zu erlangen.

Als nls-Seller sollten Sie diese Gründe nicht nur kennen, sondern auch wissen, wie Sie sie für Ihren erfolgreichen Verkaufsprozess nutzen. Mehr dazu erfahren Sie auf den folgenden Seiten. Seien Sie neugierig und gespannt und bleiben Sie offen für all jene Geheimnisse, die sich Ihnen bei der weiteren Lektüre dieses Buches erschließen werden.

Zusammenfassung: Warum wir Menschen etwas kaufen

▶ Wir kaufen kein Produkt, wir kaufen keine Dienstleistung, wir kaufen GEFÜHLE und ZUSTÄNDE.
▶ Werte bestimmen unser Leben und unser Verhalten. Wir reagieren auf bestimmte Situationen, wenn unser Wertesystem dies zulässt.
▶ Die beiden größten Motivationsknöpfe sind Schmerz und Freude. Wir Menschen tun mehr, um Schmerzen zu vermeiden, als um Freude zu erlangen.
▶ Emotionen gegen Logik. Wir Menschen kaufen aus emotionalen Gründen. Reichen diese noch nicht aus, dann benötigen wir logische Gründe, um die Kaufentscheidung doch noch zu treffen.

2.4 Spitzeninstrumente der Überzeugung

Ist Ihnen schon einmal aufgefallen, dass es bestimmte Instrumente gibt, die Sie vielleicht ganz unbewusst angewendet und die Ihren Kunden verzaubert haben? Haben Sie schon einmal beobachtet, dass es bestimmte Personen gibt, denen es ziemlich leicht gelingt, andere Menschen zu überzeugen und die wirklich erstaunliche Ergebnisse erzielt haben? Waren Sie schon einmal in einer Situation, in der Sie gerne einen Menschen von einer Sache überzeugen wollten, und es einfach nicht geschafft haben? Sind Ihnen in diesem Moment nicht viele Dinge durch den Kopf gegangen und haben Sie sich gefragt: Wie kann ich diesen Menschen nur überzeugen?

Ich werde Sie jetzt mit einer der wertvollsten Techniken vertraut machen, durch die Sie die Spitzeninstrumente der Überzeugung einfacher beherrschen werden. Wenn Sie jetzt gespannt sind, wie sich das in Ihrer Zukunft positiv auswirken wird und wie sich die Erfolge bemerkbar machen, dann haben Sie bereits den ersten Schritt getan.

Die 11 Techniken, die Sie zur Höchstleistung bringen

Eines Tages erzählte mir ein Bekannter, dass er sich bei seinem letzten Gespräch ziemlich unterlegen gefühlt habe. Er erzählte, dass der Gesprächspartner ihn immer wieder persönliche Dinge gefragt habe. Er konnte sich dem irgendwie nicht entziehen und vertraute einem Fremden Dinge an, die er eigentlich nicht mitteilen wollte. In dieser spezifischen Situation war das nicht gerade förderlich, um eine gute und persönliche Beziehung aufzubauen. Doch was hatte der Gesprächspartner getan? Er hat bestimmte Fragen gestellt, und sein Gegenüber konnte nicht anders und hat sie beantwortet.

1. Wer fragt, der führt das Gespräch

Eines der ersten und wichtigsten Instrumente ist die Frage. Wenn Sie mehr fragen als antworten und den Gedanken verfolgen, dass Sie eher etwas Neues wissen möchten, dann werden Sie viel mehr über und von Ihrem Gesprächspartner erfahren. Wie Sie im letzten Kapitel gesehen haben, ist eine Frage nicht nur eine Frage. Mit einer Frage erzeugen Sie Bilder, verändern die Körperhaltung und den internen Dialog. Eine Frage dient dazu, den Zustand eines Menschen zu modifizieren, Einwände zu entkräften, Informationen zu erhalten, persönliche Überzeugungskraft zu verstärken, jemanden zu motivieren oder zu demotivieren, einen Testabschluss zu machen, Soggefühle zu erzeugen und vieles mehr. Die Liste kann noch beliebig fortgeführt werden. Sie gehen jetzt mit Fragen vielleicht ganz anders um, nicht wahr?

2. Menschen richtig einschätzen können

Während eines Seminars sprach mich ein Teilnehmer in der Pause an. Er kam mit großen, schnellen Schritten auf mich zu und redete voller Begeisterung und mit sehr viel Energie auf mich ein. Er war sehr gut gekleidet und achtete offensichtlich auf sein Äußeres. Man konnte erkennen, dass er kleine kurze Atemzüge in den Brustbereich machte. Er stieß die Worte in einer rasanten Geschwindigkeit hervor, wie ein Wasserfall, ohne Punkt und Komma: „Herr Galal, ich verstehe manche Kunden nicht. Manchmal habe ich Kunden, die sprechen ganz langsam, und dabei werde ich sehr nervös, weil ich gerne schnell spreche. Manche meiner Kunden lieben es, dass ich schnell auf den Punkt komme und in dieser Geschwindigkeit spreche. Wie werde ich mit dieser Situation fertig?" Ich schlug ihm vor: „Versuchen Sie mal, noch schneller zu sprechen. So schnell, dass Sie selbst sich kaum noch verstehen können." Er schaute mich an, lächelte leicht und begann zu sprechen, so schnell, dass ich dachte, jemand habe die Taste „Schneller Vorlauf" an einem Videorecorder gedrückt. Dann fragte ich ihn: „Meinen Sie, es gibt Personen, die noch viel schneller sprechen als Sie und es auch noch hundertprozentig verstehen können?" Er erwiderte: „Ja, bestimmt." Ich hakte noch einmal nach: „Würden Sie es denn wirklich verstehen können?" Da musste er zugeben: „Vielleicht nicht. Nein, ich glaube nicht wirklich!"

Ich möchte Ihnen etwas erklären: Stellen Sie sich einmal vor, Sie nehmen Ihr vorhandenes Wissen und vermischen es mit dem neuen Wissen, das Sie bis jetzt gehört und gelesen haben. Das ist, wie wenn Sie ein halb volles Glas Wasser nehmen und noch mehr Wasser hineinfüllen. So wie sich das Wasser vermischt, genauso vermischt sich Ihr vorhandenes mit dem neuen Wissen. Wie leicht könnten Sie dann bei Ihren Kunden eine noch größere Wirkung erzielen? Wenn Sie alles durchgearbeitet haben, wird es Ihnen leichtfallen, diese Strategien in Ihrem Alltag anzuwenden. Wahrscheinlich können Sie schon erahnen, welche Veränderungen auf Sie zukommen werden.

Nehmen Sie einmal an, Sie könnten einfach in das Gehirn Ihres Kunden eintauchen und erkennen, wie er Informationen verarbeitet, wie er Ihre Präsentation wahrnimmt und welche Faktoren ihn am meisten beeinflussen. Sie könnten hören, was Ihr Kunde hört, fühlen, was er fühlt, sehen, was er sieht, schmecken und riechen, was er schmeckt und riecht. Wäre das nicht ein Eintauchen in die Welt Ihres Kunden? Wäre das nicht ein enormer Vorteil für Sie, um noch schneller zum Abschluss zu kommen und Ihr Bankkonto wachsen zu lassen? Würde Sie das nicht brennend interessieren?

Wir Menschen nehmen unsere Umwelt mit unseren fünf Sinnen wahr: Wir sehen, hören, riechen, schmecken und fühlen bzw. tasten. Auch Ihre inneren Prozesse, Ihre interne Verarbeitung, funktionieren nach diesem System. Das heißt, alles, was Sie sehen, speichern Sie auch als Bild ab; alles, was Sie riechen, speichern Sie als Geruch ab; alles, was Sie hören, speichern Sie als Geräusch ab; alles, was Sie schmecken, speichern Sie als Geschmack ab, und alles, was Sie fühlen oder tasten, speichern Sie als Gefühl ab. Ein kleines Experiment: Konzentrieren Sie sich einmal auf Ihre Lieblingshand, also auf die Hand, mit der Sie schreiben, und strecken Sie diese ganz fest nach oben, ganz gerade wie einen Stock. Haben Sie das gemacht? O.K.! Das bedeutet, Sie haben zwei Hände und geben doch einer Hand den Vorzug, und so ist es auch mit unseren Sinneskanälen. Wir Menschen haben alle fünf Sinne, doch wir geben einem Sinneskanal den Vorzug.

Um der Einfachheit und Praxistauglichkeit willen unterteilen wir die Menschen in drei Rubriken: den Seh-Typ, den Hör-Typ und den Fühl-Typ. Im Fachjargon nennt man sie den visuellen Typ, den auditiven Typ und den kinästhetischen Typ. Stellen Sie sich einmal vor, ein visueller Typ spricht mit einem auditiven Typ. Das ist genauso, wie wenn sich zwei Menschen in unterschiedlichen Sprachen, z. B. Englisch und Französisch, miteinander unterhalten. Meinen Sie, die beiden könnten sich - ohne Kenntnis der jeweils anderen Sprache - verstehen?

Gehirngerechte Informationsverarbeitung/Sprachmuster	
Sinneskanal Worte NLP-Bezeichnung	Sprachmuster
Auge sehen, vorstellen Visuell	Roter Faden, Klarheit und Überblick gewinnen, Scheinargumente erkennen, Übersicht behalten, sich ein Bild machen.
Ohr hören, reden, klingen Auditiv	Hört sich gut an, in Einklang bringen, gehorcht aufs Wort, laut und leise, aber unüberhörbar, Klappern gehört zum Handwerk, stumm wie ein Fisch.
Tastsinn fühlen, bewegen Kinästhetisch	Da lacht das Herz, ich fühle mich beschwingt, vor Freude Purzelbäume schlagen, der Atem stockt, das Blut gefriert in den Adern, in die Ecke gedrängt.
Nase riechen, Duft Olfaktorisch	Den Wind um die Nase wehen lassen, der Duft der großen weiten Welt, Tür vor der Nase zuschlagen, die Nase voll haben, steck die Nase nicht in Dinge, die dich nichts angehen, einen guten Riecher haben.
Mund schmecken Gustatorisch	Dicke Lippe riskieren, jemanden zum Fressen gern haben, geschmackvoll gekleidet, das schmeckt mir nicht, das ist Geschmackssache, vollmundig im Geschmack.

Der visuelle Typ

Visuell orientierte Menschen haben gewisse Merkmale und Eigenschaften. Sie sprechen schnell, ohne Punkt und Komma. Sie atmen meist in den Brustbereich und machen kurze Atemzüge. Ihre Bewegungen sind ebenfalls schnell. Ihre Kleidung ist auffällig und extrovertiert. Visuell orientierte Menschen tragen gerne auffällige Kleider in satten und kräftigen Farben. Sie sind eher Macher- und Leistungstypen. Sie entscheiden sich ziemlich schnell, weil es bei ihnen immer schnell gehen muss.

Visuell orientierte Menschen beschreiben ihr konstruiertes Bild in verschiedenen Eigenschaften, und man erkennt sie an ihrer Wortwahl.

Sie verwenden Wörter wie:

Abbild	Einsicht	Scheuklappen
Abgrenzen	Enthüllen	Schimmern
Abklären	Entwurf	Sehen
Abrisse	Erblicken	Sicht
Anstarren	Erscheinen	Sichtbar
Aufdecken	Farbe	Skizzieren
Auffällig	Fleckenlos	Szene
Aufgemotzt	Fokus	Träumen
Aufgetakelt	Gesichtspunkt	Trüb
Ausblick	Hell	Tunnelblick
Aussehen	Horizont	Überblick
Aussicht	Idee	Übersicht
Bandbreite	Inneres Auge	Umriss
Beobachten	Illusion	Unklar
Betrachten	Illustrieren	Unter die Lupe nehmen
Bild	Im Auge behalten	Unterscheiden
Blendende Idee	Inspizieren	Verdeckt
Blick	Klar	Vernebeln
Blickwinkel	Klarheit	Verschleiern
Darstellen	Klären	Vogelperspektive
Demonstrieren	Klarmachen	Vorausschauen
Dunkel	Klarstellen	Vorstellen
Diagramm	Kurzsicht	Wahrnehmung
Durchleuchten	Mittelpunkt	Weitsicht
Ebenbild	Offensichtlich	Widerspiegeln
Erkennen	Perspektive	Zeichnen
Einblick	Prüfen	Zeigen
Einleuchten	Schauen	Zielen
Einsehen	Schauspiel	

Sie können leicht erkennen, ob Ihr Kunde visuell orientiert ist. Wenn Sie genau hinhören, wird Ihnen auf Anhieb auffallen, was sein bevorzugter Sinneskanal ist. Dann können Sie Ihre Präsentation und Argumentation individuell auf ihn abstimmen. Denken Sie daran: Malen Sie sprachlich schöne bunte, farbige Bilder, damit Sie ihm mit Ihren Worten eine Welt gestalten, in der sich der visuell orientierte Mensch wohlfühlt.

⊕ ÜBUNGEN:

Ihre Fähigkeiten auszubauen ist der Schlüssel zum Erfolg. Versuchen Sie die nachfolgenden Äußerungen für einen visuell orientierten Menschen umzuschreiben.

Wenn Sie mit diesem Produkt arbeiten, werden Sie Ihren Umsatz sehr schnell erhöhen.

_____

_____

Wenn Sie sich für unser Produkt entscheiden würden, welche relevanten Faktoren wären für Sie wichtig, um heute eine gute Entscheidung zu fällen?

_____

_____

Vielleicht können Sie schon erahnen, wie sich die Zukunft für Sie beim Einsatz unseres stabilen und sicheren Produktes verändern würde.

_____

_____

Formulieren Sie selbst einen Beispielsatz:

_____

_____

Wichtige Tipps für Ihre Verkaufsstrategien

Visuelle Menschen nehmen ihre Umwelt vor allen Dingen über ihre Augen wahr. Aus diesem Grund ist es sinnvoll, so viele visuelle Begriffe in einer Präsentation und Argumentation unterzubringen, wie Sie können. Visuelle Menschen möchten das Produkt sehen und weniger darüber sprechen. Aussehen und Design sind ihnen sehr wichtig, um schnell eine positive Entscheidung zu treffen. Der visuelle Mensch legt auch Wert auf die Verpackung eines Produktes.

1   Für den visuellen Menschen sind Bilder sehr wichtig. Aus diesem Grund verwenden Sie in Ihrer Präsentation und Argumentation viele visuelle Materialien, wie Beamer, Pinnwand, PowerPoint-Präsentationen, Tabellen, Fotografien, Schaustücke, Videos etc.

2 Ein visueller Mensch achtet auf seine Garderobe, und das sollten Sie ebenfalls tun. Der visuell orientierte Mensch beurteilt Sie nämlich nach Ihrem Äußeren. Er versucht, sich durch alle visuellen Reize ein Bild von Ihnen zu machen. Er achtet auf Ihre Kleider, den Aktenkoffer, Schreibinstrumente und Präsentationsmaterialien.

3 Erstellen Sie gemeinsam mit Ihrem Kunden eine individuelle Präsentation, das heißt, Sie nehmen ein leeres Blatt Papier und unterstützen Ihre Argumente durch Zeichnungen, Skizzen und schematische Darstellungen. Schreiben Sie zusätzlich die wichtigsten Äußerungen und Wünsche Ihres Kunden auf. Zum Schluss können Sie bei Ihrer Zusammenfassung auf dieses Skizzenblatt zurückgreifen. Ihr Kunde wird sich mit all seinen Wünschen und Vorstellungen bildhaft wiedererkennen.

4 Wenn Sie bei Ihrem Kunden eine visuelle und bildhafte Äußerung festigen bzw. anregen wollen, schauen Sie nach oben. Damit regen Sie Ihren Kunden an, selbst nach oben zu blicken, und somit konstruiert auch er Bilder und Vorstellungen.

5 Ihre Präsentation und Argumentation sollte unwiderstehliche Bilder hervorrufen.

Verzaubern Sie Ihren Kunden und nehmen Sie ihn mit in eine Welt voller Bilder. Je lebhafter Ihre Präsentation ist, desto wirkungsvoller wird sie Ihren Kunden verführen.

Der auditive Typ

Auditiv orientierte Menschen haben gewisse Merkmale und Eigenschaften. Sie sprechen langsamer, bedächtiger und achten auf Pausen. Sie haben eine ruhige, gleichmäßige Stimme. Sie atmen meist in den Bauchbereich, und ihre Atemzüge sind lang und regelmäßig. Ihre Bewegungen sind meist bedächtig und langsam. Ihre Kleidung ist unauffällig, die Farben sind zurückhaltend, und sie sind introvertiert. Auditiv orientierte Menschen sind eher analytisch veranlagt und vorsichtiger. Sie beschreiben ihr konstruiertes Geräusch in verschiedenen Eigenschaften, und man erkennt sie an ihrer Wortwahl.

Sie verwenden Wörter wie:

Akzent	Getöse	Pfeifen
Alarmsignal	Gerücht	Predigen
Ankündigen	Gespräch	Proklamieren
Anrufen	Gleichklang	Quatschen
Argumentieren	Harmonisch	Quietschen
Aussprechen	Hinhören	Reden
Ausspruch	Hörbar	Reinhören
Äußern	Hören	Referieren
Ausdrücken	Horchen	Rufen
Befragen	Informieren	Sagen
Bellen	Interview	Schnurren
Bemerken	Klang	Schreien
Berichten	Kleinlaut	Sich anhören
Beschreiben	Klingen	Sprachlos
Besprechen	Knirschen	Sprechen
Betonen	Knistern	Spruch
Bitten	Kommunizieren	Stille
Dämpfen	Komponieren	Stimme
Debattieren	Krachen	Ton angeben
Diskutieren	Labern	Tönen
Donnernd	Lärm	Unnützes Gerede
Durchsprechen	Lauschen	Unterhaltung
Einklang	Laut	Verstärken
Erwähnen	Laute	Vorschlagen
Erzählen	Läuten	Vortragen
Flüstern	Leise	Wortreich
Fragen	Missklang	Zuflüstern
Ganz Ohr sein	Mitteilen	Zuhören
Gehör verschaffen	Mündlich	
Geräuschlos	Nuscheln	

Sie können leicht erkennen, ob Ihr Kunde auditiv orientiert ist. Wenn Sie genau hinhören, wird Ihnen auf Anhieb auffallen, welcher der von ihm bevorzugte Sinneskanal ist. Dann können Sie Ihre Präsentation und Argumentation individuell auf ihn abstimmen. Denken Sie daran: Binden Sie Klänge mit ein, damit Sie den auditiv orientierten Menschen mit Ihren Worten in eine Welt entführen, in der er sich besonders wohlfühlt.

Übung macht den Meister. Versuchen Sie, die nachfolgenden Äußerungen für einen auditiv orientierten Menschen umzuformulieren.

Das bedeutet für Sie eine erhöhte Sicherheit für Ihre geschäftliche Zukunft und zusätzlich eine Stabilität Ihrer hausinternen Anlage.

_____

_____

_____

Bevorzugen Sie ein traditionelles Produkt oder wollen Sie lieber ein neues und innovatives Produkt in Ihrem Unternehmen einsetzen?

_____

_____

_____

Wenn ich die Sache richtig einschätze, brauchen Sie noch weitere wichtige Informationen, um heute eine gute Entscheidung zu treffen.

_____

_____

_____

Formulieren Sie selbst einen Beispielsatz:

_____

_____

_____

Wichtige Tipps für Ihre Verkaufsstrategien

Auditive Menschen nehmen ihre Umwelt maßgeblich über ihre Ohren wahr. Aus diesem Grund ist es sinnvoll, dass Sie so viele auditive Begriffe wie möglich in einer Präsentation und Argumentation verwenden. Auditive Menschen möchten über das Produkt reden und weniger etwas davon sehen. Damit Sie vom auditiven Menschen schnell eine positive Entscheidung bekommen, sollten Sie ihm berichten, was andere Menschen über Ihr Produkt sagen.

1 Auditive Menschen hören gerne viel über Ihr Produkt oder Ihre Dienstleistung. Verwenden Sie Zitate und Meinungen und berichten Sie, was andere Kunden von Ihrem Produkt oder Ihrer Dienstleistung halten oder darüber sagen.

2 Ihre Sprache ist bei einem auditiven Menschen besonders wichtig. Achten Sie deshalb auf Ihre Wortwahl. Sprechen Sie während Ihrer Präsentation klar und deutlich. Ihre Sprechgeschwindigkeit sollte der Ihres Gesprächspartners angepasst sein. Wirkungsvolle Pausen schätzt Ihr auditiver Kunde. Achten Sie auf Ihre Stimme, Lautstärke und die Hervorhebungen innerhalb Ihrer Sätze.

3 Setzen Sie für Ihren auditiven Kunden während der Beweisführung Hilfsmittel ein, wie Sprachaufnahmen, Radioberichte oder Ähnliches.

4 Ein auditiver Mensch telefoniert gerne. Halten Sie regen Telefonkontakt mit ihm. Bereits kurze Telefonate machen sich bezahlt.

5 Ihre Präsentation und Argumentation sollte unwiderstehliche Töne und Klänge hervorrufen.

Verzaubern Sie Ihren Kunden und nehmen Sie ihn auf eine Reise in eine Welt voller Klänge mit. Je klangvoller Ihre Präsentation ist, desto wirkungsvoller.

Der kinästhetische Typ

Kinästhetisch orientierte Menschen haben ebenfalls spezifische Merkmale und Eigenschaften. Sie sprechen langsam, weil sie erst fühlen müssen, was sie sagen wollen. Sie machen aus diesem Grund lange Sprechpausen. Sie haben eine weiche Stimme. Sie atmen meist tief in die Bauchgegend hinein, ihre Atemzüge sind lang, ihre Bewegungen häufig geschmeidig und langsam. Ihre Kleidung ist unauffällig, und sie sind introvertiert. Kinästhetisch orientierte Menschen tragen unauffällige Kleider und lieben zarte und weiche Pastelltöne. Sie sind eher friedfertig und vorsichtig. Sie benötigen viel Zeit, um sich zu entscheiden, weil sie mit ihren Gefühlen im Einklang sein möchten.

Kinästhetisch orientierte Menschen beschreiben ihre Welt mit ihren Gefühlen. Sie verwenden verschiedene Eigenschaften, und man erkennt sie an ihrer Wortwahl.

Sie verwenden Wörter wie:

Abtasten	Ergreifen	Panik
Ahnung	Erwischen	Passiv
Aktiv	Fäden ziehen	Reichen
Akzeptieren	Fassen	Robust
Anpacken	Feinfühlig	Sanft
Anhalten	Fest	Scharf
Anregen	Festhalten	Schlagen
Auffassen	Frösteln	Schock
Auseinander fallen	Fühlbar	Schwer
Bedauern	Fühlen	Schwerwiegend
Bedrücken	Gebunden sein	Sensibel
Beeindrucken	Gefühle	Spannung
Begreifen	Gespür	Tempo
Beim Schopfe packen	Halten	Tragen
Belastbar	Hart	Tief
Belasten	Heiß	Unterdrücken
Betroffen	Hitzig	Unterstützen
Bewegen	Hoffnung	Verbinden
Deprimierend	Impuls	Verständnis
Dickköpfig	Instinkt	Warm
Druck	Intuition	Weich
Durchhalten	Irritieren	Wirken
Durchziehen	Kalt	Zerschlagen
Eindruck	Konkret	Zurückhalten
Emotionen	Last	Zusammenkommen
Empfinden	Lauwarm	Zwänge
Empfindlich	Nachfassen	
Eng	Packen	

Sie können leicht erkennen, ob Ihr Kunde kinästhetisch orientiert ist. Wenn Sie genau hinhören, wird es Ihnen auf Anhieb auffallen, welcher sein bevorzugter Sinneskanal ist. Ihre Präsentation und Argumentation können Sie so individuell auf ihn abstimmen. Denken Sie daran: Kreieren Sie für ihn eine Welt der Gefühle, in der sich der kinästhetische Typ besonders wohlfühlt.

⊕ ÜBUNGEN:

Es ist noch kein Meister vom Himmel gefallen. Fühlen Sie die Veränderung Ihrer Fähigkeiten und formulieren Sie die nachfolgenden Äußerungen für einen kinästhetisch orientierten Menschen um.

Das heißt, Sie haben ein Produkt, das Ihre Sicherheit erhöht und Ihren Umsatz maximiert.

_____

_____

_____

Ich werde Ihnen eine kurze Zusammenfassung liefern, so dass Sie beurteilen können, welchen Nutzen Ihnen das Produkt in der Zukunft bringen wird.

_____

_____

_____

Können Sie schon erkennen, welchen größeren Nutzen es Ihnen in der Zukunft bringen wird?

_____

_____

_____

Formulieren Sie selbst einen Beispielsatz:

_____

_____

_____

Wichtige Tipps für Ihre Verkaufsstrategien

Kinästhetische Menschen nehmen ihre Umwelt über ihre Gefühle wahr. Aus diesem Grund ist es sinnvoll, wenn Sie so viele kinästhetische Begriffe in Ihrer Präsentation und Argumentation verwenden wie möglich. So wird dem kinästhetischen Kunden ganz warm ums Herz. Kinästhetische Menschen möchten das Produkt anfassen und in ihren Händen halten - und natürlich möchte ein kinästhetischer Kunde bei seiner positiven Entscheidung auch ein gutes Gefühl haben. Helfen Sie diesem Menschen, damit er mit seiner Gefühlswelt im Reinen ist, und nehmen Sie sich genügend Zeit für ihn.

1 Beziehen Sie den kinästhetischen Menschen mit Haut und Haaren in Ihre Präsentation ein. Wenn Sie ein Muster Ihres Produkts haben, nehmen Sie es unbedingt zum Kunden mit und lassen Sie es ihn selbst erleben, damit er ein Gefühl dafür bekommt.

2 Gefühlsbetonte Geschichten über Ihr Produkt oder Ihre Dienstleistung sind beim kinästhetischen Kunden notwendiger als bei den beiden anderen Typen. Erzählen Sie ihm, dass andere Kunden durch das Produkt eine höhere Sicherheit und eine hervorragende Unterstützung erhalten haben. Zeigen Sie diesem Menschen, dass Sie hinter Ihrem Produkt oder Ihrer Dienstleistung stehen, und bieten Sie ihm auch Ihre Mithilfe an.

3 Verhandeln Sie lieber persönlich mit Ihren Kunden und verlassen Sie sich nicht nur auf das Telefon oder den Briefverkehr. So ist es für den kinästhetischen Menschen leichter, ein Gefühl zu Ihnen und zum Produkt oder der Dienstleistung aufzubauen.

4 Kinästhetische Menschen lieben Körperkontakt. Aus diesem Grund schütteln Sie oft seine Hand und nehmen Sie dabei die zweite Hand dazu. Dieser besonders intensive Kontakt steht für eine besondere Herzlichkeit und bedeutet so viel wie: Lassen Sie uns diese Beziehung lange aufrechterhalten. Wenn Sie zum Abschluss kommen, besiegeln Sie das Geschäft unbedingt per Handschlag.

5 Während Ihrer Präsentation können Sie gelegentlich nach unten schauen. Sie demonstrieren Ihrem Kunden damit, dass Sie ein Gefühl für Ihr Produkt haben und selbst dahinter stehen. Zusätzlich bewegen Sie den kinästhetischen Menschen dazu, ebenfalls nach unten zu schauen und so selbst ein positives Gefühl zu erzeugen.

Sie haben gerade erfahren, dass es verschiedene Menschentypen gibt und diese unterschiedliche Sprachen verwenden. Vielleicht wird es Ihnen jetzt sehr leichtfallen, auf diese Merkmale zu achten und Ihre Präsentation und Argumentation auf Ihr Gegenüber und seinen Typ abzustimmen. Dadurch wirken Sie unwiderstehlich und für den Kunden vertrauenserweckend, da Sie quasi seine Sprache sprechen und Ihre Argumentation darauf abstimmen, wie er Informationen verarbeitet.

Regeln:

1 Stimmen Sie Ihre Argumentation und Präsentation exakt auf den bevorzugten Sinneskanal Ihres Gesprächspartners ab.

2 Wenn Sie nicht eindeutig erkennen, um welchen Typ es sich bei Ihrem Kunden handelt, dann sprechen Sie alle Sinneskanäle an.

Es gibt noch weitere interessante Merkmale, die Ihnen dabei helfen, die verschiedenen Typen zu erkennen. Was das für Ihr Geschäft bringen wird, brauche ich Ihnen wahrscheinlich nicht zu erzählen. Sie wissen, dass es Ihnen dadurch leichter fallen wird, Menschen noch besser einzuschätzen und noch besser auf ihre Besonderheiten zu reagieren.

Sinnessprache und Augenmuster

Wissenschaftliche Untersuchungen haben gezeigt, dass es einen Zusammenhang zwischen der Augenkoordination und den visuellen, auditiven und kinästhetischen Verarbeitungs- und Speicherungsprozessen gibt. Das bedeutet, dass wir intern Bilder, Geräusche oder Gefühle abrufen oder konstruieren und unsere Augen dabei in jeweils spezifische Positionen bringen. Umgekehrt heißt das auch, dass ein Gesprächspartner anhand der Augenmuster erkennen kann, ob sich jemand gerade ein Bild vorstellt (visuell), ein Geräusch hört (auditiv) oder innerlich etwas fühlt (kinästhetisch).

Visuelle Augenmuster

Wenn die Augen nach oben schauen, dann bedeutet das, dass Bilder abgerufen oder konstruiert werden. Auch wenn eine Person plötzlich in die Leere starrt oder mit den Augen blinzelt und geradeaus schaut, weist das darauf hin, dass gerade ein innerer Film abläuft. Es kann auch sein, dass Personen ihre Augen schließen, wenn innere Filme ablaufen. Wenn Sie nach oben rechts blicken, heißt das, dass Sie ein Bild konstruieren, erschaffen, neu erzeugen. Stellen Sie sich einmal einen rosa Elefanten vor, der Füße wie eine Ente hat. Wenn Sie nach oben links blicken, bedeutet das, dass Sie ein Bild aus Ihrer Vergangenheit abrufen. Können Sie sich noch daran erinnern, welche Farbe Ihr erstes Fahrrad hatte?

Rechts: visuell konstruieren   Geradeaus starren: ein Film   Links: visuell erinnern

Auditive Augenmuster

Wenn die Augen sich in der Diagonale von einer zur anderen Seite bewegen, weist das darauf hin, dass Geräusche konstruiert oder aus der Erinnerung abgerufen werden. Wenn Sie mit sich selbst sprechen, wandert Ihr Blick nach unten links, was wir auch als auditiv internal bezeichnen. Wenn Sie rechts zur Seite blicken, heißt das, dass Sie ein Geräusch konstruieren, erfinden, zusammensetzen, was auch als auditiv konstruiert bezeichnet wird. Hören Sie einmal Ihre eigene Stimme in Micky-Maus-Art ganz schnell sagen: „Ich bin schlecht." Wenn Ihre Augen links zur Seite blicken, dann heißt das, dass Sie ein Geräusch aus Ihrer Erinnerung abrufen. Das bezeichnet man auch als auditiv erinnern. Hören Sie einmal, wie Ihr Partner erst gestern etwas besonders Liebes zu Ihnen gesagt hat.

Rechts: auditiv konstruieren   Links unten: auditiv internal   Links: auditiv erinnern

Kinästhetische Augenmuster

Wenn sich die Augen nach unten rechts bewegen, weist das darauf hin, dass ein Gefühl nachempfunden oder ausgelöst wird. Wenn Sie sich zum Beispiel jetzt daran erinnern, wie Ihr erster Kuss war, welche Gefühle Sie hatten, dann handelt es sich dabei um eine solche Situation. Wie war es: Wie ein Kribbeln überall im Körper oder wie Schmetterlinge im Bauch?

Rechts unten: kinästhetisch

! REGEL:

Wenn wir nach oben sehen, heißt das VISUELL.

Wenn wir zur Seite sehen, heißt das AUDITIV.

Wenn wir nach unten sehen, heißt das KINÄSTHETISCH oder Selbstdialog (Dialog mit sich selbst).

Damit das Mögliche entsteht,
muss immer wieder das Unmögliche versucht werden!

3. Per Knopfdruck ein Gefühl auslösen

Kennen Sie das? Plötzlich läuft im Radio eine Musik, die Sie von früher, aus Ihrer Jugend kennen, als Sie verrückte oder besonders schöne Dinge erlebt haben. Wie auf Knopfdruck kommt das Gefühl von damals wieder zurück, und Sie schwelgen in Erinnerungen. Durch Ihre Gedanken sind Sie von einer Minute auf die andere wieder zurück in der Vergangenheit. Haben Sie schon einmal erlebt, dass Sie einen Raum betreten haben, in dem es so roch wie beim Zahnarzt, und Sie vielleicht ein wenig Zahnweh bekommen haben oder irgendeine andere Erinnerung aufgekommen ist. Das heißt, dass ein Anker bei Ihnen ausgelöst wurde. Ein äußerer Umstand/Eindruck (hier ein Geruch) hat bei Ihnen eine Erinnerung ausgelöst. Die klassische Konditionierung geht auf den russischen Physiologen Iwan Pawlow zurück. Im Experiment konditionierte Pawlow Hunde folgendermaßen: Er gab den Hunden etwas zu fressen und läutete zeitgleich eine Glocke. Diesen Prozess wiederholte er mehrere Male. Nach einer gewissen Zeit läutete er nur noch die Glocke, ohne die Hunde zu füttern. Kaum hörten die Hunde die Glocke, lief ihnen der Geifer aus dem Maul, die Bauchspeicheldrüse begann zu produzieren. Die Hunde verbanden das Geräusch der Glocke also untrennbar mit dem Futter. Für dieses Experiment, die Entdeckung, dass wir Hunde konditionieren können, und die Schlussfolgerung, dass auch Menschen konditioniert werden können, bekam Pawlow 1904 den Nobelpreis für Medizin.

Das Konditionieren besagt: Jedes Mal, wenn Sie sich in einem intensiven Gefühlszustand befinden und etwas Spezifisches regelmäßig geschieht, werden diese beiden Dinge miteinander verbunden und verankert. Was bedeutet das für unseren Verkaufsprozess? Wie können wir dieses Phänomen nutzen?

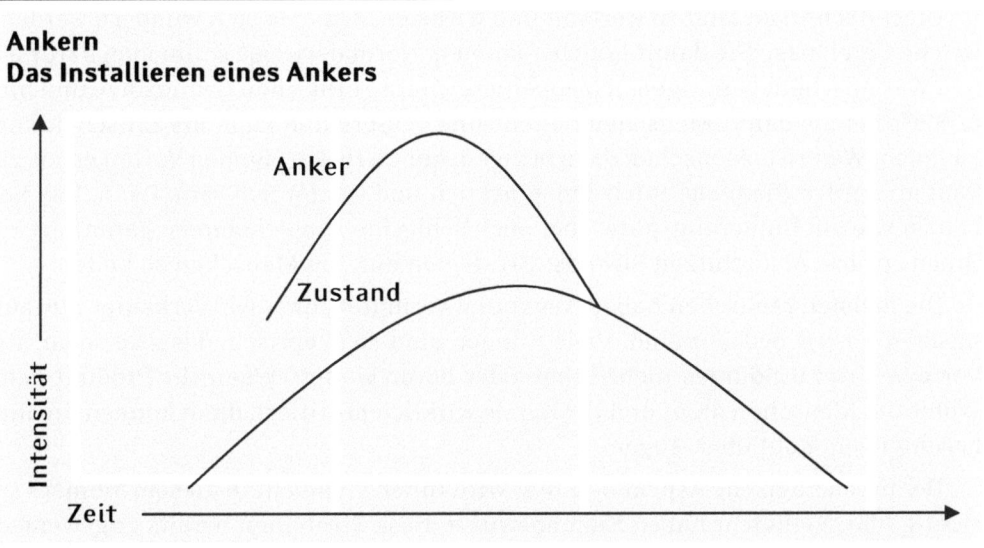

Wir haben im letzten Abschnitt über unsere Sinneswahrnehmung gesprochen: Sehen, Hören, Fühlen, Riechen, Schmecken. Sie können in allen fünf Sinnen einen Anker installieren und auslösen, zum Beispiel:

Visuell: Bilder, Gegenstände, Gesten, Tischmarkierungen

Auditiv: Geräusche, Laute, Worte, Stimmlage, Musik

Kinästhetisch: Händedruck, Körperberührung (z. B. auf die Schulter klopfen: „Du schaffst es!" – zugleich auditiver Anker!).

Ein klassischer Anker, den Sie mit Sicherheit kennen, ist folgender: Sprechen Sie mit Ihrem Kunden über seine Hobbies oder seine Familie. Dabei handelt es sich um nichts anderes als um die Auslösung eines Ankers, durch den der Kunde in einen bestimmten (positiven) Zustand versetzt wird. Sie wissen, es geht darum, dass unsere Kunden ein besonderes Gefühl bekommen möchten, sonst würden sie Ihr Produkt oder Ihre Dienstleistung nicht kaufen. Wenn Sie merken, dass Ihr Kunde in einem besonderen Zustand ist, können Sie einen Anker installieren. Nehmen Sie beispielsweise zwei Blätter für Ihre Präsentation, ein Blatt für das Ja, auf dem der Nutzen, die Freude, die Bedürfnisse, die Chance auf ein besseres Leben, das Paradies auf Erden beschrieben ist. Und ein Blatt, auf dem das Problem aufgezeigt wird: der Schmerz, der unerfüllte Wunsch, wenn er das Produkt nicht kauft. Somit haben Sie zwei Anker für zwei verschiedene Gefühle. Das Gleiche können Sie mit einem Wort, Ihrer Stimmlage, dem Körper oder einer Geste und so weiter machen.

Diese Techniken sind so wertvoll und wirksam, dass Sie sich wundern werden, welche Ergebnisse Sie damit erzielen können. Normalerweise sollte man dafür einen Waffenschein benötigen. Ich appelliere an Ihre ethischen Grundsätze und bitte Sie, dass Sie damit Menschen helfen, eine bessere und leichtere Entscheidung zu fällen. Wenn Sie Menschen dazu bringen, nur zu Ihrem eigenen Vorteil etwas zu kaufen, werden Sie nicht zufrieden, glücklich und erfolgreich sein. Denn: Das Leben ist wie ein Bumerang, gute, aber auch schlechte Dinge kommen garantiert zu Ihnen zurück. Also: Nutzen Sie diese Strategien nur, um Menschen zu helfen.

Die meisten Menschen haben Angst und vermuten, dass wir Verkäufer nur auf unseren Vorteil bedacht sind. Viele Kunden sind so skeptisch, dass sie sogar die Vorteile eines Produktes nicht sehen oder hören wollen. Wenn Ihr Produkt dem Wohle der Menschen dient und Ihr Kunde wirklich profitiert, dann können Sie ihn beruhigt vom Kauf überzeugen.

Der psychologische Aspekt dahinter wird Ihnen vielleicht in diesem Moment so richtig klar. Vielleicht haben Sie unbewusst diese Strategien bereits angewendet und einfach aus dem Bauch heraus zu Beginn immer ein wenig über Hobbies oder die Familie geplaudert – umso besser! Nur jetzt wissen Sie: Sie können selbst Anker verwenden, einsetzen, konstruieren, aufbauen und neu installieren.

So – jetzt kommen wir zu einem weiteren sehr wichtigen Punkt, und das ist die Fokussierung. Den richtigen Fokus zu setzen ist eines der wichtigsten Instrumente beim Überzeugen und Verkaufen.

4. Den Fokus steuern

Stellen Sie sich vor, es wird ein Wettbewerb im Bogenschießen veranstaltet. Jeder Teilnehmer konzentriert sich auf den roten Punkt in der Mitte der Zielscheibe. Das nennt man Fokussieren. Sie spannen jetzt den Bogen und können sich bildlich vorstellen, wie der Pfeil genau in die Mitte trifft. Sie haben bestimmt schon einmal eine Diskussion geführt, bei der Sie eine andere Meinung als Ihr Gesprächspartner vertreten haben. Sie waren also auf einen Standpunkt fokussiert. Während der Fokussierung löschen bzw. tilgen Sie alle anderen Gedanken. Als Fokussierung bezeichnet man also nichts anderes als die absolute Konzentration auf einen Gedanken, eine Idee, eine These. Sie haben diesen Zustand sozusagen einfrieren lassen. Es gibt fünf verschiedene Fokussierungen.

1. Vor-Fokussierung

Packen Sie den Stier bei den Hörnern! Spitzenverkäufer versuchen, einen Einwand bereits zu entkräften, bevor ihn der Kunde formuliert. Hat Ihr Kunde einen Einwand, so liegt das daran, dass er auf einen Aspekt Ihres Produktes fokussiert ist, der ihm das Gefühl gibt, besser nicht zu kaufen. Wollen Sie einen Einwand entkräften, so ändern Sie die Fokussierung Ihres Gegenübers. Dann haben Sie die besten Chancen. Sicherlich kennen Sie Ihre Kunden sehr gut und wissen, welcher Kunde welche Einwände besonders häufig nennt. Auf dieses Thema gehe ich später noch einmal ein. Also haben Sie Geduld und zähmen Sie Ihre Neugier noch ein wenig.

2. Neu-Fokussierung

Wenn Ihr Kunde ein Problem zu sehen scheint, können Sie ihm eine neue Sichtweise anbieten. Setzen Sie Ihrem Kunden eine neue Brille auf, damit er ein passendes Gefühl dafür bekommt.

▶ Stellen Sie sich einmal vor, dass ...
▶ Nehmen Sie einmal an, dass ...

3. Was-wäre-wenn-Fokussierung

Diese Art der Fokussierung erfolgt durch geschickte Fragen und Formulierungen wie:

▶ Was könnte geschehen, wenn wir dies jetzt tun würden?
▶ Was wäre, wenn wir eine gute und einfache Lösung finden, würden Sie dann ...?
▶ Was wäre, wenn wir jetzt aus irgendeinem Grund eine Alternative anbieten könnten, würden Sie dann ...?

4. Ent-Fokussierung

Wir Menschen kaufen nicht das Produkt, sondern Zustände. Wenn Kunden in einen blockierten Zustand geraten, in dem sie nicht kaufen wollen, müssen Sie diesen Zustand verändern, also ent-fokussieren.

Wenn Ihr Kunde eine ganz besondere Fokussierung hat und er von seinem Standpunkt nicht abweichen will, dann müssen Sie sein Verhalten verändern, indem Sie den Fluss des Gesprächs für einen Moment unterbrechen, etwa indem Sie

▶ eine Frage zu einem völlig anderen Thema stellen.
▶ Ihren Kunden dazu bewegen, aufzustehen und herumzugehen.
▶ Ihren eigenen Zustand verändern.
▶ etwas völlig Unerwartetes tun.

5. Futter-Fokussierung

Versetzen Sie Ihren Kunden in die Zukunft und geben Sie ihm die Möglichkeit, sich selbst, mit all seinen fünf Sinnen, auszumalen, wie sich seine Zukunft verändern und verbessern wird. Auch hier kommt beispielsweise eine Frage zum Einsatz:

▶ Wie würde sich Ihre Zukunft verändern, wenn Sie unser Produkt schon seit einiger Zeit besäßen?

Verkaufen heißt, den Fokus und den Zustand zu modifizieren

5. In einem Spitzenzustand sein

Sie können es sich nicht erlauben, einen Kunden zu besuchen und nicht in einem Spitzenzustand zu sein. So wie Ihr Zustand ist, genauso wird Ihr Verhalten gegenüber Ihren potenziellen Kunden sein. Wie wäre es für Sie, wenn Sie sich entscheiden würden, ein neues Auto zu kaufen und der Verkäufer ein Langweiler, lustlos und nicht motiviert wäre, Sie von seinen herrlichen und erstklassigen Fahrzeugen zu überzeugen. Was würden Sie machen? Sie würden zu jemand anderem gehen, der in einem Spitzenzustand wäre, oder?

Im vorigen Abschnitt habe ich Ihnen die Kunst des Ankerns vorgestellt. Selbstverständlich können Sie auch bei sich selbst einen Anker installieren. Welche Gefühlsanker wären für Sie förderlich? Welcher Zustand könnte Sie zu Spitzenleistungen bringen? Ja, genau – wenn Sie selbst in einem Spitzenzustand wären!

Können Sie sich noch an einen Moment erinnern, in dem Sie in genau so einem Zustand waren? Ballen Sie Ihre Faust, so fest Sie können, jetzt. Wann waren Sie in einem solchen Spitzenzustand? Vielleicht als Sie Ihren ersten großen Abschluss getätigt haben? Als Sie sich als Sieger gefühlt und möglicherweise einen Luftsprung gemacht haben? Als Sie dachten, Sie könnten Bäume ausreißen und die Energie Sie regelrecht überwältigte wie ein Feuerwerk der Gefühle oder wie ein Vulkan kurz vor dem Ausbruch. Wie war Ihre Körperhaltung? Genau, ganz aufrecht. Sie konnten jeden Muskel spüren, konnten die Energie in Ihren Adern intensiv wahrnehmen. Was haben Sie zu sich selbst gesagt? Ja, ich schaffe alles, was ich will! Oder: Ich bin der Beste! Oder: Was haben Sie gesehen? Können Sie dieses Bild beschreiben? War es groß, war es bunt, war es ein Standbild oder lief ein Film voller Energie, voller Kraft und Emotionen? Ihre Verkaufserfolge stehen in direkter Beziehung zu Ihren Fähigkeiten, sich in einen solchen Spitzenzustand zu versetzen.

Wenn Sie Gefühl verkaufen wollen, müssen Sie zuerst fühlen –
dann können Sie verkaufen.

In diesem Buch zeige ich Ihnen viele Strategien auf, wie Sie im Verkauf noch erfolgreicher agieren können. Aber wichtiger als jede Strategie, jede Technik und jeder Kniff sind Sie! Ihre Persönlichkeit, Ihr Zustand, denn SIE sind die Person, die strahlt! Und wenn Sie dem Kunden Sicherheit verkaufen wollen, müssen Sie sie zuerst fühlen und ausstrahlen. Es genügt nicht, nur das Wort Sicherheit zu sagen. Worte sind Hülsen, sie beschreiben lediglich Gefühle und Tatsachen. Sie sind ein Transportmittel. Konzentrieren Sie sich also nicht auf das Wort, sondern konzentrieren Sie sich auf das Gefühl, das Sie transportieren. Es muss in Ihrer Stimme sein, es muss in Ihrem Körper sein. Dann, und nur dann sind Sie ein richtiger Überzeuger! Dann überzeugen Sie mit einer unwiderstehlichen Faszination!

Ist dies nicht der Fall, so müssen Sie schauspielern, indem Sie in eine Gefühlsrolle schlüpfen und so dieses Gefühl transportieren. Das ist die Kunst des Verkaufens.

Ist es Ihnen nicht gelungen, sich in diesen Gefühlszustand hineinzuversetzen, weil Sie schon seit einiger Zeit Ablehnung von Ihren Kunden erfahren und anfangen, an sich zu zweifeln, oder weil Sie private Probleme haben? Dann müssen Sie damit beginnen, sich selbst zu überzeugen. Stellen Sie sich einfach vor, es gäbe verschiedene Anzüge, von denen jeder mit einem unterschiedlichen Gefühl belegt ist, und Sie schlüpfen, wie ein Schauspieler, in einen Spitzenzustand. Sobald Sie Ihren Anzug anhaben, verändert sich Ihr Körper, Ihre Gedanken verändern sich und ebenso Ihr Verhalten. Jetzt können Sie mit Leichtigkeit dieses Gefühl transportieren. Das ist die Kunst des Verkaufens. Sich selbst in Gefühlszustände hineinzuversetzen und diese zu verkaufen.

6. Warum wir Menschen etwas kaufen

Sie wissen, ich habe Ihnen von den beiden größten Motivationsknöpfen erzählt: Schmerz und Freude! Haben Sie schon einmal die meisten und vor allen Dingen erfolgreichsten Werbespots im Fernsehen bewusst angeschaut? Dabei lernt man interessante Dinge. In der Regel wird erst das Problem geschildert (völlig verdreckte Kinder-T-Shirts), dann wird auf den unerfüllten Wunsch der Mutter (porentiefe Reinheit) hingewiesen, dann die Lösung (durch Präsentation des Produktes) genannt. Diese Strategie ist wohl eine der wichtigsten und Sie können und sollten sie sofort anwenden.

7. Die unbegrenzte Macht der Überzeugung

Haben Sie einmal beobachtet, wie Top-Redner ihren Vortrag gestalten oder Spitzenverkäufer ihre Präsentation aufbauen? Haben Sie bemerkt, welche Unterschiede es gibt, wenn ein nicht so erfolgreicher Redner oder Verkäufer agiert? Wissenschaftler haben die erfolgreichsten Kommunikatoren beobachtet und festgestellt, wie die Kommunikation uns beeinflusst. Wie kommunizieren wir eigentlich? Welche Faktoren gehören zu einer erfolgreichen Kommunikation?

Richtig: Wir kommunizieren mit unseren Worten, wir vermitteln Informationen über Sprache. Wie noch? Genau: Mit unserer Stimme, der Melodie der Sprache und den Schwingungen der Worte. Und schließlich kommunizieren wir auch noch mit unserem Körper, unseren kraftvollen Gesten. Was meinen Sie, zu wie viel Prozent beeinflussen uns das Wort, die Stimme und unser Körper? Jetzt halten Sie sich fest. Bei 100 Prozent beeinflusst uns das gesprochene Wort, also das, was wir sagen, nur zu 7 Prozent. Unsere Stimme, die Melodie der Sprache beeinflusst - oder beeindruckt - uns zu sage und schreibe 38 Prozent. Und schließlich der Körper mit Mimik und Gestik, er ist mit 55 Prozent der bei Weitem größte Beeinflussungsfaktor.

Was bedeutet das für Sie? Wie sollten Sie Ihre Präsentationen gestalten? Wenn Sie einen oder mehrere Menschen überzeugen möchten, setzen Sie Ihren Körper ein, verwenden Sie kraftvolle Gesten. Unterstreichen Sie wichtige Aussagen zum Beispiel mit einer Handbewegung. Und wenn Ihr Kunde sagen sollte, der Preis sei zu hoch, dann können Sie ganz einfach nur die Augenbrauen nach oben ziehen und verwundert schauen. Eine solche Geste sagt manchmal wirklich mehr als tausend Worte. Spielen Sie mit Ihrer Stimme. Variieren Sie das Tempo, sprechen Sie mal schneller, langsamer und zusätzlich können Sie durch höhere und tiefere Stimmlagen ein Hörerlebnis generieren.

Wenn Sie etwas besonders unterstreichen möchten, dann setzen Sie gezielt Pausen. Das wirkt Wunder und erzeugt eine energiereiche Spannung. Um den fachlichen Inhalt brauchen Sie sich sicher nicht allzu viele Gedanken machen, denn den beherrschen Sie aus dem Effeff. Davon abgesehen sind 7 Prozent schließlich nicht die Welt.

Liebe Leser, ich möchte, dass Sie heute oder morgen damit beginnen, tatsächlich mit Ihrem Körper und an der Modulation Ihrer Stimme intensiv zu arbeiten. Sie werden merken, Sie können durch diese Instrumente sehr gut beeinflussen und ganz einfach überzeugen!

8. Die Modulation der Sprache

Der griechische Philosoph Sokrates sagt: „Sprich, damit ich dich sehe." Sokrates wusste, dass die Sprache der Ausdruck der Persönlichkeit ist. Die Stimme kommt von innen und offenbart so auch Ihr Innerstes. Wie ich gerade aufgezeigt habe, beeinflusst uns die Modulation der Sprache immerhin zu 38 Prozent. Verwenden Sie deshalb die Melodie der Sprache wie ein Zauberer seinen Zauberstab, um die Menschen zu beeindrucken. Es gibt noch ein weiteres Geheimnis, wie Sie Ihre Stimme einsetzen können.

Wie Sie sicher bemerkt haben, können Sie mit Ihrer Stimme Gefühle transportieren, Spannung erzeugen und selbstverständlich auch gewisse Satzteile gezielt betonen. Wie zum Beispiel: „Wie GLÜCKLICH Ihre Frau sein wird, wenn Sie diesen HERRLICHEN Diamantring trägt." Der Ton macht die Musik. Seien Sie ein Virtuose und benutzen Sie Ihre Stimme wie ein Musikinstrument. Spielen Sie damit und transportieren Sie Emotionen wie ein professioneller Musiker. Sind Sie bereit für ein Experiment?

Sagen Sie:		
Das empfehle ich Ihnen	Ansteigende Betonung	> Das ist eine Frage?
Das empfehle ich Ihnen	Gleich bleibende Betonung	> Das ist eine Aussage.
Das empfehle ich Ihnen	Fallende Betonung	> Das ist ein Befehl!

Wenn Sie eine außergewöhnliche Feststellung machen möchten oder einer festen Überzeugung sind, sollten Sie mit fallenden Betonungen arbeiten. Versuchen Sie einmal, Ihren Kunden zu überzeugen mit der Aussage: „Wir haben ein einzigartiges Produkt." Sprechen Sie diesen Satz in den drei oben genannten Varianten aus.

> *„Das Verständliche an der Sprache ist nicht das Wort selber, sondern Ton, Stärke, Modulation und Tempo, mit dem eine Reihe von Worten gesprochen wird. Kurz, die Musik hinter den Worten, die Leidenschaft dieser Musik, die Person hinter dieser Leidenschaft, alles also, was nicht geschrieben werden kann."*

[Friedrich Nietzsche]

9. Die Kraft der Kontraste

Wenn Sie exzellente Immobilien verkaufen, dann sollten Sie Ihrem Kunden zunächst eine Immobilie zeigen, die sein Budget etwas übersteigt. Dann wird Ihr Kunde seine eigene Preis-Messlatte ebenfalls höher setzen oder zumindest darüber nachdenken, ob es nicht doch noch ein bisschen Luft nach oben gibt. Wenn ich bei einer Firma bin und meine internen Firmenkonzepte vorstelle, dann erwähne ich erst die Gagen von Brian Tracy oder Richard Bandler, die jeweils einen Tagessatz von rund 25.000 US-Dollar haben. Wenn ich anschließend meine Preise nenne, werden diese viel schneller akzeptiert. Verkaufen Sie zuerst einen Elefanten, dann bieten Sie eine Maus an.

10. Revanchieren ist ein Muss

Ich kann mich noch an meine Kindheit erinnern, als meine Mutter mir erklärt hat: „Wenn ein Klassenkamerad dich zu seinem Geburtstag einlädt, dann musst du ihn im Gegenzug auch zu deinem Geburtstag einladen." Eigentlich wollte ich das nicht, aber es zeigte gute Manieren.

Dieses Verhalten kann man immer noch in unserer Gesellschaft erkennen. Wir Menschen sind darauf konditioniert, uns zu revanchieren. Wenn dir ein Mensch etwas Gutes tut, dann musst du ihm das - in welcher Form auch immer - wieder zurückgeben. Diese Konditionierung ist bei uns Menschen stark ausgeprägt. Meine Empfehlung an Sie: Machen Sie Ihrem Kunden ein kleines Geschenk oder kommen Sie ihm in irgendeiner Form entgegen. Ihr Kunde wird sich dafür bei Ihnen revanchieren wollen. Und was könnte Ihnen schließlich Besseres passieren, als dass er sich mit einem Auftrag revanchiert?

11. Untermauern Sie Ihre Aussage

Vor kurzem entschloss ich mich, mir eine Digitalkamera zu kaufen. Ich suchte ein Fachgeschäft aus, das sich auf Kameras und das entsprechende Zubehör spezialisiert hatte. Der Verkäufer war sehr nett und zuvorkommend. Er fragte mich, für welchen Zweck ich so eine Kamera benötige, und ich schilderte ihm meine Bedürfnisse. Er zeigte mir verschiedene Kameras und empfahl mir schließlich eine bestimmte. Sie sei zwar eine wenig kostenintensiver, aber von der Qualität her unschlagbar, sagte der Verkäufer. Er meinte weiter, diese Kamera sei bei einem Test von Stiftung Warentest auf Platz eins gelandet, und zeigte mir die Zeitschrift. Da meine Kenntnisse über Digitalkameras sehr dürftig sind, hätte er mir viel erzählen können. Doch der schriftliche Beweis durch den Test von Stiftung Warentest überzeugte mich, diese Kamera zu kaufen.

Untermauern Sie Ihre Behauptungen immer mit einem schriftlichen Beweis. So machen Sie deutlich, dass eine unabhängige Institution Ihr Produkt oder Ihre Dienstleistung getestet hat und diese ja keinen Vorteil davon hat, wenn der Kunde es kauft. Mit dieser Technik holen Sie quasi einen neutralen und imaginären Befürworter mit ins Boot. Sammeln Sie für Ihr Produkt oder Ihre Dienstleistung so viele Beweise, wie Sie nur können, und lassen Sie gegebenenfalls eine unabhängige Institution Ihr Produkt testen.

Zusammenfassung: Spitzeninstrumente der Überzeugung

1. Fragen beeinflussen den emotionalen Zustand.

2. Verwenden Sie Sinnessprache und sprechen Sie entweder alle Sinneskanäle an oder, wenn Sie es wissen, gezielt den von Ihrem Kunden bevorzugten Sinneskanal. Achten Sie auf die Augenmuster. Regel: oben – visuell, zur Seite – auditiv, unten – kinästhetisch.

3. Verwenden Sie Gefühlsanker, um Ihren Kunden in einen besonderen Zustand zu versetzen.

4. Den Fokus steuern und die Zukunft sichern.

5. Seien Sie in einem Spitzenzustand. Sie verkaufen Gefühle.

6. Warum wir Menschen etwas kaufen? Die beiden größten Motivationsknöpfe sind Schmerz und Freude. Erfüllen Sie die Wünsche Ihres Kunden.

7. Die unbegrenzte Macht der Überzeugung. Wie und was uns Menschen beeinflusst: das Wort zu 7 Prozent, die Stimme und Modulation zu 38 Prozent, Mimik und Gestik zu 55 Prozent!

8. Die Modulation der Sprache nutzen. Ansteigende Betonung – eine Frage. Gleich bleibende Betonung – eine Aussage. Fallende Betonung – ein Befehl. Durch die gezielte Betonung von Satzteilen erzielen Sie eine magnetische Wirkung und erhöhen die Verständlichkeit. Transportieren Sie mit der Melodie der Sprache Gefühle.

9. Die Kraft der Kontraste. Verkaufen Sie zuerst einen Elefanten und bieten Sie erst dann eine Maus an.

10. Konditionieren ist ein MUSS. Wir Menschen sind konditioniert und wollen uns revanchieren. Machen Sie also kleine Geschenke.

11. Untermauern Sie Ihre Aussage. Sammeln Sie Beweise für Ihr Produkt oder Ihre Dienstleistung und bringen Sie so viele Beweise wie möglich in Ihre Präsentation ein.

3. DER VERKAUFSPROZESS

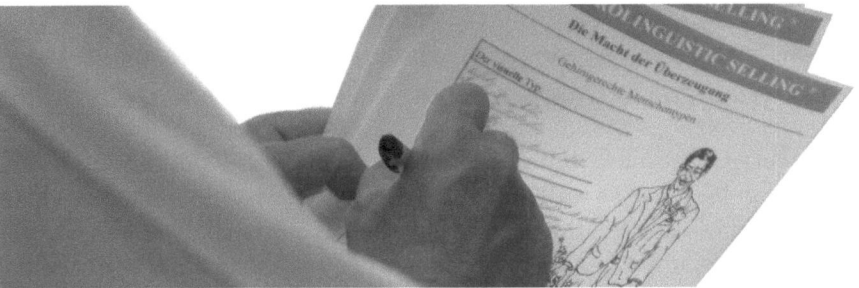

3.1   Der transparente Kunde

Wir beginnen den Verkaufsprozess mit dem Vorverkauf, das heißt, wir sammeln alle wichtigen Informationen über unseren Kunden. Wie in der Schule müssen wir unsere Hausaufgaben machen, erst dann können wir bei der Prüfung (= Kundengespräch) auch wirklich punkten und einen guten Abschluss machen. Das ist enorm wichtig!

Die Dinge ändern sich nicht, nur wir verändern uns! Ich kann mich an einen unangenehmen Termin erinnern: Ich war bei einem Kunden und nicht auf den Termin vorbereitet. Die Firma wollte von mir eine effektive und schnelle Lösung, um ein akutes Problem zu beheben. Ich wusste gar nichts über die Firma, kannte mich mit den Geschäftsprozessen nicht aus, wusste nichts über die Produkte im Sortiment, nichts über die Größe der Firma, und in dem Moment hatte ich sogar den Namen meines Ansprechpartners vergessen. Ich war sehr leichtsinnig. Ich dachte, durch meine Kommunikationsfähigkeit würde ich bestimmt eine Lösung finden. Selbstverständlich konnte ich den Kunden nicht zufriedenstellen und bekam den großen Auftrag nicht. Rückblickend bin ich für diese Situation sehr dankbar. Denn ich erhielt eine Lektion, die ich mein ganzes Verkäuferleben nicht mehr vergessen sollte. Es war zwar hohes Lehrgeld, doch sehr wirkungsvoll. An diesem Tag schwor ich mir, mich immer, aber auch wirklich immer, vorzubereiten und nichts mehr dem Zufall zu überlassen.

Step by Step: Der Vorverkauf

Etwas anderes zu tun beginnt mit einem anderen Gedanken! Bereiten Sie sich immer vor! Ich gehe sogar so weit, dass ich bei Kundenanrufen nie um Rückruf bitte, weil ich auch dann am Telefon perfekt vorbereitet sein will. Welche Vorbereitungen sind notwendig, um den Abschluss sicher in der Tasche zu haben? Stellen Sie sich die folgenden Fragen, bevor Sie einen Kunden besuchen oder ihn anrufen wollen. Und beantworten Sie diese aus Übungszwecken ruhig immer schriftlich:

Wie ist mein Zustand? Was denke ich über den Kunden?

_____

_____

_____

Welchen Zustand will ich meinem Kunden vermitteln?

_____

_____

_____

Welchen Zustand will mein Kunde erhalten?

_____

_____

_____

Wie kann ich meinen Kunden in diesen Zustand versetzen?

_____

_____

_____

Was denkt der Kunde über mich? Was denkt er über unsere Firma?

_____

_____

_____

Wer ist der Entscheider bzw. wer entscheidet mit?

_____

_____

_____

Welche Firmengröße erwartet mich?

_____

_____

_____

Welche Marktstellung und Kundenzielgruppen hat die Firma?

_____

_____

_____

Wie laufen die internen Geschäftsprozesse der Firma?

_____

_____

_____

Welchen Mehrwert kann ich bieten?

_____

_____

_____

Meine Gesprächseröffnung:

_____

_____

_____

Welchen Engpass, welches Problem hat mein Kunde?

_____

_____

_____

Wie ist meine Lösung?

_____

_____

_____

Welche Einwände können auftauchen?

_____

_____

_____

Welche Argumentationen habe ich parat?

_____

_____

_____

Welche Beweisführung setze ich ein?

_____

_____

_____

Machen Sie Ihren Kunden erfolgreich und Sie werden erfolgreicher!

Zusammenfassung: Der transparente Kunde (Step 1)

▶ Machen Sie Ihre Hausaufgaben und beschaffen Sie sich so viele Informationen über Ihren Kunden wie möglich.

▶ Überlassen Sie nichts dem Zufall. Bereiten Sie sich auf jedes Kundengespräch, ob am Telefon oder persönlich, bestens vor.

▶ Überprüfen Sie vor jedem Kundenkontakt Ihren Zustand - er muss exzellent sein!

3.2 Zustandsmanagement, der Schlüssel zum Verkaufserfolg

Die Begeisterungsfähigkeit trägt deine Hoffnung empor zu den Sternen.
Sie ist das Funkeln in deinen Augen, die Beschwingtheit deines Ganges,
der Druck deiner Hände und der Wille und die Entschlossenheit,
deine Wünsche in die Tat umzusetzen.

[Henry Ford]

Es gibt Zeiten, in denen wir gut sind, selbstbewusst und stark auftreten, und es gibt Zeiten, in denen wir weniger gut und selbstbewusst sind. Bei einem Beratungsauftrag für ein Unternehmen und dessen Verkäufer ist mir einmal etwas sehr Irritierendes aufgefallen. Ein Verkäufer hatte sehr starke emotionale Schwankungen. Aus heiterem Himmel war er bei seinen Verkaufsgesprächen plötzlich unsicher. Er fand nicht die richtigen Worte, seine Körperhaltung war niedergedrückt, in seiner Stimme hörte man die Nervosität, sein Gesichtsausdruck war irgendwie bedrückt. Seine Verkaufszahlen wurden so schlecht, dass er mehrere Gespräche mit seinem Vertriebsleiter hatte. Diese negative Phase entwickelte sich zur Abwärtsspirale. Auch in seinem Privatleben tauchten plötzlich Probleme auf. Er stritt sich permanent mit seiner Frau, und diese wusste überhaupt nicht, was eigentlich mit ihrem Mann los war. Er wurde grimmig, und seine Kinder gingen ihm aus dem Weg. Plötzlich war der Verkäufer wieder wie ausgewechselt. Er war charmant, hatte ein sicheres Auftreten, seine Stimme war melodisch, die Betonungen ausgeprägt, Gestik und Mimik überzeugend. Er war wie ein Entertainer. Er war so selbstbewusst, dass er seine Kunden verzaubern konnte. Man konnte sehen, wie die Kunden an seinen Lippen hingen und darauf warteten, wie elegant er seine Beschreibungen ausführte. Sein Verkaufsleiter war begeistert über seinen Wandel, seine Zahlen schossen regelrecht nach oben, so hoch, dass er Rekordzahlen erreichte. Diese positive Spirale weitete sich auf sein gesamtes Umfeld aus. Im Privatleben ging es auf einmal auch besser. Lebenslustig, aufgeschlossen und mit sehr viel Humor überzeugte er seine Frau und seine Kinder. Was war mit diesem Menschen geschehen?

Die Qualität Ihres Lebens ist die Qualität Ihrer Kommunikation - nach außen wie auch nach innen. Deshalb ist es auch so enorm wichtig, dass Sie auf Ihren Zustand achten. Sie fühlen sich gut bei dem, was Sie tun und sagen, oder Sie fühlen sich weniger gut bei dem, was Sie zu hören bekommen oder erleben. Halt! Denn was Sie fühlen, ist und bleibt immer Ihre Entscheidung! Gut und schlecht gibt es nicht, es ist immer eine Prägung, die aus unseren Erlebnissen und aus unserer Vergangenheit resultiert. Es gibt immer zwei Möglichkeiten, den Zustand zu managen:

1 Ändern Sie Ihre Körperhaltung und versetzen Sie sich in den körperlichen Zustand, in dem Sie sein möchten. Denn: Unser Körper ist nicht nur der Spiegel unserer Stimmung, er ist auch der Schlüssel dazu!

2 Was Sie fühlen, beruht auf dem, was Sie denken. Die wichtigste Methode, um Ihre Gedanken zu steuern, ist der Einsatz von Fragen wie zum Beispiel „Wie war mein erster Kuss?"

Der Unterschied zwischen Erfolg und Misserfolg resultiert aus Ihren Entscheidungen. Ihre Entscheidungen sind von Ihren Zuständen gesteuert, und somit steuern Ihre Zustände Ihr Leben.

Ihre Gefühlswelt überträgt sich, ob Sie es wollen oder nicht, auf Ihren Kunden. Stellen Sie sich einmal vor, wir Menschen hätten auf unserem Kopf eine Glühbirne und egal in welchem Zustand Sie sich gerade befinden, diese Glühbirne würde Ihre Gefühlslage immer präzise anzeigen. Wir Menschen haben ein Gespür, feine Sensoren, um erkennen zu können, in welchem Zustand sich unser Gesprächspartner gerade befindet. Auch die feinsten körperlichen Signale, die ein anderer unbewusst sendet, kommen beim Empfänger an. Denken Sie daran: Wir verändern in erster Linie Zustände. Ihr Zustand und die Gedanken, die Sie haben, verursachen Ihr Verhalten. Wenn Sie also Ihr Verhalten verändern wollen, sollten Sie zunächst Ihren Zustand verändern. Und Sie sollten in jedem Fall in einem Spitzenzustand sein, wenn Sie Ihren Kunden besuchen.

Unser Körper ist nicht nur der Spiegel unserer Stimmung. Er ist auch der Schlüssel dazu! Das alles haben Sie bereits in Kapitel 1.1 ausführlich gelesen. Nun geht es darum, wie Sie den eigenen außergewöhnlichen Zustand auch auf andere übertragen. Denn nur wenn Ihr Kunde in einem guten Zustand ist, wird es auch zum Abschluss kommen.

Zusammenfassung: Zustandsmanagement, der Schlüssel zum Verkaufserfolg (Step 2)

▶ Sie sind Herr bzw. Frau über Ihren Zustand. Sie entscheiden, ob Sie gut oder schlecht drauf sind, nicht die Umstände.

▶ Sie können Ihren Zustand verändern, wenn Sie Ihre Körperhaltung ändern oder Ihre Einstellung.

▶ Ihre Zustände steuern Ihre Entscheidungen und damit Ihren Erfolg.

▶ Sie sollten, bevor Sie zum Kunden gehen, in einem guten Zustand sein

3.3 Die Geheimnisse des Beziehungsaufbaus

Lächle in die Welt und die Welt lächelt zurück.

[Chinesische Weisheit]

Zeigen Sie mir einen erfolgreichen Spitzenverkäufer, und ich zeige Ihnen einen Menschen, der es beherrscht, schnell und gut Beziehungen aufzubauen. Die Anzahl Ihrer Abschlüsse können Sie daran messen, wie gut und einzigartig Sie eine Beziehung aufbauen können.

Step 3: Die Geheimnisse des Beziehungsaufbaus

Stellen Sie sich einmal vor: Ein Mensch vertraut Ihnen, beispielsweise im Finanzdienstleistungsbereich, sein schwer und hart erarbeitetes Geld an. Ihr Kunde will das Beste mit seinem Geld machen. Wären Sie da nicht auch vorsichtig? Vor einiger Zeit habe ich ein großes und renommiertes Autohaus gecoacht und trainiert. Selbstverständlich wollte ich die Geschäftsprozesse genau kennen lernen und habe mir alles ganz genau angeschaut, bis hin zum Einzelcoaching mit dem besten und dem schlechtesten Verkäufer.

Als ich den besten Verkäufer gecoacht habe, ist mir etwas Entscheidendes aufgefallen. Ich machte es mir zur Aufgabe, genau zu beobachten, wie der beste Verkäufer arbeitet. Dazu begleitete ich ihn einen ganzen Tag lang und bin natürlich auch bei seinen Verkaufsgesprächen dabei gewesen. Er war sehr freundlich und zuvorkommend gegenüber seinen Kunden. Auf dem Weg zu einem Termin sagte er plötzlich: „Da kommt ein Freund von mir!" Er begrüßte seinen Freund, und die beiden plauderten ein wenig. Dabei fiel mir die Körperhaltung des Verkäufers auf. Er stellte sich komplett auf sein Gegenüber ein. Nach einer kurzen Zeit erkannte ich, dass es gar kein Freund von ihm war, sondern ein potenzieller Kunde. Dieser Spitzenverkäufer sah in jedem seiner Kunden einen Freund.

Das Verhalten muss dem Zustand entsprechen

Dieser Spitzenverkäufer hat sich ganz unbewusst vollkommen authentisch verhalten. Selbstverständlich galt diese Person als einer der erfolgreichsten Verkäufer, die die Firma je hatte. Und zu Recht! Sein Verhalten war so ehrlich, dass jeder Kunde das Gefühl hatte, bei ihm gut aufgehoben zu sein. Sein Verhalten entsprach zu einhundert Prozent seinem Zustand!

Vor längerer Zeit beschloss ich, in die Vereinigten Arabischen Emirate zu fliegen, und zwar nach Dubai. Ich wusste genau, dass es in den Vereinigten Arabischen Emiraten fünf besonders einflussreiche Scheiche gibt. Drei von diesen waren sehr wohlhabend, zwei weniger. Ich hatte mir als Ziel gesetzt, einen dieser Scheiche kennen zu lernen, um mit ihm Geschäfte zu machen. Mein Ziel war, in Dubai besondere Hotels, inspiriert von prächtigen Schlössern, mit einzurichten, also die Innenarchitektur mitzubestimmen. Ich hatte davon fachlich eigentlich überhaupt gar keine Ahnung, beschloss aber, wenn ich vor Ort wäre und sich die Geschäfte anbahnen würden, entsprechende Spezialisten zu suchen, die das Know-how mitbringen sollten. Also ging ich nach Dubai und machte mich auf die Suche nach einem Geschäftsmann. Als ich ankam, bemerkte ich, dass es gar nicht so einfach war, einen erfolgreichen Geschäftsmann kennen zu lernen, um mit ihm zusammenzuarbeiten. Nach der ersten Woche schaltete ich in der Zeitung Anzeigen, um auf diesem Weg interessante Kontakte aufzutun. Das war eine hervorragende Idee. Denn sofort kamen zahlreiche Personen auf mich zu, und ich stellte meine Geschäftsideen bzw. Kooperationsmöglichkeiten vor. Ich hatte viele Gespräche und bemerkte, dass viele Personen nicht so erfolgreich waren, wie sie vorgaben. Ich hatte natürlich auch nicht genügend finanzielle Mittel, um das Geschäft alleine aufzubauen. Mein Gedanke war, einen Sponsor zu finden, der bereit wäre, in meine Ideen zu investieren. Nach vielen Gesprächen und einer ganzen Weile tauchte plötzlich und unerwartet eine wirklich wichtige Person auf. Es handelte sich um den Verwandten eines größeren Scheichs.

Man merkte sofort, dass er ganz anders war als alle anderen Personen, die ich zuvor kennen gelernt hatte. Die anderen waren europäisch gekleidet, er hingegen traditionell; zudem hatte er ein ganz anderes Auftreten. Intuitiv beschloss ich, die Besprechung in meiner Hotelsuite durchzuführen, zu der auch ein größerer Balkon gehörte. Wir saßen dort und sprachen über Belangloses, eineinhalb Stunden lang. Wir bestellten uns Essen und Getränke und plauderten über das Wetter, die schöne Aussicht, den angenehmen Duft in der Luft. Dann merkte ich plötzlich an seinen Körpersignalen, dass das Gespräch für ihn zu Ende war. Er stand auf und ging zur Tür. Wir hatten noch kein Wort über das Geschäft gesprochen, doch ich wusste ganz genau: Das war mein Mann. Nun sah ich ihn vor meinem geistigen Auge schon wieder entschwinden. Ganz plötzlich, ganz unerwartet, mit der Hand bereits am Türgriff, drehte er sich jedoch um, zeigte auf mich und sagte: „Herr Galal, lassen Sie die geschäftlichen Belange unsere Anwälte klären. Wir gehen diesen Weg zusammen." Diese Lektion und das, was ich daraus gelernt habe, werde ich nie vergessen:

▶ Der Kunde beginnt damit, über das Geschäftliche zu reden. Egal, wie lange es dauert. Der Kunde bestimmt, wie lange eine Beziehungsphase für ihn andauern muss.

▶ Viel wichtiger als alles andere ist es, eine gute Beziehungsphase zu haben.

Vertrauen entsteht nicht immer nur dann, wenn ein Geschäft zustande kommt, die Bearbeitung reibungslos klappt und der Kunde mit dem Produkt oder der Dienstleistung zufrieden ist. Vertrauen entsteht manchmal gerade dann, wenn eben kein Geschäft zustande kommt und der Kunde das Gefühl hat: Dieser Verkäufer will nicht unbedingt etwas verkaufen, er ist an mir als Person und einem Gespräch interessiert. Der Kunde denkt dann: Wenn er nicht unbedingt ein Geschäft abschließen will, können wir alle Probleme beiseite schaffen und sicher eine gemeinsame Lösung finden. Was ich Ihnen damit sagen möchte, ist Folgendes: Vertrauen ist einer der wichtigsten Verkaufsfaktoren überhaupt. Sie müssen Ihrem Kunden das Gefühl der absoluten Vertrauenswürdigkeit geben und ehrlich sein. Dann werden Sie in Ihrem Beruf absolute Spitzenleistungen bringen.

Das Vertrauen eines Kunden zu gewinnen, dauert Jahre.
Es zu verlieren, Sekunden.

[Managerweisheit]

Beziehungen aufbauen

Wie können Sie schnell und ganz leicht eine Beziehung aufbauen? Ganz einfach: Indem Sie Komplimente machen. Zeigen Sie einem Menschen, wie wertvoll und wichtig er Ihnen ist. Hören Sie ihm zu. Schenken Sie ihm ein Lächeln. Finden Sie gemeinsame Interessen. Demonstrieren Sie ihm, dass in diesem Moment nur er Ihnen wichtig ist. Zusätzlich habe ich noch eine Strategie, mit der Sie effektiv und wirklich wirkungsvoll Komplimente machen können.

Wenn Sie einen anderen Menschen für Ihre Sache gewinnen wollen,
müssen Sie ihn zuerst davon überzeugen, dass Sie sein aufrichtiger Freund sind.

[Abraham Lincoln]

Die drei Stufen der Beziehungsphase:

1 Geben Sie Anerkennung. Geben Sie detaillierte Anerkennung und schildern Sie präzise, was Sie besonders beeindruckend oder besonders schön finden.

2 Begründen Sie Ihre Anerkennung. Sagen Sie, warum Ihnen dieser spezifische Punkt so gut gefällt oder warum es so wichtig für Sie ist, dass Sie diesen einen Punkt genannt haben. Verwenden Sie dabei das Wort „weil".

3 Stellen Sie eine W-Frage. Fragen Sie den Kunden, wie er etwas geschafft hat, wo er ein Produkt gekauft oder wie er etwas gemacht hat.

Diese Strategie trägt entscheidend dazu bei, dass eine vertrauensvolle Beziehung zwischen Ihnen und Ihrem Kunden entsteht. Wenn Sie nur einfach so und automatisiert Anerkennung geben, denkt Ihr Kunde, dass Sie es nicht ernst meinen. Wenn Sie Ihr Lob und Ihre Komplimente allerdings begründen und detailliert schildern, warum Sie etwas beeindruckend und gut finden, dann wirken Sie sehr viel glaubwürdiger. Entscheidend ist natürlich auch der dritte Punkt: Wenn Sie Ihren Kunden fragen, woher er etwas hat oder wie ihm etwas Spezifisches gelungen ist, dann versetzen Sie ihn in den (guten) Zustand zurück. Sie wissen ja: Eine Frage versetzt eine Person in einen Zustand zurück. Und wenn Sie einem Kunden sagen, dass er gut aussieht und dass er einen schönen Anzug trägt, weil ihm diese Farbkombination besonders gut steht, und Sie ihn dann fragen, wo er diesen Anzug erworben hat und wer ihn so gut beraten hat, dann geben Sie begründete und damit glaubwürdige Anerkennung.

Haben Sie schon einmal einen Raum betreten, in dem sich viele verschiedene, Ihnen unbekannte Menschen befanden, und haben Sie am anderen Ende des Raumes einen Menschen gesehen, der Ihnen, aus welchem Grund auch immer, sofort sympathisch war? Sie hatten das Gefühl, dass Sie ihn schon länger, vielleicht schon Ihr ganzes Leben kennen? Sie waren sich unsicher und wussten nicht, ob Sie ihn wirklich kennen oder ob der Sympathiefunke nur übergesprungen ist. Vielleicht ist Ihnen ja schon einmal etwas Ähnliches passiert? Sie waren auf einer Feier, eine Person kommt auf Sie zu, die zu Ihnen sagt: „Irgendwie kommen Sie mir bekannt vor. Kennen wir uns? Kann das sein?" Wäre es nicht großartig zu wissen, was genau da vor sich ging? Warum haben unbewusste Kommunikationsfaktoren diesen Prozess des vermeintlichen Erkennens ausgelöst? Einer der wichtigsten Punkte im Verkauf überhaupt ist der Rapport. Rapport ist gleich Beziehungsaufbau.

Beantworten Sie bitte diese Frage:

Erinnern Sie sich an eine Person, mit der Sie nicht gut harmonieren. Denken Sie zurück. Notieren Sie die Gründe, warum der Kontakt nicht gut ist!

_____

_____

_____

Beantworten Sie bitte die zweite Frage:

Denken Sie an eine Person, einen Freund oder Bekannten, mit dem Sie einen sehr guten Kontakt haben. Überlegen Sie, warum der Kontakt so gut ist, und notieren Sie auch die Gründe dafür.

_____

_____

_____

Die Macht des Vertrauens

Wir Menschen lieben Menschen, die uns ähnlich sind. Wir mögen Menschen, die dieselbe Meinung haben wie wir. Wenn Sie jemanden kennen lernen, dann versuchen Sie bereits in den ersten Sekunden herauszufinden, welche Übereinstimmungen es gibt. Nutzen Sie die Kraft des Spiegelns. Nutzen Sie die Magie des Spiegelns. Die unbewusste Kommunikation zeigt, dass wir Menschen lieben, die uns ähnlich sind. Stellen Sie sich vor, Sie lernen jemanden kennen, der Ihr exaktes Spiegelbild ist. Würden Sie diesen Menschen mögen? Selbstverständlich! Er trägt die gleichen Schuhe. Er hat die gleichen Kleider an wie Sie. Seine Bewegungen sind identisch mit Ihren. Und vor allem, er hat die gleiche Einstellung wie Sie, erwartet das Gleiche vom Leben wie Sie.

Seien Sie das Spiegelbild Ihres Kunden. Ahmen Sie ganz unauffällig die Körperhaltung, die Stimme, die Meinung, eine Aussage nach. Und das Allerwichtigste ist: Spiegeln Sie seine Atmung. Dr. Richard Bandler hat mir einmal von einem kleinen Experiment erzählt. Er ist abends in eine Bar gegangen und hat ganz gemütlich Kaffee getrunken. Am anderen Ende der Bar befand sich ein Mann, der ebenfalls Kaffee trank. Richard Bandler ahmte ihn nach, er spiegelte ihn. Er machte die gleichen Bewegungen wie er, er nahm die Tasse im gleichen Moment in die Hand, trank mit der gleichen Geschwindigkeit und spiegelte das Allerwichtigste: die Atmung des anderen Mannes. Er atmete in seinem Tempo. Die Atmung steht in direkter Beziehung zu Ihrer gesamten Gefühlswelt. Somit wurde unbewusst eine Verbindung aufgebaut. Und plötzlich, ganz unerwartet, hat Richard Bandler die Tasse, die leer war, nach vorne gekippt und so getan, als ob er sich den Inhalt auf die Kleidung geschüttet hätte. Am anderen Ende der Bar nahm der fremde Mann unbewusst ganz plötzlich ebenfalls seine Tasse in die Hand und diese kippte ebenfalls um; mit dem Unterschied, dass seine Tasse noch voll war.

Was können Sie alles spiegeln?

Körper:	Händedruck, Kopfneigung, Arme, Gesichtsausdruck, Schulter, Beine, Füße
Stimme:	Klangfarbe, Geschwindigkeit, Rhythmus, Lieblingswörter
	Meinung: 1 Prozent Übereinstimmung finden
Aussage:	Tatsachen von Wahrnehmungen:
	Sie sitzen hier ...
	Sie sehen den Baum ...
	Tatsachen der Wirklichkeit:
	Sie wollen 500 XY haben ...
	Sie sind Chef ...
	Sie wollen mehr Geld ...
Stimmung:	Empathie entwickeln, mitfühlen, Freude, Angst, Unsicherheit, Sicherheit, Zuversicht
Atmung:	Das ist die wirksamste Strategie, weil sie mit unseren Emotionen verbunden ist. Wir achten auf Hebung und Senkung des Schulter-Brust- und Zwerchfell-Bereiches.

! TIPP:

Beim Sprechen atmen wir aus!

Diese Hinweise sollen Ihnen aufzeigen, dass Kommunikation viel mehr ist als nur Sprechen. Vielleicht haben Sie schon einmal zwei frisch Verliebte gesehen, deren Kopfhaltung sehr ähnlich war. Beide neigten gleichzeitig den Kopf, stützten sich gleichzeitig mit ihren Händen ab und blickten einander mit verträumten Augen an. Wenn man das von außen beobachtet, dann denkt man, oh, diese beiden sind sich wirklich nah, sie sind eins und befinden sich in einem magnetischen Feld. Da gibt es eine unbewusste Verbindung, eine unbewusste Kommunikation.

Einer der wichtigsten Punkte im Verkaufsprozess ist, Vertrauen aufzubauen. Wenn Sie es schaffen, innerhalb kürzester Zeit das Vertrauen eines Menschen zu gewinnen, dann haben Sie gewonnen. Es muss selbstverständlich authentisch sein. Es muss ehrlich sein. Wenn Sie lange genug einen Menschen spiegeln, können Sie anfangen, diesen zu führen. Ein Beispiel: Sie sitzen abends im Café und trinken vielleicht ein Bier oder einen Eiskaffee, mit Freunden oder Bekannten zusammen. Man lacht, man redet, die Gläser sind alle auf dem Tisch abgestellt, und plötzlich greift einer nach seinem Glas. Ganz unerwartet strecken auch die anderen am Tisch ihre Hand nach ihrem Glas aus und nehmen einen Schluck. Es gibt eine unbewusste Verbindung, eine unbewusste Kommunikation und eine Person am Tisch, die in diesem Moment die anderen in der Gruppe geführt hat. Wenn Sie lange genug einen Kunden spiegeln, dann können Sie anfangen, ihn zu führen: mittels Ihrer Körperhaltung, mittels Ihrer Aussage, mittels Ihrer Meinung und Ihres Gefühlszustands. Nutzen Sie Ihre nonverbale Kommunikation, um eine Beziehung aufzubauen.

Zusammenfassung: Die Geheimnisse des Beziehungsaufbaus (Step 3)

▶ Die Beziehungsphase ist in drei Stufen unterteilt: Erstens geben Sie Komplimente und Anerkennung, zweitens begründen Sie Ihre Aussage mit dem Wort „weil" und drittens stellen Sie Ihrem Kunden eine offene Frage, um den Zustand zu managen.

▶ Wenn Sie und eine andere Person die gleichen Meinungen und Gefühle haben, entsteht Vertrauen. Spiegeln Sie Ihre Kunden!

▶ Der Kunde bestimmt, wie lange die Beziehungsphase dauern soll.

3.4 Fesselnde Neugier erzeugen

Wie schaffen Sie es, bei Ihrem Kunden Neugier, Spannung, ein fesselndes und unwiderstehliches Verlangen zu erzeugen? Wie können Sie Ihrem Kunden das Gefühl geben, dass er ohne Ihre Produkte nicht mehr leben kann? Dass er in Ihrem Produkt die Erfüllung seiner Wünsche findet und er eine große, bunte, positive Zukunftsvision sehen kann? Waren Sie schon einmal in einer Situation, in der Sie ganz genau wussten, dass Ihr Produkt für diesen Kunden genau richtig ist, er einen so großen Vorteil hat, er mehr Geld verdienen oder enorm viel sparen kann? Und Ihr Kunde wollte Sie dennoch nicht anhören und zeigte keinerlei Interesse? Wieso auch, Sie hatten ja nicht einmal die Chance, ihm von seinem Glück zu erzählen.

Step 4: Fesselnde Neugier erzeugen

Wenn Sie es nicht schaffen, fesselnde Neugier zu erzeugen, dann kann Ihr Produkt noch so gut sein. Ihr Kunde wird Sie erst gar nicht anhören wollen. Wenn Sie nicht die absolute Neugier erzeugt haben, kann es auch sein, dass er Ihrer Präsentation nur halbherzig zuhört. Der Zustand Ihres Kunden sollte so sein, dass er eine regelrechte Gier darauf entwickelt, Ihren Worten zu lauschen und das Wunderprodukt endlich selbst in Händen zu halten.

Sechs Steps, um eine zukunftsorientierte Neugier zu erzeugen:

1. Beeindruckende Behauptung
2. „Weil" ... Produktstärke
3. Das bedeutet für Sie ... Produktnutzen
4. Und zusätzlich ... Produktnutzen
5. Das sage ich, weil ... Beweise
6. Um dies genauer zu erläutern, würde ich Ihnen jetzt gerne einige Fragen stellen. Und dann klassifizieren Sie Ihren Kunden!

Hier ein kleines Beispiel, wie Sie Schritt für Schritt vorgehen könnten: „Wenn Sie Ihre Mitarbeiter zu unseren Trainings schicken, dann werden Ihre Verkaufszahlen um 30 bis 100 Prozent steigen, weil wir in unseren Trainings keine herkömmlichen Techniken anwenden. Wir haben Spitzenverkäufer beobachtet, analysiert und deren Know-how in lernbare Einheiten umgewandelt. Diese Strategien stammen von Verkäufern, die 150.000 Euro pro Jahr und mehr verdienen. Das bedeutet für Sie, Sie brauchen kein Selbststudium oder Experimente mit unklarem Ausgang. Sie erhalten alle Strategien auf einem silbernen Tablett serviert. Das können wir sagen, weil wir bereits ähnliche Konzepte für einige Firmen realisiert haben, deren Größe vergleichbar mit Ihrer Firma war. Worum es mir geht, sind Ihre ehrlichen Antworten auf einige wichtige Fragen. Darf ich Ihnen diese jetzt stellen?"

Selbstverständlich denken Sie jetzt, das kann doch jeder sagen. Sie haben auch Recht! Viele Verkäufer versprechen das Blaue vom Himmel, und unsere Kunden sind einfach skeptischer geworden. Wenn unsere Kunden Tag für Tag hören, wie toll ein oder alle Produkte sind, wissen sie nicht mehr, was sie glauben sollen, stimmt's? Meine Erfahrung hat mir gezeigt, dass, wenn die allgemeine konjunkturelle Lage positiv ist, viele Kunden möglichen Chancen sehr offen gegenüber stehen und die oben genannte Strategie sehr gute Früchte trägt. Ist jedoch die konjunkturelle Lage schlechter, sind die Kunden einfach skeptischer und haben Angst, dass ihr Unternehmen in eine Schieflage oder ihr Leben generell aus den Fugen geraten könnte. Aus diesem Grund gilt es vielmehr, lösungsorientierte Neugier zu erzeugen. Ich brauche Ihnen vielleicht nicht zu sagen, dass eine positive Konjunktur im Kopf beginnt und dass dies bei vielen Unternehmen oder Personen der Fall ist. Sie werden in den nächsten Kapiteln einiges über Persönlichkeitsmuster lesen. Dort werden Sie auch erfahren, welche Strategie, Neugier zu erzeugen, am besten zu welcher Persönlichkeit passt.

Bei den beiden größten Motivationsknöpfen handelt es sich um Schmerz und Freude. Wir haben gerade das erste Prinzip kennen gelernt, nämlich einen Menschen durch Freude zu motivieren und die Aufmerksamkeit auf uns zu lenken. Das zweite Prinzip ist, einen Menschen durch Schmerzen zu motivieren und so die Aufmerksamkeit auf uns zu lenken. Sicher wissen Sie aus eigener Erfahrung, dass wir Menschen mehr tun, um Schmerzen zu vermeiden, als um Freude zu erlangen.

Fünf Steps, um lösungsorientierte Neugier zu erzeugen:

1. Problem aufzeigen, Aussagen treffen
2. Problem festigen, Fragen stellen, um den gewünschten Zustand herbeizuführen
3. Lösung andeuten mit unserem Produkt
4. Beweise bringen und Aussage untermauern
5. Klassifizieren Sie Ihren Kunden

Auch hier wieder ein Beispiel: „Sind Sie es nicht auch leid, dass die EDV-Anlage immer mal wieder spinnt und keiner schnell zur Stelle ist, der Ihnen dabei helfen kann, alles wieder zum Laufen zu bringen? Wenn wichtige Daten verloren gehen oder sogar ein Virus Ihre EDV-Anlage anfallen würde, dann wäre das ein Drama, nicht wahr? Welche Maßnahmen haben Sie ergriffen, um diesem Drama vorzubeugen? Ich würde niemals sagen, Herr Müller, dass unsere EDV-Anlage sicher ist und zusätzlich sogar Kosten einspart, wenn wir nicht schon mit vielen Firmen gearbeitet hätten, die vor ähnlichen Herausforderungen standen wie Ihre Firma. Und wir haben sehr gute Erfolge erzielt! Lassen Sie uns innerhalb von fünfzehn Minuten gemeinsam prüfen, ob wir Ihnen helfen können."

Die zweite Strategie ist sehr wirkungsvoll, um Ihren Kunden in den Zustand der Neugier zu versetzen. Sie kennen Ihren Kunden und wissen vielleicht, mit welchen Problemen er zu kämpfen hat. Sprechen Sie genau diese Probleme an, und Sie werden bei ihm auf offene Ohren treffen. Wenn Sie Schmerzen oder das Gefühl erzeugen wollen, dass Ihr Kunde unbedingt Ihr Produkt oder Ihre Dienstleistung benötigt, um endlich eine Lösung für sein Problem zu erhalten, dann sollten Sie zuerst Behauptungen aufstellen und anschließend Fragen stellen, um die Person noch tiefer in diesen Zustand hineinzuversetzen.

Jetzt haben Sie seine Neugier geweckt und können sich sicher sein, dass er Ihnen auch mit voller Aufmerksamkeit zuhört. Es ist wichtig, dass Sie diesen Part „Neugier erzeugen" ziemlich vage halten, weil Sie ja noch gar nichts oder zumindest nicht viel über Ihren Kunden wissen. Welche Wünsche und unerfüllten Bedürfnisse hat er wirklich? Stellen Sie sich vor, Sie stehen in einem dunklen Raum und versuchen, mit einem Dartpfeil mitten ins Schwarze zu treffen. Die Chancen sind sehr gering, dass Sie überhaupt die Zielscheibe treffen, oder?

Diese Strategien sind sehr wirkungsvoll, um Ihren Kunden in den Zustand der Neugier zu versetzen. Wenn Sie Werbespots verfolgen, stellen Sie fest, dass Werbefachleute genau diese Strategien schon längst anwenden. Der Erfolg ist Ihnen garantiert, wenn Sie sofort und ohne zu zögern, mit der spielerischen Leichtigkeit eines Kindes, einfach einmal testen, wie es in der Praxis funktioniert.

Zu den „Fünf Glocken"

Es war einmal ein Gasthaus, das hieß Silberstern. Der Gastwirt kam auf keinen grünen Zweig, obgleich er alles tat, Gäste zu gewinnen: Er richtete das Haus gemütlich ein, sorgte für eine freundliche Bedienung und hielt die Preise in vernünftigen Grenzen. In seiner Verzweiflung fragte er einen weisen Menschen um Rat. Als dieser die jammervolle Geschichte des Wirtes gehört hatte, sagte der Weise: „Es ist sehr einfach. Du musst den Namen deines Gasthauses ändern." „Unmöglich!", sagte der Gastwirt, „seit Generationen heißt es ‚Silberstern' und ist unter diesem Namen im ganzen Land bekannt." „Nein", sagte der Weise bestimmt, „du musst es nun die ‚Fünf Glocken' nennen und über dem Eingang sechs Glocken aufhängen." „Sechs Glocken? Das ist doch absurd. Was soll das bewirken?" „Versuch es einmal, und sieh selbst", sagte der Weise lächelnd. Also machte der Gastwirt einen Versuch, und Folgendes geschah. Jeder Reisende, der an dem Gasthaus vorbeikam, ging hinein, um auf den Fehler aufmerksam zu machen. Jeder in dem Glauben, außer ihm habe ihn noch keiner bemerkt. Und wenn sie erst einmal in der Gaststube waren, waren sie beeindruckt von der freundlichen Bedienung und blieben da, um eine Erfrischung zu bestellen.[4]

---

4   Diese Geschichte ist aus „Das Märchenbuch für Manager" von Jürgen Fuchs.

3.5 Kunden richtig einschätzen und Salz in die Wunde geben

Denken Sie daran, Ihre Zeit ist kostbar, weil Sie eine Kapazität auf Ihrem Gebiet sind. Sie sind der Spezialist in Ihrem Bereich. Selbstverständlich kennen Sie Ihr Produkt zu einhundert Prozent. Sie wissen, welche Mitbewerber es auf dem Markt gibt. Wenn Sie diese nicht kennen, dann nehmen Sie Ihren Beruf als Verkäufer nicht ernst genug und brauchen sich auch nicht zu wundern, wenn Sie weniger Umsatz machen, als Sie gerne hätten.

Sie sind ein Spezialist, eine Kapazität, ein Fachmann in Ihrem Bereich, und Sie sollten sich die Frage stellen, ob Sie überhaupt mit diesem Kunden zusammenarbeiten möchten. Schließlich endet der Verkauf nicht mit der Unterschrift, sondern er fängt dann erst richtig an. Der Kunde erteilt uns einen Auftrag. Im wahrsten Sinne des Wortes steckt hinter einem „Auftrag" mehr, als nur dafür zu sorgen, dass eine Ware pünktlich geliefert wird.

Die meisten Produkte haben eine Garantie, und bei einer Dienstleistung fängt die Arbeit nach dem Auftrag erst an. Wenn Sie sich also nicht vorstellen können, mit einem Menschen zusammenzuarbeiten, weil dieser Ihnen schon während des Verkaufsgesprächs unangenehm ist, dann lassen Sie den Kunden ziehen. Es gibt so viele Menschen, die vielleicht in diesem Moment darauf warten, von Ihnen angesprochen zu werden. Beißen Sie sich nicht fest wie ein Bullterrier. Lernen Sie loszulassen. Das wirkt manchmal wahre Wunder, oder was meinen Sie?

Was wir über unseren Kunden wissen sollten

Wenn Sie präzise vorgegangen sind, haben Sie einen Vorverkauf gemacht und wissen schon einiges über Ihren Kunden. Was Sie auf jeden Fall wissen sollten, ist Folgendes: Hat Ihr Kunde Geld, um Ihr Produkt zu kaufen? Ist der Gesprächspartner auch wirklich der Entscheider? Sie sind ein Spezialist und kennen die Probleme Ihres Kunden, Sie wissen, was ihm Schmerzen verursacht, und Sie wissen auch, welche unerfüllten Wünsche Ihr Kunde hat. Wenn nicht, dann finden Sie es heraus!

Nicht von Antwort zu Antwort wachsen wir, sondern von Frage zu Frage.

[Konfuzius]

Gezielt und genau zu fragen ist wohl eines der mächtigsten Instrumente, die es im Verkauf gibt. Mit Fragen können Sie Zeit sparen und schnell herausfinden, ob Ihr Gesprächspartner auch wirklich ein potenzieller Kunde ist. Mit Fragen können Sie den Zustand Ihres Kunden steuern, Neugier erzeugen, den Abschluss beschleunigen, die Denkmuster erfahren, die Überzeugungen erkennen, die Werte aufspüren, die Einstellung erkunden und Glaubenssätze aufdecken. Sie können die Welt des Kunden erst durch gezielte Fragen richtig verstehen.

In der Psychotherapie könnte man es sich gar nicht vorstellen, ohne Fragen zurechtzukommen. Um einem Menschen zu helfen, muss man zuerst sein Weltmodell erforschen und herausfinden, warum er macht, was er macht. Ein professioneller Coach würde Ihnen niemals die Lösung Ihres Problems mitteilen, sondern Sie durch Fragen dazu bewegen, selbst die Lösung zu finden. Ein Spitzenverkäufer würde niemals eine Präsentation beginnen, ohne vorher zu wissen, was der Kunde wirklich will. Stellen Sie sich einmal vor, Sie haben Zahnschmerzen und gehen zu einem Arzt. Sie sitzen beim Arzt, und alles, was er macht, ist, dass er Ihnen ein Rezept mit der Anweisung gibt, jeden Tag drei Tabletten zu nehmen. Würden Sie die Tabletten nehmen, ohne dass der Arzt eine genaue Diagnose gestellt hat? Also, ich würde diese Tabletten nicht nehmen, auch wenn es sich bei dem Arzt um den besten der Welt handeln würde. Warum? Weil er keine Diagnose gestellt hat. Kann er vielleicht hellsehen? Wie können dann manche Verkäufer eine Präsentation halten, ohne genau zu wissen, was der Kunde möchte und wo der Schuh drückt?

Beschreiben Sie bitte in einem oder zwei kurzen Sätzen die Welt. Was ist die Welt?

_____

_____

_____

Klasse. Schon bei 20 Menschen hat doch tatsächlich jeder eine andere Antwort. Die Frage war identisch. Wir sind doch hier alle auf dieser Erde, auf dieser Welt, oder? Wie kann es dann sein, dass jeder etwas anderes aufgeschrieben hat?

Wir leben, jeder für sich selbst, in einer subjektiven Welt - das bedeutet, es gibt tatsächlich mehr als sechs Milliarden verschiedene Welten, und wenn eine Welt mit der anderen kommuniziert, dann weiß die andere Welt nicht genau, was die eine Welt meint! Wir verschlucken bei der Kommunikation wahnsinnig viel, und es gibt immer wieder unterschiedliche Äußerungen, die durch Interpretationen in ihrer ursprünglichen Aussage verändert wurden. Jeder Mensch interpretiert alles, was er hört. Das ist einer der wichtigsten Punkte in der Kommunikation, und Sie müssen wissen, dass die Landkarte nicht das Gebiet ist.

Was bedeuten für Sie Effektivität, Rentabilität, Motivation oder Liebe? Das sind alles Wolkenwörter, jeder kann in diese Wörter etwas hineininterpretieren. Diese verschiedenen Interpretationsmöglichkeiten sind die Spielwiese eines Spitzenverkäufers, der verstehen möchte, was hinter dem Wort steckt.

Liebe ist zum Beispiel die Landkarte (Rahmenbedingung), das Gebiet ist das, was Sie oder Ihr Partner darunter verstehen. Was verstehen Sie unter Motivation? Motivation ist jetzt die „Landkarte", was ist es für Sie, für Ihren Chef, für eine Mutter oder für einen Lehrer? Jeder Mensch hat seine eigene Interpretation der Dinge, also sein eigenes „Gebiet". Fazit: Die Landkarte ist nicht das Gebiet!

Genau das sollten Sie sich immer wieder vor Augen führen. Bei jeder Diskussion, bei jedem Gespräch, das Sie mit einer anderen Person führen, kommt es zu Interpretationen von Äußerungen. Man kann das nicht ausschließen. Wenn jemand über einen spezifischen Sachverhalt spricht, dann heißt das noch lange nicht, dass der andere versteht, worum es seinem Gegenüber wirklich ging. Egal, was Sie oder Ihr Gegenüber auch sagen, die Wahrnehmung des jeweils anderen wird immer verschieden von der eigenen sein. Sie müssen die Welt Ihres Gesprächspartners erst verstehen, um auch das, was er sagt, verstehen zu können.

Ich möchte Ihnen jetzt einige Fragen vorstellen, durch die Sie ein herausragendes und effektives Instrument erhalten, um Ihren Kunden richtig einschätzen (offene Fragen) und besser lenken (geschlossene Fragen und andere Frageformen) zu können.

Offene Fragen

- ▶ Welche Erwartung haben Sie ...?
- ▶ Was stellen Sie sich vor, wenn Sie XY verwenden wollen?
- ▶ Was erhoffen Sie sich durch ...?
- ▶ Was wünschen Sie sich?
- ▶ Welche Gedanken haben Sie, wenn Sie an XY denken?

Eine offene Frage ist eine Informationsfrage. Offene Fragen dienen dazu, von Ihrem Kunden so viel wie möglich zu erfahren. Somit können Sie Ihren Kunden besser einschätzen und einfacher auf ihn reagieren.

Geschlossene Fragen

- ▶ Würden Sie es begrüßen, wenn ...?
- ▶ Sollen wir es zum Termin XY liefern?
- ▶ Können Sie sich vorstellen, dass wir es so machen?
- ▶ Wissen Sie schon, welche Vorteile Ihnen das in der Zukunft bringen kann?

Auf diese Fragen wird Ihr Kunde mit Ja oder Nein antworten. Dieser Fragetypus kann verwendet werden, wenn Sie Ihren Kunden in eine besondere Richtung lenken wollen oder um ganz offiziell herauszufinden, wo er steht.

Ja-Rhythmus-Fragen

Hier verwenden Sie mehrere geschlossene Fragen hintereinander, mit der Absicht, zum Abschluss zu kommen oder eine Erkenntnis zu erhalten.

- ▶ **Stimmt es, dass** Immobilien in den letzten Jahrzehnten immer teurer wurden und nicht billiger?
- ▶ **Ist es richtig, dass** die Mietpreise andauernd steigen und nicht sinken?
- ▶ **Ist es nicht so, dass** überall Wohnungen fehlen und der Wohnungsbedarf stetig steigt?
- ▶ **Sind nicht auch** Immobilien ein großer Vorteil bei Erbschaft und Schenkungssteuern?
- ▶ **Also ist ein** Immobilienerwerb eine kluge Entscheidung! Wollen Sie eine kaufen?

Ja-Rhythmus-Fragen sind selbstverständlich aufeinander folgende Suggestivfragen, die den Kunden dazu bewegen, einen Abschluss zu tätigen. Ein kleines Experiment: Sagen Sie zehn Mal hintereinander **weiß** - weiß, weiß, weiß ... und jetzt weitere fünf Mal weiß, weiß, weiß ... und jetzt wieder fünf Mal weiß, weiß, weiß ... und was trinkt eine Kuh? Milch, oder? Kühe trinken aber Wasser und keine Milch.

Direkte Fragen

▶ Ist es der Preis, der Sie davon noch abhält?
▶ Sind es die Lieferbedingungen, die Sie noch zögern lassen?
▶ Ist es die Lage der Immobilie, die Sie noch zögern lässt?
▶ Ist Ihnen die monatliche Investition zu hoch?

So sprechen Sie den Punkt, der den Kunden noch zaudern lässt, direkt an. Überprüfen Sie bitte immer wieder, wo genau Sie im Verkaufsprozess stehen, damit eine positive Entscheidung getroffen werden kann.

Backtracking-Fragen

▶ Habe ich Sie da richtig verstanden, dass ...?
▶ Es würde also Ihre Entscheidung sehr erleichtern, wenn ...?
▶ Ah, Sie meinen ...?
▶ Ich verstehe, Sie wollen ...?

Wiederholen Sie gelegentlich die Aussagen Ihres Kunden und vergewissern Sie sich, dass Sie alles richtig verstanden haben. Wenn Sie zusätzlich die gleichen Worte und eine ähnliche Sprachmelodie verwenden, fühlt sich der Kunde verstanden und ernst genommen. Es handelt sich dabei auch um eine Form des Spiegelns.

Kontrollfragen

▶ Habe ich damit geklärt, dass ...?
▶ Was meinen Sie dazu?
▶ Wie finden Sie das?
▶ Was sagt Ihnen Ihr Gefühl?

Dieser Fragetypus zeigt Ihnen, welchen Weg Sie gehen müssen. Das Tolle bei dieser Frage ist, dass Sie nur nach einer Meinung gefragt haben, also keine definitive Entscheidung erwarten.

Bestätigungsfragen

▶ ..., nicht wahr?
▶ ..., oder?
▶ ..., ist es nicht so?
▶ ..., oder nicht?

Mit diesen Endungen können Sie etwas Zusätzliches suggerieren und Widerstände verringern, oder nicht?

Bumerang-Fragen

- ▶ Sind Sie wirklich der Ansicht, dass ...?
- ▶ Wie kommen Sie darauf, dass ...?
- ▶ Finden Sie wirklich, dass ...?

Mit diesem Fragetypus werfen Sie die Aussage wieder zum Kunden zurück. Somit kann Ihr Kunde seine Aussage noch einmal überdenken, und vielleicht hat er durch Argumente von Ihrer Seite plötzlich eine andere Meinung.

Zurückstellungsfragen

- ▶ Das ist eine wichtige Frage! Kann ich diese Frage kurz notieren und ein wenig später darauf zurückkommen?
- ▶ Wäre es Ihnen recht, wenn ich Ihre Frage zu einem späteren Zeitpunkt beantworte?
- ▶ Das ist ein interessanter Punkt. Vielleicht können wir diese Frage nachher noch intensiver besprechen?
- ▶ Ich würde gerne diesen wichtigen Punkt zurückstellen und gleich noch einmal ausführlicher darauf eingehen. Ist das O.K.?

Entweder Sie schinden mit dieser Frage Zeit, um sich eine gute Antwort zu überlegen, oder Sie wissen zu einem späteren Zeitpunkt einfach mehr über Ihren Kunden und können seine Frage aus diesem Grund ausführlicher und besser beantworten. Manchmal klärt sich die Frage auch von selbst, oder sie wird ganz vergessen.

Gegenfragen

- ▶ Wie teuer ist das Produkt? Wie viel würden Sie investieren wollen?
- ▶ Wann können Sie liefern? Was wäre Ihnen denn angenehm?
- ▶ Dieses Argument ist nicht legitim! Welche Argumente würden Sie denn gelten lassen?
- ▶ Das ist kein triftiger Beweis! Welcher Beweis würde Sie denn überzeugen?

Bei den ersten beiden Fragen kennen Sie ja die Antwort, doch Sie behalten Ihr Ass im Ärmel und erweitern somit Ihren Verhandlungsspielraum. Ein Spitzenverkäufer weiß, dass er niemals die Antwort auf die letzten beiden Fragen kennen kann, weil jeder ein eigenes Weltmodell hat. Und wenn Sie antworten würden, dann hätten Sie Ihr Ass im Ärmel bereits vorzeitig ausgespielt.

Alternativfragen

▶ Wollen Sie eher diesen Monat mit dem Beitrag beginnen oder lieber erst im nächsten Monat?

▶ Ist Ihnen eine monatliche Zahlungsweise oder eine Einmalzahlung lieber?

▶ Wenn Sie die Immobilie kaufen würden, sollen wir sie dann davor noch einmal reinigen lassen, oder würden Sie sie so nehmen wollen?

▶ Wäre eigentlich Ihr Mann der Begünstigte oder Ihre Kinder?

Manchmal kann es sein, dass Sie, während Sie das lesen, ganz unbewusst merken, wie Ihr rechter oder linker Zeh anfängt, leicht und natürlich zu kribbeln. Wollen Sie kaufen oder kaufen? Bei dieser Frage gehen wir davon aus, dass der Kunde in jedem Fall kaufen wird. Diese Vorannahme kommt auch bei Hypnose-Induktionen vor und ist sehr wirkungsvoll, oder? Verwenden Sie diese Technik bei vollkommen nebensächlichen Entscheidungen, da wir Menschen uns leichter tun, kleine Entscheidungen zu fällen als große, oder was sagen Sie?

Multiple-Choice-Fragen

▶ Würden Sie ein Auto mit Leder-, halb Leder-, halb Stoff- oder nur mit Stoffsitzen bevorzugen?

▶ Sollte die Wohnung eher im dritten, im zweiten Stock oder lieber im Erdgeschoss sein? Oder vielleicht bevorzugen Sie etwas ganz anderes?

Diese Frage können Sie verwenden, um leichter noch weitere wertvolle Informationen zu erhalten. Manchmal kann es sein, dass der Kunde nicht viel spricht. Besser ist es dann, wenn Sie ihm eine Auswahlmöglichkeit bieten.

Suggestivfragen

▶ Sie stimmen mit mir doch sicherlich darin überein, dass ...?

▶ Sie sind doch bestimmt auch der Ansicht, dass ...?

▶ Haben Sie nicht auch die Überzeugung gewonnen, dass ...?

▶ Zeigt nicht Ihre Erfahrung als Unternehmer, dass ...?

Suggestivfragen sind offensichtlich, und eine Person, die gut geschult ist, erkennt sie selbstverständlich. Sie legen Ihrem Kunden etwas in den Schoß beziehungsweise in den Mund. Diese Suggestivfrage ist der Baustein für den effektiven Ja-Rhythmus. Später werden Sie Suggestivtechniken erleben, die so versteckt sind, dass sie kaum zu erkennen sind. Seien Sie gespannt und neugierig auf das Kapitel 3.8 „Grundlagen der Verkaufshypnose".

Beschleunigungsfragen

▶ Nur mal angenommen, wir könnten ... - würden Sie sich dann jetzt entscheiden können?

▶ Unter der Voraussetzung, dass ... - würden Sie sich heute entscheiden können?

▶ Falls wir diesen Punkt zu Ihrer Zufriedenheit klären, sind Sie dann damit einverstanden?

▶ Wenn wir diesen Punkt lösen könnten, würden Sie sich dann heute entscheiden können?

▶ Darf ich davon ausgehen, wenn wir diesen Punkt geklärt haben, dass wir den Vertrag heute abschließen können?

Mit diesen Fragen können Sie den Abschluss herbeizaubern. Manchmal fungieren solche Fragen regelrecht als Wunderinstrument und beschleunigen den Prozess des Abschlusses ganz von selbst.

Welt-Fragen

▶ Was genau verstehen Sie darunter?

▶ Was meinen Sie genau mit XY?

▶ Was bedeutet das genau für Sie?

▶ Welche Bedeutung hat das für Sie?

Die Welt-Frage ist sehr wichtig im Verkaufsprozess, weil jeder Mensch eine andere Auffassung hat. Denken Sie doch an unsere Frage nach der Welt vor wenigen Seiten. Wir Menschen leben alle in unserem Weltmodell, das bei jedem Menschen verschieden ist. Eine respektvolle und verständnisvolle Sichtweise wird Ihnen helfen, viele Menschen besser zu verstehen und leichter zu akzeptieren, dass nicht alle Menschen identische Gedanken haben.

Eingebettete Fragen

▶ Ich frage mich, wie schnell Sie sich entscheiden können.

▶ Ich habe mich schon oft gefragt, was Sie mit diesem Produkt alles machen werden.

▶ Ich habe mich gefragt, wie Sie es schaffen, leichter eine Entscheidung zu fällen.

▶ Ich frage mich, was Ihnen an unserem Produkt besonders wichtig ist.

Diese Art der Frage ist ein hypnotisches Sprachmuster und sehr wirksam in der Praxis. Wenn Sie Ihrem Kunden mehrere Fragen gestellt haben und Ihr Gespräch langsam verdächtig an ein Verhör erinnert, dann können Sie die eingebettete Frage sehr gut benutzen.

Zirkuläre Fragen

▶ Was würde Ihre Frau jetzt zu diesem Produkt sagen?
▶ Wenn Ihre Freunde und Bekannten Sie jetzt so sehen würden, was würden die zu Ihrem neuen Auto sagen?
▶ Wie würde Ihr Mann antworten, wenn er eine Lösung hätte?
▶ Wenn Ihr Steuerberater diese ganzen Steuervorteile sehen würde, was würde er Ihnen raten?

Diese Art der Frage kommt aus der systemischen Therapie und ist sinnvoll, wenn Ihr Kunde sich, aus welchem Grund auch immer, nicht entscheiden will oder kann. Es soll ja Menschen geben, die große Schwierigkeiten damit haben, Entscheidungen zu treffen. In diesen Fällen liegen Sie mit dieser Frage goldrichtig. Die Technik ist ganz einfach: Ihr Kunde versetzt sich in eine andere Person hinein, um alle einschränkenden Glaubenssätze für eine kurze Zeit außer Acht zu lassen. Somit gewähren Sie ihm eine neue Sichtweise, ohne seine Einschränkungen.

Wunderfragen

▶ Stellen Sie sich einmal vor, Sie haben wirklich Glück und es würde ein Wunder geschehen. Sie hätten über Nacht die Lösung gefunden, wie Sie es schaffen, sich leicht zu entscheiden. Wie würde die Lösung aussehen?
▶ Wenn Sie einen Zauberstab zur Hand hätten, mit dem Sie die ideale Lösung für Ihr Problem herbeizaubern könnten, welche Lösung wäre das?
▶ Nur einmal angenommen, es würde über Nacht ein Wunder geschehen und alle Bedenken wären weggefegt worden. Was hätte dies ausgelöst?
▶ Stellen Sie sich einmal vor, Sie hätten einen Zauberstab und könnten alle Zweifel, die Sie haben, einfach wegzaubern. Was hätte Sie dazu veranlasst, alles loszulassen?

Die Wunderfrage bildet nach Steve de Shazer eine Brücke zu einer Lösung, die noch nicht in Betracht gezogen wurde. Selbstverständlich ist es wichtig, dass Sie genügend Vertrauen zu Ihrem Kunden aufgebaut haben und einen guten Rapport haben. Die Wunderfrage bringt den Kunden zum Träumen und ermöglicht ihm, für kurze Zeit seine Glaubenssätze fallen zu lassen.

Skalierungsfragen

▶ Wo stehen Sie, wenn 0 Nein und 10 Ja wäre?
▶ Was würden Sie sagen, wenn es eine Skala geben würde von 0 bis 10. 0 wäre Nein und 10 wäre Ja. Wo würden Sie dann momentan stehen?
▶ Stellen Sie sich einmal vor, wir wären in der Schule und Sie könnten das Produkt benoten. Welche Note würden Sie dann diesem Produkt geben?

Die Skalierungsfrage ist sehr wirkungsvoll, um herauszufinden, wo Sie stehen. Vielleicht hat Ihr Kunde Schwierigkeiten mit dem Wort Nein und kann mit einer Zahl viel besser ausdrücken, was er möchte und was nicht. Vielleicht ermöglicht ihm eine Skalierungsfrage eine leichtere Entscheidung. Sie können diese Frage mitten in Ihrer Präsentation stellen oder wenn Ihr Kunde sagt: „Das muss ich mir noch überlegen." Ich persönlich stelle diese Frage sehr gerne, weil ich einfach wissen möchte, wo ich stehe, Sie auch?

Prozessfragen

▶ Wie sind die unternehmerischen Entscheidungsprozesse, wenn Sie eine neue Software in Ihrem Haus installieren wollen?
▶ Wie gehen Sie vor, wenn Sie eine Entscheidung in dieser Form treffen wollen?
▶ Wie entscheiden Sie sich, wenn Sie XY kaufen wollen? Müssen Sie etwas gesehen, gehört oder darüber gelesen haben oder verlassen Sie sich ganz auf Ihr Gefühl?

Die Prozessfrage ist so interessant, dass ich später noch einmal näher darauf eingehen werde. Sie haben mit dieser Frage die Möglichkeit herauszufinden, wie sich Ihr Kunde entscheiden möchte und wie seine internen Entscheidungsprozesse laufen bzw. welche Prozesse bei einer Firma durchlaufen werden, damit eine Entscheidung gefällt werden kann.

Werte-Fragen „Motiv"

▶ Warum ist Ihnen gerade das so wichtig?
▶ Warum möchten Sie die nls-Strategien so gut beherrschen?
▶ Warum möchten Sie eigentlich so eine hohe Rendite bei Ihrer Anlage haben?
▶ Warum ist Ihnen die Lage der Immobilie so wichtig?

Ich weiß, Sie denken vielleicht, bei dieser Warum-Frage muss sich der Kunde rechtfertigen, oder? Es kommt immer darauf an, wann Sie diese Frage stellen. Sie sollten diese Frage stellen, wenn Ihr Kunde gesagt hat, was für ihn an Ihrem Produkt oder Ihrer Dienstleistung wichtig ist. Erst dann erfahren Sie seine Werte, seine Motive, seinen wirklichen Beweggrund. Alles andere ist nur die Oberfläche, und Sie wollen doch bestimmt tief in Ihren Kunden hineinschauen, oder?

Ihre Werkzeugkiste ist mit diesen unterschiedlichen Fragetypen sehr gut bestückt. Wenn Sie anfangen, diese Fragen zu üben, dann steht Ihrem Erfolg nichts mehr im Wege. Ein Tennisspieler muss üben, wenn er an die Spitze kommen will. Ein Fußballspieler, der der Beste sein will, übt jeden Tag. Ein Musiker, der einen großen Auftritt vor sich hat, bereitet sich Wochen, Monate, Jahre vor, um eine Vorstellung zu bieten, die seine Zuschauer bezaubert, verführt und begeistert. Ein nls-

Seller ist nicht nur ein Verkäufer. Er lebt die Strategien, er lebt die Techniken, nls ist seine Philosophie. Im Folgenden gebe ich Ihnen einen Leitfaden, wie Sie vorgehen können, um an die Spitze zu gelangen – und das ganz schnell.

1. Fragen zur Person/Sache

▶ Was machen Sie beruflich?
▶ Wie viele Mitarbeiter haben Sie in Ihrem Unternehmen?
▶ Welche EDV-Anlage verwenden Sie zurzeit in Ihrem Unternehmen?
▶ Welche Anlageformen haben Sie zurzeit?

2. Fragen nach seinen Zielen

▶ Welche Anforderungen stellen Sie an eine neue EDV-Anlage?
▶ Welche Erwartungen haben Sie an eine Geldanlage-Möglichkeit?
▶ Wie sollte Ihre ideale Immobilie sein?
▶ Wie sollte Ihr PKW idealerweise sein?

3. Die Fragen nach seinen Zielen im Fluss halten

▶ Gibt es außerdem noch etwas?
▶ Gibt es sonst noch etwas?
▶ Was noch?
▶ Welche Wünsche haben Sie noch?

4. Fragen zur „Welt"

▶ Was verstehen Sie unter ...?
▶ Was meinen Sie genau mit ...?
▶ Wie soll ich das verstehen?
▶ Was verstehen Sie unter XY genau?

5. Fragen zur Priorität

▶ Welcher der genannten Punkte ist für Sie der wichtigste?
▶ Welcher dieser Punkte ist der wichtigste für Sie?
▶ Was hat für Sie die oberste Priorität?
▶ Welcher Punkt ist für Sie der wichtigste?

6. Fragen nach dem Motiv

▶ Warum ist gerade XY so wichtig für Sie?

▶ Warum ist dieser Punkt XY ausschlaggebend?

▶ Warum legen Sie so viel Wert auf XY?

▶ Warum möchten Sie die nls-Strategie so gut beherrschen?

7. Zusammenfassung

▶ Wenn ich Sie richtig verstanden habe (Backtracking), sind Ihre wichtigsten Anforderungen …

▶ Also heißt das für Sie (Backtracking), die wichtigsten Punkte sind …, oder?

▶ Habe ich Sie da richtig verstanden (Backtracking), dass … die wichtigsten Punkte sind?

▶ Es würde also Ihre Entscheidung sehr erleichtern, wenn (Backtracking) … enthalten ist?

8. Testabschluss

▶ Nur einmal angenommen, wir könnten …, würden Sie dann jetzt entscheiden/ kaufen/bestellen können?

▶ Falls wir diesen Punkt geklärt haben, machen Sie es dann?

▶ Wenn wir diesen Punkt …, würden Sie dann …?

▶ Vorausgesetzt, wir finden eine Lösung, würden Sie dann bestellen/kaufen?

Mit dieser Strategie kommen Sie nicht nur schnell zum Punkt. Sie ermitteln auch, wo Sie stehen und ob Ihr Kunde bereit für den Abschluss ist. Das ist eine wertvolle und wirkungsvolle Struktur, die Sie immer wieder an Ihre Verkaufssituation anpassen können. Bedenken Sie, es gibt keinen perfekten Leitfaden, weil jeder nls-Seller und jeder Kunde anders ist. Ihre Flexibilität im Verkaufsprozess trägt maßgeblich zu Ihrem Erfolg bei. Seien Sie also so flexibel, wie es verschiedene Menschen gibt.

Die versteckten Botschaften Ihrer Kunden erkennen

Auf den folgenden Seiten werden Sie lernen, dass hinter jedem Wort, das Ihr Kunde sagt, mehr steckt, als Sie hören und er vielleicht wirklich sagen möchte. Jeder Mensch, der sich mit Kommunikation beschäftigt, weiß, dass hinter einem Wort mehr steckt, als es den Anschein hat. Welche Informationen ein Mensch auch sendet, es kann passieren, dass der Empfänger vollkommen andere Informationen erhält.

Jetzt sprechen wir über unsere Filtersysteme. Diese Filtersysteme sind manchmal sehr hilfreich und manchmal auch einschränkend. Für die Nichtübereinstimmung sind drei Gestaltungsprozesse verantwortlich, die unser Weltmodell konstruieren. Alles, was wir in unserer Umwelt wahrnehmen, durchläuft mindestens eines der drei Filterprogramme:

1. Tilgung
2. Verzerrung
3. Generalisierung

Jedes Erlebnis, jedes Gespräch und jede einzelne Äußerung durchläuft diesen Filterprozess: Entweder Sie tilgen etwas davon, lassen also einen Teil weg. Oder Sie verzerren, das heißt, Sie interpretieren etwas ganz anderes in die Äußerung hinein und speichern so nicht mehr das ab, was Ihr Gegenüber gesagt hat, sondern das, was Sie daraus gemacht haben. Die dritte Möglichkeit: Sie generalisieren und machen aus einer Äußerung eine Verallgemeinerung; eine allgemeingültige Aussage. Wenn Sie einmal in England waren und ein oder zwei Engländer ziemlich steif und sehr akkurat waren, dann sind für Sie ab diesem Zeitpunkt alle Engländer steif und akkurat. Wir tilgen Äußerungen, wir verzerren Äußerungen und wir generalisieren Äußerungen. Das sind unsere Filter, durch die alle Informationen hindurch müssen, bevor sie vom Gehirn tatsächlich aufgenommen und verarbeitet werden können. Diese Filter haben zusätzlich auch noch Einfluss darauf, welche Äußerungen wir wieder nach außen abgeben.

Die Prozesse des Gehirns

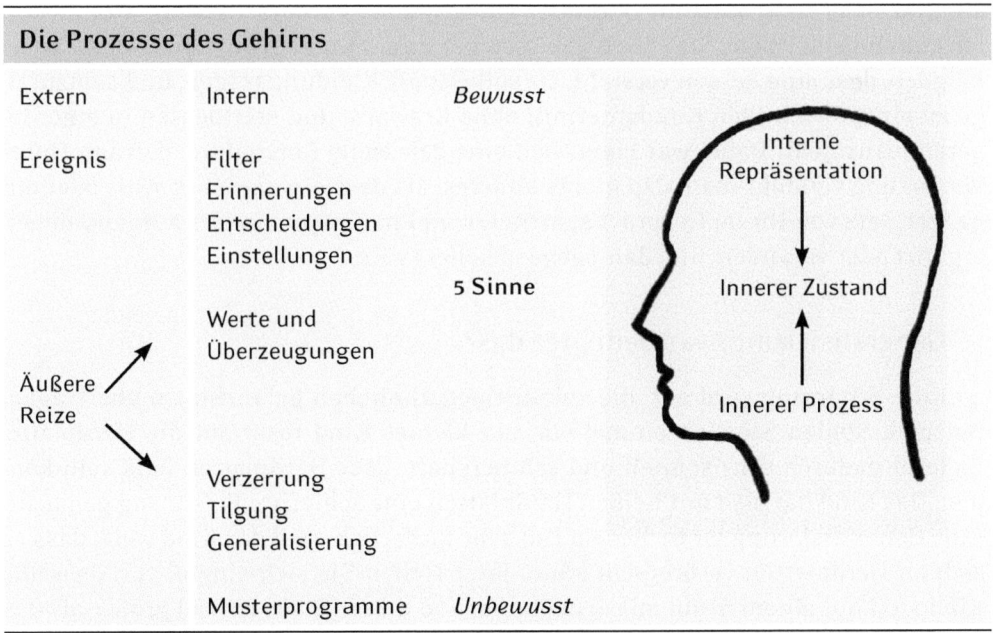

Tilgung, was bedeutet das?

Stellen Sie sich einmal vor, Sie befinden sich in einem Raum, in dem ziemlich viele Menschen sind, und Sie führen mit einem Gesprächspartner eine intensive und interessante Diskussion. Die gesamte Geräuschkulisse um Sie herum ist sehr laut, alle sprechen. Sie wollen sich jedoch auf diesen einen Gesprächspartner konzentrieren. Wenn Sie besonders konzentriert zuhören, tilgen Sie alles um sich herum. Sie konzentrieren sich vollkommen auf Ihren Gesprächspartner. Sie nehmen also nur noch wahr, was dieser Ihnen sagt. Stellen Sie sich nun einmal vor, Sie sitzen mit Ihrem Partner zusammen und unterhalten sich. Ständig laufen bei uns intern verschiedene Gedankenprozesse ab. Das heißt, wir denken permanent – an die Arbeit, an den Ärger beim Einkaufen, an das Programm am Wochenende. Ihre Frau oder Ihr Mann sagt jetzt zu Ihnen: „Ich liebe dich." Sie sind aber so in Gedanken, dass Sie genau diesen entscheidenden Satz einfach tilgen, weglassen. Und dann wundern Sie sich, warum Ihr Partner Sie nicht liebt oder es zumindest nicht sagt. Dabei haben Sie diese entscheidenden Worte und den damit verbundenen Sinn einfach getilgt.

Verzerrung, was bedeutet das?

Gewisse Informationen oder Satzteile werden nicht komplett wahrgenommen, sondern beim Gegenüber verändert abgespeichert. Zum Beispiel: Stellen Sie sich vor, Sie stehen in einer Galerie und betrachten gemeinsam mit anderen Menschen ein Bild. Jeder sieht dasselbe Bild, doch alle nehmen es unterschiedlich wahr. Wenn ich zum Beispiel sage, Sie sollen gelassen bei Ihrem Kunden auftreten, dann ist es möglich, dass eine Person versteht, sie solle legere Kleidung tragen, und demzufolge zu einem wichtigen Kundentermin ohne Krawatte und stattdessen in einer legeren Jeans geht. Dabei war eigentlich eine gelassene Einstellung gefragt. Unter Verzerrung versteht man also nichts anderes, als dass ein gewisses Wort oder ein ganzer Satz von Ihrem Gesprächspartner, vom Empfänger, anders aufgenommen, ergänzt oder verändert und dann abgespeichert wird.

Generalisierung, was bedeutet das?

Eine Erfahrung wird auf alle zukünftigen ähnlichen Erfahrungen übertragen. Beispiel: Stellen Sie sich einmal vor, ein kleines Kind fasst auf die Herdplatte. Es lernt dadurch sehr schnell und schmerzhaft, dass Herdplatten heiß sein können. Das Kind hat also mit heißen Herdplatten eine schlechte Erfahrung gemacht. Eine Generalisierung ist in diesem Fall sehr förderlich, weil das Kind weiß, dass es sich an Herdplatten verbrennen kann. Jetzt stellen Sie sich einmal vor, dasselbe Kind sitzt auf einem Stuhl mit Armlehnen, und dieser Stuhl ist viel größer als das

Kind. Nun fällt dieses Kind hin, mit diesem Stuhl. Seit diesem Erlebnis denkt dieses Kind, alle Stühle dieser Art bringen es zum Hinfallen. Es kommt also zu einer Generalisierung, einer Verallgemeinerung, basierend auf einer spezifischen Situation. So können dann Glaubenssätze, Einschränkungen auftauchen. Stellen Sie sich einmal vor, ein Jugendlicher, 18 Jahre alt, macht seinen Autoführerschein und kauft sich ein älteres Auto. Dieses Auto hat stark abgenutzte Stoßdämpfer. Der junge Mann fährt mit diesem Auto durch eine Kurve und plötzlich, ganz unerwartet, bricht das Auto aus, so stark, dass der noch unerfahrene Autofahrer einen Schock bekommt. Er schlussfolgert aus dieser Situation: Alle alten Autos sind gefährlich. Das ist eine Generalisierung, die eine schützende Funktion haben kann, die aber auch zu einschränkenden Überzeugungen und Glaubenssätzen führen kann. Sie besuchen einen Kunden. Der Kunde hatte in der Vergangenheit eine Erfahrung gemacht, bei der ihn ein Verkäufer über den Tisch gezogen hat, ihm unbedingt etwas verkaufen wollte, und man sah, dass er nur auf seine Provision aus war und dem Kunden gar nicht helfen wollte. Der Kunde generalisiert und sagt: „Alle Verkäufer wollen nur ihre Provision."

Durch diese Beispiele und die Informationen über die Filter wissen Sie jetzt, dass jeder Mensch in seinem eigenen Weltmodell lebt. Jeder Mensch interpretiert bestimmte Sachverhalte individuell und anders als andere Personen. Stellen Sie sich einmal Zwillinge vor, zwei Menschen, am gleichen Tag geboren, sie haben gleiche Familien, die gleiche Umgebung, gleiche Verwandte, sind in der gleichen Klasse, der gleichen Schule und später auch in der gleichen Ausbildung. Doch jeder der Zwillinge hat ein anderes Weltmodell und eine eigene Interpretation. Es kann sein, dass einer von ihnen eine besondere Erfahrung gemacht hat, die dann zu einer Generalisierung führte. Oder zu einer Tilgung oder zu einer Verzerrung. Es ist sehr wichtig zu erkennen, dass jeder Mensch in seinem eigenen Weltmodell lebt. Sie als Top-Kommunikator, als Spitzenverkäufer, als nls-Seller sollten wissen, dass jeder Mensch in seiner eigenen Welt lebt und seine eigenen Generalisierungen, Tilgungen oder Verzerrungen immer als Filter bei sich trägt. Stellen Sie sich einmal vor, Sie können jetzt an dem, wie Ihr Kunde etwas sagt, heraushören, ob er in der Vergangenheit eine Generalisierung, vielleicht sogar eine Tilgung oder eine Verzerrung kreiert hat und deswegen jetzt auf Ihr Produkt, Ihre Argumentation oder auf Sie als Verkäufer oder Sonstiges so reagiert, wie er reagiert. Wenn Sie jetzt die Wichtigkeit der Filtersysteme erkannt haben und erahnen, welche Auswirkungen Tilgung, Generalisierung und Verzerrung auf Ihren gesamten Verkaufsprozess haben, dann haben Sie wahrlich schon einen großen Schritt getan.

Spezifische Sprachmodelle im Überblick		
Universalaussage	Einzelerfahrungen werden verallgemeinert.	Alle, immer, jeder, nie
Bewertung	Situationen werden als unausweichlich dargestellt, es deutet auf Regeln hin.	Sollte, muss, könnte, dürfte, notwendig
Vergleiche	Es fehlt, womit verglichen wird.	Zu teuer, teurer, zu groß, größer
Verlorene Sprecher	Die Aussage hat keinen Sprecher. Es ist unklar, wer etwas gesagt hat.	Man, wir, die da, Äpfel sind gesund, man kauft nicht …
Unspezifische Verben	Die Bedeutung des Verbs ist unklar.	Ich werde meinen Chef dazu bewegen.
Unspezifische Substantive	Die Bedeutung des Substantivs ist unklar.	Es ist sehr effizient, wir haben eine Umsatzsteigerung.

Schauen wir uns die spezifischen Sprachmodelle doch einfach einmal im Detail an: Es gibt z. B. eine **Universalaussage**. Hier werden einzelne Erfahrungen verallgemeinert.

▶ Beispiele:
- ▶ Alle Frauen gehen gerne shoppen.
- ▶ Jeder Mann liebt Fußball.
- ▶ Alle kaufen immer im Sommer eine Immobilie.
- ▶ Ich mache das schon immer so.
- ▶ Ich kaufe nie am Telefon.

Bei der **Bewertung** werden Situationen als unausweichlich dargestellt. Die Aussagen deuten auf Punkte hin, die irgendwann einmal allgemeingültige Regeln wurden. Beispiele: „Das sollte man so machen." Oder: „Das müssen wir so machen." Das bedeutet, dass dieser Mensch irgendwann in seiner Vergangenheit von einem anderen Menschen einmal gehört hat, dass etwas nur so oder eben nicht geht. Diese Regel bestimmt jetzt seine Entscheidung! Die Frage könnte lauten: „Was würde geschehen, wenn Sie es doch machen würden?" Wir bewegen ihn dazu, dass er seine eingebauten Regeln nur im Kopf überschreitet. Es ist außerdem interessant zu wissen, wie wichtig Ihrem Kunden die unterschiedlichen Produktmerkmale sind. Für den nls-Seller sind dies entscheidende Faktoren, denn durch derartige Aussagen sind Regeln erkennbar, die für den Kunden eine hohe Priorität haben.

Im nächsten Schritt betrachten wir **Vergleiche**. Aussagen wie „zu teuer", „zu groß" oder Superlative deuten darauf hin, dass Ihr Kunde im Unterbewusstsein oder im klaren Bewusstsein einen Gegenstand oder eine Dienstleistung mit etwas anderem vergleicht. Ein Beispiel, das Sie sicher alle kennen. Wie interpretieren Sie die Aussage Ihres Kunden „Der Preis ist mir zu hoch!"? Der will nichts kaufen. Aber was heißt das eigentlich? Was bedeutet die Kundenaussage „Das ist mir zu teuer!"? Zu teuer! Das Wort „zu" gibt Ihnen zu verstehen: Dieser Mensch sagt mir nicht alles, er tilgt einen Teil seiner Äußerung; doch nicht bewusst, sondern meist unbewusst. Im Vergleich zu was? Das heißt, Ihr Kunde vergleicht Ihr Angebot (unbewusst) mit einer (vielleicht vergleichbaren) Ware, die er in der Vergangenheit erstanden hat. Oder er vergleicht das Angebot mit Informationen aus Presse und Rundfunk oder ganz einfach mit seiner Vorstellung. Ein anderes Beispiel: „Dieses Auto ist wirklich das allerbeste Auto!" Was heißt das? Auch hier vergleicht Ihr Gesprächspartner! Er hat das Auto schon einmal getestet und andere vorher und zieht seinen Schluss daraus. Bei derartigen Aussagen fehlt meist das, womit verglichen wird.

Beim **verlorenen Sprecher** ist nicht bekannt, wer eine Aussage gemacht hat. Beispiel: „Man kauft bei dieser schlechten wirtschaftlichen Lage keine Immobilie!" Wer sagt das? Der Sprecher, die Person, die es eigentlich sagt, wird nicht genannt!

Bei **unspezifischen Verben** ist die Bedeutung des Verbs unklar. Beispiel: „Ich werde meinen Chef dazu bewegen." Wohin bewegen, zu was bewegen, was genau bewegen? Was verstehen Sie denn unter bewegen? Dieses Verb ist tatsächlich so unspezifisch, dass Sie es hinterfragen müssen, um die Aussage zu verstehen.

Gleiches gilt für **unspezifische Substantive**, z. B.: „Wir haben eine Umsatzsteigerung!" Hier ist das Hauptwort nicht genauer definiert. Um wie viel Prozent? Entsprach die Umsatzsteigerung den Erwartungen? Alle Substantive, die Sie nicht in eine Kiste legen können, sind unspezifische Substantive.

Spezifische Sprachmodelle hinterfragen		
Universalaussage	Alle, immer, jeder, nie. Wir kaufen immer von Firma XY.	Suchen Sie nach Ausnahmen! Wirklich immer? Haben Sie schon einmal woanders gekauft?
Bewertung	Sollte, muss, könnte, dürfte, notwendig. Es muss eine 100 m² Wohnung sein. Ich kann nicht kündigen.	Grenzen überschreiten. Was hindert Sie daran? Was würde passieren, wenn Sie eine Wohnung finden, die Ihnen gefällt und die keine 100 m² hat?
Vergleiche	Zu teuer, teurer, zu groß, größer. Das Angebot ist zu teuer. Ein Mercedes ist besser.	Mit was wird verglichen? Im Vergleich zu was ist es zu teuer? Besser als was?
Verlorene Sprecher	Man, wir, die da. Man kauft nicht im Sommer.	Wer ist der Sprecher? Wer sagt das? Wer ist man?
Unspezifische Verben	Ich werde meinen Chef dazu bewegen.	Wie wollen Sie ihn dazu bewegen? Was meinen Sie mit bewegen?
Unspezifische Substantive	Die Effektivität sollte gesteigert werden.	Was meinen Sie genau mit Effektivität? Was verstehen Sie darunter?

Übungen zu den spezifischen Sprachmodellen

Üben Sie, um Ihre Fähigkeiten zu erweitern und damit Sie bei Ihren Kunden und Ihren Mitmenschen leichter erkennen können, welche Tilgung, Verzerrung, Generalisierung stattfindet und welche versteckten Botschaften mitgeteilt werden. Hinterfragen Sie den Satz so lange, bis Sie die Tiefenstruktur erkannt haben.

1. Ein Porsche ist **besser**.

_____
_____
_____

2. Ihre Sicherheitsanlage ist **zu** teuer.

_____
_____
_____

3. **Eigentlich sollte man** dieses Werkzeug haben.

_____
_____
_____

4. Ich **fühle** mich nicht wohl bei **dieser Sache**.

_____
_____
_____

5. **Man** hat mir erzählt, dass die **Ware zu** teuer ist.

_____
_____
_____

6. **Alle** Verkäufer denken nur an ihre Provision.

_____
_____
_____

7. Ihre Firma hat immer die höchsten Preise.

_____
_____
_____

8. Man **sollte** eine **effektive Anlage haben**.

_____
_____
_____

9. Dieser Fonds wird **niemals** so eine **hohe** Rendite abwerfen.

_____
_____
_____

10. So eine komplexe Maschine kann doch **keiner** bedienen.

_____

_____

_____

11. Wir **müssen** dieses Jahr **die Ausgaben reduzieren.**

_____

_____

_____

12. Ich **sollte** auf meine Frau hören.

_____

_____

_____

13. Ich **kann jetzt keine Entscheidung treffen.**

_____

_____

_____

14. **Die Bedingungen sind nicht annehmbar.**

_____

_____

_____

15. **Wer nicht zum Kunden geht, hat keinen Erfolg.**

_____

_____

_____

Bei allen spezifischen Sprachmodellen gilt es, diese zu hinterfragen und eine Ausnahme in der Regel zu suchen. Für Ihren Kunden bedeutet eine Regel nämlich nur eins: Er geht mit seinen Gedanken nur genau bis zu diesem spezifischen Punkt. Er hat in seinem Kopf sozusagen eine Blockade. Wenn Sie jetzt nur sagen: „Was würde denn passieren, wenn Sie diesen Schritt gehen?", bringen Sie ihn erst einmal dazu, über diese gedankliche Mauer zu springen. Und wenn er erst einmal über diese Mauer gesprungen ist, dann haben Sie die Möglichkeit, effektiv mit ihm zu arbeiten, dann ist er geöffnet und denkt oder sagt: „Ja, eigentlich ...!"

Das nächste Kapitel wird Sie verzaubern, und Sie werden jetzt bestimmt noch einen Quantensprung machen. Sie werden verwundert sein, welche Fähigkeiten Sie mit Verkaufslinguistik erreichen können. Wie wäre es für Sie, wenn Sie hinter die Sprache blicken könnten und langsam verstehen, was alles hinter den gesprochenen Worten und Sätzen Ihrer Kunden steckt? Doch zuvor noch eine kurze Zusammenfassung der spezifischen Sprachmuster, des Metamodells der Sprache.

Zusammenfassung: Kunden richtig einschätzen und Salz in die Wunde streuen (Step 5)

▶ Wir nehmen unser Umfeld mit unseren Sinnen unvollständig wahr, unsere Vorstellung von der Welt (die Landkarte) ist nicht mit der Realität (dem Gebiet) identisch.

▶ Für die Nichtübereinstimmung sind drei Gestaltungsprozesse verantwortlich, die unser Weltmodell konstruieren: Tilgung, Verzerrung, Generalisierung.

▶ Verwenden Sie möglichst viele Fragen, um die Welt Ihres Kunden besser kennen zu lernen.

▶ Unsere Sprache ist eine der wichtigsten Möglichkeiten, menschliche Erfahrungen auszudrücken und sich miteinander zu verständigen. Da wir zur Mitteilung unserer Erfahrungen meist verkürzte Varianten nutzen, entfallen gewisse Äußerungen. Um das Gehörte zu verstehen, ergänzen wir unbewusst die Äußerung. Das führt zu Missverständnissen im Kommunikationsprozess.

3.6 Kunden charakterisieren und Denkmuster erkennen

Wie wir im vorigen Kapitel bereits besprochen haben, haben wir Menschen gewisse Filterprogramme: Verzerrungen, Tilgungen und Generalisierungen. Die Menge an Daten, das heißt das, was wir sehen, hören, fühlen, riechen und schmecken, ist durch die Reizüberflutung ungenau. Bei Stress oder Ähnlichem ist unsere Wahrnehmung noch um einiges eingeschränkter, unsere Aufmerksamkeitskapazität ist stark beeinträchtigt. Für uns als nls-Seller gilt es deshalb, in einem guten Zustand zu bleiben, um eine scharfe Beobachtungsgabe zu besitzen.

Musterprogramme zeigen uns, wie wir auf spezifische Weise verzerren, tilgen und generalisieren. Das heißt, jeder Mensch verzerrt, tilgt und generalisiert mit seinen spezifischen Musterprogrammen. Diese Musterprogramme bestimmen, wie wir auf eine jeweilige Situation reagieren, was selbstverständlich von dem jeweiligen Kontext und der Situation abhängig ist. Die Musterprogramme entscheiden, für was wir uns interessieren und auf was wir unsere Aufmerksamkeit lenken. Sie sind die Bausteine unserer Persönlichkeit.

Was ist unter Persönlichkeit zu verstehen? Wir Menschen sind auf der psychologischen Ebene verschieden. Stellen Sie sich einmal vor, Sie wollen sich mit Freunden und Bekannten treffen, Sie sitzen in einer gemütlichen Runde und unterhalten sich. Sie kennen die Personen und Sie wissen auch, wie die Einzelnen reagieren, wenn Sie ein bestimmtes Thema ansprechen. Auch Ihre Freunde und Bekannten kennen Sie und wissen ebenfalls, wie Sie reagieren. Jeder Mensch hat schließlich gewisse Vorlieben, Denkweisen und Musterprogramme.

Normalerweise erkennen wir selbst nicht, dass wir gewisse Musterprogramme oder Gewohnheiten haben. Doch unsere Freunde und Bekannten können es von außen viel leichter sehen oder hören, genauso wie Sie es bei anderen leicht wahrnehmen. Das Wissen, wie wir Menschen auf gewisse Informationen reagieren, ermöglicht es uns, eine gewisse Vorhersage über Präferenzen und Abneigungen, über Stärken und Schwächen zu machen. Beim Sortieren von Informationen gibt es kein Falsch oder Richtig. Für die Bewertung unserer Ereignisse stehen uns unsere Werte zur Verfügung. Die Werte ermöglichen uns, unsere Handlungen als richtig oder falsch zu sortieren, als schlecht oder gut einzustufen. Wenn wir die Werte unserer Kunden erkennen, dann ist es auch leicht, sie zu etwas zu motivieren.

Von Musterprogrammen, Werten und Denkweisen

Die Werte sorgen dafür, dass wir uns entweder von etwas weg oder auf etwas zu bewegen, aber sie sind nicht so stark wie die Musterprogramme. Wenn Sie die Kaufmuster Ihrer Kunden erkennen, dann wird es für Sie einfach sein, Ihre Informationen so zu organisieren und zu strukturieren, dass Sie jede Persönlichkeit leichter überzeugen können. Ich ordne die Musterprogramme in vier verschiedene Kategorien ein: Motivationsmuster, Überzeugungsmuster, Verarbeitungsmuster und Beziehungsmuster.

Angenommen, Sie machen eine Weltreise mit Ihrem Partner oder Ihrer Partnerin. Glauben Sie nicht auch, dass jeder von Ihnen etwas anderes wahrnehmen würde? Entweder Sie achten darauf, wie die Menschen auf Sie wirken oder wie Sie auf die Menschen wirken. Entweder Sie möchten erst einmal einen Gesamtüberblick über das Land haben, das Sie bereisen, oder Sie achten gleich auf die kleinsten Details, die es in diesem Land gibt. Sie merken vielleicht, dass es große Unterschiede gegenüber Ihrem Heimatland gibt, oder Sie erkennen, dass viele Ähnlichkeiten bestehen. Ihr Urteil hängt davon ab, wie Sie Informationen verarbeiten und wahrnehmen.

Die Musterprogramme sind verantwortlich dafür,
wie Sie verzerren, tilgen und generalisieren.

Die Kaufmuster des Kunden erkennen

Um die Kaufmuster unserer Kunden zu erkennen und zu entschlüsseln, müssen wir unsere Informationen organisieren und strukturieren. Wir Menschen sind einer permanenten Reizüberflutung ausgesetzt. Aus diesem Grund haben wir Musterprogramme aufgebaut.

Wenn wir einen Raum betreten und zu unserem Gesprächspartner gehen, fragen wir uns ja auch nicht, ob die Decke hält oder uns auf den Kopf stürzt. Wir konzentrieren uns auf andere Dinge, wie etwa den Weg und unser Ziel, ob Gegenstände im Weg liegen oder darauf, wie viele Personen sich in dem Raum befinden. Wir achten auf Details oder nehmen einen Gesamteindruck vom Raum wahr, wir sehen ähnliche oder unterschiedliche Dinge. Wir Menschen entwickeln auch in unserem Kaufverhalten solche Muster, um Zeit und Energie zu sparen.

Für Kunden gibt es viele Möglichkeiten, eine Entscheidung zu treffen. Bei manchen spielt der Preis eine Rolle, bei anderen der Vorteil oder der Nutzen und wieder bei anderen geht es maßgeblich darum, was sie alles verpassen könnten. Deshalb ist es enorm wichtig, die Argumentation und Präsentation genau auf jeden einzelnen Kunden und die entscheidenden Punkte auszurichten, um eine Kaufentscheidung herbeizuführen.

Beim Herauskristallisieren der Musterprogramme kommt es nicht auf den Inhalt an, sondern es geht um den Prozess. Wie wird die Information verarbeitet oder wie entscheidet mein Kunde?

Wenn Sie jetzt denken, dass Sie mit dieser Strategie die Entscheidungsprozesse erkennen und verschiedene Persönlichkeitstypen besser einschätzen oder sogar vorausahnen können, wie Ihr Kunde reagiert, dann haben Sie richtig gedacht. Genau darum geht es jetzt. Wenn Sie wissensdurstig und wissbegierig sind, dann ist das etwas ganz Natürliches.

Musterprogramme im Überblick			
Motivationsmuster	Zugehörigkeit	Macht	Leistungen
	auf etwas zu		von etwas weg
Überzeugungsmuster	VAK		Wiederholung
	Interne		Externe
Verarbeitungsmuster	Detail		global
	Gleichheit		Gegenteil
Beziehungsmuster	sachorientiert		menschenorientiert
	ichbezogen		anders bezogen

1. Motivationsmuster

Motivationsmuster sind **Zugehörigkeits-, Macht- und Leistungsmuster.**

Zugehörigkeitsorientierte Menschen versuchen, die Beziehungen zu ihren Mitmenschen sehr harmonisch zu gestalten. Für diese Persönlichkeitstypen sind die Beziehungen zu ihren Mitmenschen das Wichtigste in ihrem Leben. Sie richten ihre Aufmerksamkeit und ihr Verhalten darauf aus, dass sie eine gute, harmonische Beziehung aufbauen wollen.

Machtorientierte Menschen streben in ihrem Leben persönliche Macht an. Diese Menschen wollen ihre Macht erweitern und systematisch ausbauen.

Leistungsorientierte Menschen wollen in ihrem Leben etwas erreichen, sie wollen Leistung bringen, sie wollen Dinge verändern oder Neues erschaffen. Das ist für leistungsorientierte Menschen das Wichtigste in ihrem Leben.

Sie können sich sicher vorstellen, was passieren würde, wenn sich diese drei Gruppen treffen. Sie würden sich vielleicht nicht verstehen, und sie kämen sich sicherlich auch deplatziert und fremd vor, weil jeder von ihnen eine andere Motivationsstrategie hat. Da kann sehr leicht der Gedanke aufkommen, dass die Handlung des anderen unmoralisch, minderwertig oder sogar bedenklich ist.

Der zugehörigkeitsorientierte Mensch hält von dem machtorientierten Menschen gar nichts, empfindet dessen Tun als unmoralisch. Den leistungsorientierten Menschen stuft er als oberflächlich oder kalt ein.

Der machtorientierte Mensch denkt über den zugehörigkeitsorientierten Menschen, dass dieser ein „Weichei" sei und benutzt den leistungsorientierten Menschen, um seine Ziele zu erreichen. Der leistungsorientierte Mensch denkt über

Macht und den zugehörigkeitsorientierten Menschen, dass dieser ihm als Mittel zum Zweck dient, um ein bestimmtes Ziel zu erreichen. Diese beiden Typen haben eher ein neutrales Verhältnis.

Fragen

▶ Was ist für Sie das Wichtigste in Ihrem Leben?
▶ Was wäre Ihnen wichtig in Ihrem Leben?
▶ Was ist für Sie bedeutend in Ihrem Leben?

Auf etwas zu, von etwas weg

Bei diesem Muster kommt es darauf an, wie sich ein Mensch selbst motiviert. Was bewegt ihn dazu, etwas zu tun? Wenn Sie beispielsweise den Gang zum Zahnarzt betrachten, gibt es Menschen, die gehen zum Zahnarzt, um mögliche Schmerzen zu vermeiden. Es gibt aber auch andere, die gehen, weil sie möglichst lange gesunde und schöne Zähne haben wollen. Es sind zwei völlig unterschiedliche Motivationsrichtungen. Der eine will etwas vermeiden, und der andere will etwas erreichen. Personen, die auf etwas zugehen, brauchen die Karotte vor ihrer Nase, sie lassen sich von ihren Zielen motivieren. Sie brauchen eine Belohnung oder Anerkennung, wenn sie ihr Ziel erreicht haben. Personen, die von etwas weggehen, wollen etwas vermeiden, was möglicherweise eintreten könnte. Diese Muster sind eng mit den Werten verbunden. Sie sagen aus, ob eine Person sich von einem Wert weg- oder zu einem Wert hinbewegt.

Fragen

▶ Was ist Ihnen bei XY (Wert) wichtig?
▶ Ist es wichtiger, X zu erreichen oder Y zu vermeiden?

Sprachmuster

Auf etwas zu:

▶ Sie sprechen über das, was sie gewinnen, erreichen oder bekommen können.
▶ Sie reden über das, was sie haben oder erreichen wollen.
▶ Wenn ich ein Ziel vor Augen habe, erreiche ich es auch meistens.

Von etwas weg:

▶ Sie sprechen über das, was sie vermeiden oder loswerden möchten.
▶ Sie reden viel über Probleme.
▶ Ich möchte nicht arbeitslos werden.
▶ Ich möchte nicht erfolglos sein.

Körpersprache

Auf etwas zu:

▶ Zeigt auf etwas oder nickt mit dem Kopf in eine bestimmte Richtung.

Von etwas weg:

▶ Sie machen wegschiebende Gesten und schütteln oft verneinend mit dem Kopf.

2. Überzeugungsmuster

VAKOG-D-Muster

Wir haben im vorigen Kapitel darüber gesprochen, dass jeder seine Umwelt mit seinem bevorzugten Sinneskanal wahrnimmt (sehen, hören, fühlen, schmecken, riechen und neu lesen). Das wird auch das VAKOG-D-Muster genannt. Die Abkürzung VAKOG ist gebildet aus den Anfangsbuchstaben der verschiedenen Kanäle: visuell, auditiv, kinästhetisch, olfaktorisch, gustatorisch. Der Buchstabe „D" steht für digital.

Für Sie als nls-Seller geht es nun darum herauszufinden, in welcher Reihenfolge sich der Kunde selbst überzeugt. Das heißt, muss er erst etwas darüber lesen, dann will er es sehen, oder will er gleich das richtige Gefühl dafür haben? Stellen Sie sich bitte einmal vor, Sie stehen vor der Entscheidung, einen neuen Computer zu kaufen. Als Erstes informieren Sie sich und holen sich die Testergebnisse von Stiftung Warentest. Dann gehen Sie vielleicht in einen Laden, um die verschiedenen Geräte live zu sehen, und kaufen nach einer kurzen Beratung eines davon. Wie entscheiden Sie sich? Lesen Sie zuerst Fachzeitschriften? Fragen Sie einen Bekannten, der schon länger mit einem der Computer arbeitet? Gehen Sie in ein Fachgeschäft und lassen sich beraten? Oder gehen Sie ganz spontan zum Discounter, weil der gerade heute einen Computer mit allem Drum und Dran im Angebot hat? Der entscheidende Punkt liegt in der Prozessfrage: Wie entscheiden Sie sich zum Beispiel, dieses oder jenes zu tun? Müssen Sie

▶ etwas sehen,
▶ etwas hören,
▶ etwas gelesen haben,
▶ etwas gefühlt haben,
▶ etwas getestet haben

oder alles zusammen? Und in welcher Reihenfolge gehen Sie vor? Denn auch das ist wichtig, wenn Sie als nls-Seller die Kaufmuster Ihrer Kunden erkennen wollen. Wenn ein Kunde beispielsweise erklärt, dass er immer folgende Stufen

▶ erst lesen,

- dann anschauen,
- dann fachkundige Beratung,
- dann Kaufentscheidung

durchläuft, hat er Ihnen ganz genau sein individuelles Kaufmuster verraten.

Fragen

- Woher wissen Sie, dass dieses Produkt genau das Richtige für Sie ist?
- Woran merken Sie, dass dieses Produkt das Richtige ist?
- Müssen Sie darüber etwas gelesen, etwas davon gehört, es gesehen oder damit gearbeitet haben, damit Sie davon überzeugt sind?

Sprachmuster

- Kann ich mal die Gebrauchsanweisung von diesem Computer sehen?
- Könnte ich mal mit dem Auto eine Probefahrt machen?

Wiederholungsmuster

Sie haben gerade gelesen, dass wir ein VAKOG-D-Muster haben. Nun geht es um die Wiederholung dieses Musters. Es kann sein, dass jemand in zwei oder drei Geschäfte gehen will, um das Produkt zweimal zu sehen oder zwei Beratungen zu bekommen. Die Häufigkeit spielt also auch eine Rolle. Wie oft muss er es gesehen, gehört, gefühlt, gerochen, geschmeckt und gelesen haben, um sich zu entscheiden oder davon überzeugt zu sein? Wenn Sie das herausgefunden haben, wissen Sie, wie oft Sie einen Kunden besuchen oder telefonisch erreichen sollten, bis er überzeugt ist.

Wenn Sie wissen, wie sich Ihr Kunde entscheidet, dann wissen Sie auch, wie sein Überzeugungsmuster ist, wie er sich also selbst von einer Sache überzeugt. Zusätzlich können Sie natürlich noch nachfassen und ihn fragen: „Wie oft müssen Sie etwas lesen oder wie oft müssen Sie etwas hören oder wie oft müssen Sie etwas machen, damit Sie sich hundertprozentig für diese Sache entscheiden können?" Es gibt Menschen, die brauchen eben mehrere Impulse, um endgültig etwas zu kaufen. Das sollten Sie wissen, um nicht vielleicht nach dem ersten Termin bereits aufzugeben. Wie entscheidet der Mensch? Die Antwort auf diese Frage ist sehr, sehr wichtig!

Fragen

- Wie oft müsste es demonstriert werden, damit Sie überzeugt wären?
- Wie oft sollte es dargestellt werden, damit Sie überzeugt sind?

Interne oder externe Entscheider

Hier geht es darum, wie ein Mensch Entscheidungen trifft. Es gibt Menschen, die wissen, dass sie etwas gut und richtig machen oder dass ihre Entscheidung die richtige ist; sie nehmen die volle Verantwortung auf sich. Anderen wiederum ist es sehr wichtig, möglichst viele Meinungen einzuholen und diese mit ihrem bisherigen Standpunkt zu vergleichen. Sie versuchen so, einen Teil der Verantwortung abzugeben.

Interne Entscheider

Beim Verkaufsprozess ist es wichtig, exakt zu wissen, wie Ihr Kunde entscheidet, und Ihre Präsentation und Argumentation genau auf ihn abzustimmen. Ein interner Entscheider ist ein typischer Unternehmer, weil er sich selbst motivieren kann und ganz genau und alleine weiß, was richtig ist. Diese Person hört es gerne, wenn Sie sagen: „Natürlich wissen nur Sie selbst, was für Sie richtig ist."

Externe Entscheider

Der externe Entscheider will wissen, was andere über ihn denken oder sagen. Beim Verkaufsprozess ist es besonders wichtig, ihm zu erzählen, wer mit diesem Produkt oder dieser Dienstleistung schon erfolgreich arbeitet und dass es viele Menschen gibt, die sich bereits für den Kauf entschieden haben und ganz begeistert sind. Externe Entscheider sind Kunden, mit denen Sie auch Probleme bekommen können, weil sie vielleicht wieder stornieren. Wie können Sie bei einem externen Entscheider vorgehen? Sie sollten mit möglichst vielen positiven Referenzen arbeiten und zusätzlich die Einschätzungen anderer Leute anführen. Fragen Sie: „Was würde Ihr Bekannter (Steuerberater, Partner) dazu sagen?" Hierbei handelt es sich um die sogenannte zirkuläre Fragetechnik (siehe dazu die Erläuterung in Kapitel 3.5). Dadurch festigen Sie den Standpunkt des Kunden und er kann eine gute Entscheidung treffen. Jedes Lob, jedes Kompliment und jedes anerkennende Wort ist für ihn besonders wichtig, Sie können ihn damit lenken und motivieren.

Sprachmuster

▶ Ich will es mit meiner Frau oder meinem Steuerberater besprechen.
▶ Ich möchte mir noch verschiedene Meinungen über das Produkt einholen, bevor ich mich entscheide.
▶ Nein, das gefällt mir nicht. Oder: Ja, das ist genau das Richtige für mich.

Fragen

▶ Woher wissen Sie, dass dies die richtige Entscheidung ist?

▶ Nur mal angenommen, Sie hätten es schon gekauft, woher hätten Sie gewusst, dass es genau das Richtige für Sie ist?

3. Verarbeitungsmuster

Detail- und global orientiert

Dieses Muster ist sehr wichtig für Ihre Präsentation, weil es dafür verantwortlich ist, wie wir neue Informationen am besten verarbeiten können. Manche Menschen bevorzugen Details, also kleine Häppchen, und dann bauen sie sich daraus das gesamte Bild Stück für Stück zusammen. In diesem Fall müssen Sie eben mit 22 Koffern kommen – Ihr Kunde braucht die Details! Und wenn Sie es nicht tun, betrachtet er Sie als inkompetent oder oberflächlich. Geben Sie ihm also so viele Informationen wie möglich und stellen Sie ihm diese am besten immer schriftlich zur Verfügung. Global orientierte Menschen benötigen zuerst einen Gesamtüberblick, also die Vogelperspektive, dann können sie ins Detail gehen, um die Zusammenhänge noch besser zu verstehen. Bei einem global orientierten Kunden sollten Sie mit einem groben Überblick beginnen. Ihr Kunde wird schon nach den Einzelheiten fragen, wenn er zu dem Schluss kommt, dass diese für ihn wichtig sind. Er braucht nicht alles zu wissen, um eine Entscheidung zu treffen. Grundsätzlich hängen Überzeugungsmuster immer etwas vom Kontext, vom jeweiligen Thema ab.

Sprachmuster

Global:

▶ Wenn ich ein Projekt beginne, verschaffe ich mir erst einen Überblick, und dann gehe ich in die Details.
▶ Können Sie mir in einigen kurzen Sätzen sagen, was das Produkt alles kann?

Detail:

▶ Können Sie mir das noch ein wenig genauer erklären?
▶ Wenn ich ein Projekt beginne, dann muss ich erst die Einzelheiten kennen, um ein Verständnis für die Zusammenhänge zu entwickeln.

Fragen

▶ Möchten Sie zuerst die Details erfahren oder wollen Sie zuerst einen Gesamteindruck?
▶ Sollen wir gleich ganz konkret starten, oder möchten Sie sich erst einen groben Überblick verschaffen?

Gleichheits- und Gegenteilsmuster

Dieses Muster dient dazu, Informationen zu verarbeiten. Einige Menschen suchen nach Ähnlichkeiten, um neue Informationen besser einordnen zu können. Sie vergleichen ihr vorhandenes Wissen und ihre Erfahrungen mit dem neuen Input, um Parallelen zu erkennen. Beim Gegenteilssortierer ist es anders: Er verarbeitet die Informationen, indem er nach Unterschieden zwischen dem vorhandenen Wissen und dem neuen Input sucht. Bei diesem Muster handelt es sich übrigens um eine der dominierenden Persönlichkeitsstrukturen.

Der Gleichheitssortierer könnte sagen: „Das ist sowieso immer dasselbe." Dieser Mensch mag keine Veränderungen. Am liebsten wäre es ihm, wenn sich nichts verändern würde. Er bleibt gerne lange in demselben Job, weil er denkt, dass es sowieso überall gleich ist.

Der Gegenteilssortierer sucht nach Unterscheidungen, und er kann sofort erkennen, wenn etwas nicht ganz stimmt. Er erkennt einfach viel leichter die Unterschiede. Dieser Mensch bleibt auch nicht lange in einem Job. Er braucht Abwechslung, oder er muss einen Job haben, in dem er Abwechslung hat. Diese Menschen lieben Neuigkeiten. Sie haben regelrecht einen Neuigkeitswahn. Sobald etwas neu ist, ist es auch gleich besser als das Alte. Wenn Sie einen solchen Menschen motivieren möchten, sagen Sie vielleicht: „Ich weiß nicht, ob Sie das so machen wollen oder nicht." Dann würde er antworten: „Ich weiß aber, dass ich es so machen will!" Der Gegenteilssortierer ist ein Ja-aber-Typ. Wenn Sie mit ihm zurechtkommen wollen, dann brauchen Sie nur das Gegenteil dessen zu tun oder zu sagen, was Sie von ihm erwarten.

Dieses Gegenteilsprinzip ist bei den Menschen felsenfest verankert. Auch wenn es zu ihrem Nachteil ist, wie folgendes Beispiel zeigt: Ein junges Mädchen wird schwanger, und ihre Mutter rät zur Abtreibung. Obwohl das Mädchen es selbst auch nicht will, entscheidet sie sich als Gegenteilssortierer dazu, das Kind zu behalten. Als ich sie fragte, was sie denn gemacht hätte, wenn ihre Mutter darauf bestanden hätte, dass sie das Kind behält, antwortete sie: „Ja, dann hätte ich das Kind bestimmt abgetrieben." Ein Gegenteilssortierer reagiert, auch wenn sich für ihn ein Nachteil ergeben könnte, immer entgegengesetzt. Der Gleichheitssortierer ist eher die Person, die leicht zustimmt, mitgeht und sagt: „Ja, ich bin dafür!"

Sprachmuster
▶ Wenn ich in ein fremdes Land gehe, kommt es mir vor, als wäre es überall gleich.
▶ Wenn ich Essen gehe, dann gehe ich am liebsten in mein Lieblingslokal.
▶ Ich liebe die Mode, vor allem, wenn es Abwechslung gibt.
▶ Ich finde es aufregend, wenn ich neue Leute kennen lernen kann.

Fragen

▶ Bevorzugen Sie das, was Sie noch nicht kennen, oder eher das Altbekannte?

▶ Lieben Sie Abwechslung und Überraschungen?

▶ Lieben Sie neue und innovative oder altbewährte, traditionsreiche Produkte?

4. Beziehungsmuster

Menschenorientiert oder sachorientiert

Ein anderes Beziehungsmuster bezeichnet man als **sachorientiert bzw. menschenorientiert**. Die menschenorientierte Person ist der Kunde, der mit Ihnen eine Diskussion führt und mit Ihnen über die Situation spricht: „Ja, ich finde, dieses Produkt ist nicht so hochwertig, wie ich gedacht habe." Der sachorientierte Mensch konzentriert sich ganz auf das Produkt und benennt Stärken und Schwächen. Im Gegensatz zum menschenorientierten Typ spricht er nicht über die Gedanken und Gefühle, die er mit dem Produkt verbindet. Der sachorientierte Mensch ist nüchtern. Die menschenorientierte Person bezieht alles auf sich und denkt: „Der mag mich nicht!" Wenn ein menschenorientierter und ein sachorientierter Typ eine Diskussion führen, dann wird es spannend! Der sachorientierte Typ spricht niemals über die Persönlichkeit eines Menschen, sondern immer über die Sache. Die Sache ist nicht O.K.! Der menschenorientierte Typ denkt allerdings, er spreche über ihn, bezieht alles auf sich und ist dementsprechend unglücklich. Wenn Sie also mit sachorientierten Menschen zusammenarbeiten oder einen sachorientierten Kunden haben, dann wollen diese Personen erst einmal nur über die Sache diskutieren. Zeigen Sie ihnen Zahlen, Daten und Fakten und bringen Sie zusätzlich genügend Beweise.

Wenn Sie mit einem menschenorientierten Kunden zusammenarbeiten, dann kauft er das Produkt von Ihnen, weil Sie so ein guter Mensch sind und weil Sie so eine gute Beziehung aufgebaut haben. Selbstverständlich sollte das Produkt auch sehr gut sein. Wenn Sie mit einem menschenorientierten Kunden zusammenarbeiten und er sich aus irgendeinem Grund persönlich angegriffen fühlt, dann greifen Sie auf eine kleine Strategie zurück: Notieren Sie auf einem Blatt Papier das Problem und zeigen Sie Ihrem Kunden, dass das Problem sachorientiert ist und nicht er, der Kunde, das Problem ist.

Schreiben Sie im Umgang mit menschenorientierten Kunden eine Erläuterung auf ein Blatt Papier und zeigen Sie – im wahrsten Sinne des Wortes – immer wieder auf die Sache!

Sprachmuster

▶ Könnten wir die Sicherheit der EDV-Anlage noch erhöhen?

- ▶ Die Ausstattung des Fahrzeuges lässt zu wünschen übrig?
- ▶ Wer wird uns betreuen, wenn wir diese Anlage kaufen?
- ▶ Ich brauche ein angenehmes Arbeitsklima.

Fragen

- ▶ Was ist für Sie das Wichtigste, wenn wir zusammenarbeiten?
- ▶ Was wollen Sie im Rahmen der Präsentation vor allem erfahren?

Ichbezogen oder anders bezogen

Bei der Kommunikation kommt es darauf an, dass man Informationen von seinem Gegenüber wahrnimmt. Der ichbezogene Mensch hat damit Probleme, weil er immer mit sich selbst beschäftigt ist. Der ichbezogene Mensch denkt: So wie ich denke, denkt jeder. Er zieht also Schlüsse auf der Basis seiner eigenen Reaktion. Woher weiß dieser Mensch, dass eine Kommunikation erfolgreich war, wenn er zwar ein gutes Gefühl hat, aber nicht darauf achtet, ob es seinem Gesprächspartner genauso geht? Der anders bezogene Mensch konzentriert sich auf sein Gegenüber. Er nimmt seine Umwelt wahr, er spürt die kleinsten Veränderungen bei seinem Gesprächspartner. Er geht auch nicht davon aus, dass die meisten Menschen so sind wie er. Viele gute Verkäufer, Manager und Therapeuten sind anders bezogen, das heißt, sie orientieren sich an den Wünschen ihres Gegenübers, fühlen sich in dessen Gedanken ein und sind gerade deshalb viel erfolgreicher als ihre Zeitgenossen mit einer ichbezogenen Sichtweise.

Vorausgesetzt, Sie wissen, welcher Ihrer Kunden welche Muster hat, werden Sie erfolgreicher sein, als Sie es für möglich gehalten hätten. Sie werden Ihre Präsentationen anders vorbereiten! Sie werden anders mit Menschen umgehen! Sie werden ein nls-Seller.

Körpersprache

Anders bezogen:

- Er beugt sich während des Gespräches zu seinem Gesprächspartner hinüber.
- Er hält Augenkontakt und lächelt den Gesprächspartner an. Man merkt, dass er sich voll und ganz auf das Gespräch einlässt.
- Sein Verhalten und seine Reaktion stimmt er auf sein Gegenüber ab. Bemerkt er etwas, dann reagiert er auch darauf.

Ichbezogen:

- Er sitzt zurückgelehnt auf seinem Stuhl.
- Er hat weniger Augenkontakt zu seinem Gegenüber.
- Es kann sein, dass er während des Gesprächs Löcher in die Luft starrt.
- Er ist mehr an seinen eigenen Informationen interessiert als an denen seines Gegenübers.

Sprachmuster

- Das Wesentliche ist, dass ich mich dabei wohlfühle.
- Wir machen das nur, wenn es für uns alle O.K. ist.
- In erster Linie sollten unsere Mitarbeiter davon profitieren.

Fragen

- Wer soll den größten Nutzen haben?
- Wer soll am meisten von diesem Projekt profitieren?
- Wer sollte von diesem Produkt den größten Nutzen haben?

Musterprogramme im Detail	
Motivationsmuster	
Zugehörigkeit	Die Beziehung zu anderen Menschen zu harmonisieren ist das Wichtigste.
Macht	Persönliche Macht zu erweitern, das ist das Wichtigste.
Leistung	Im Leben etwas zu erreichen, etwas zu leisten ist das Wichtigste für sie.
Auf etwas zu	Zielorientierte brauchen die Karotte vor ihrer Nase. Bewegen sich in Richtung dessen, was sie mögen und anstreben.
Von etwas weg	Ist von seinen Ängsten motiviert. Durch seine Handlungen möchte er vermeiden, dass etwas eintritt.

Überzeugungsmuster

VAK digital	Visuelle Eindrücke erleichtern seine Kaufentscheidung. Auditive Eindrücke erleichtern seine Kaufentscheidung. Der Kaufprozess wird positiv beeinflusst, wenn er das betreffende Produkt ausprobieren und erleben kann. Die Kaufentscheidung wird positiv beeinflusst, wenn er im Rahmen des Gesprächs selbst etwas über das betreffende Produkt lesen kann.
Wiederholung	Hierbei geht es um die Wiederholung, wie oft er etwas hören, sehen, fühlen und lesen muss.
Intern	Trifft Entscheidung intern, hat ein Bild im Kopf oder ein Gefühl, dass diese Entscheidung die richtige ist.
Extern	Trifft Entscheidung von außen, braucht Beurteilungsinformationen.

Verarbeitungsmuster

Detail Global	Will jedes bestimmte und kleinste Detail wissen. Will Überblick erhalten, dann die interessantesten Details.
Gleichheit Gegenteil	Sucht und sortiert seine Gedanken und Wahrnehmungen nach Übereinstimmungen. Sucht und sortiert seine Gedanken und Wahrnehmungen nach Unterschieden („Ja-aber-Typ". Tun Sie das Gegenteil).

Beziehungsmuster

Sachorientiert Menschenorientiert	Es geht um den Inhalt (Zahlen, Daten, Fakten, Informationen). Es geht um die Beziehung (Harmonie, Mensch, Emotionen).
Ichbezogen Anders bezogen	Ist stärker nach innen orientiert, zieht seine Schlüsse selbst und achtet besonders auf die eigenen Bedürfnisse. Richtet seine Aufmerksamkeit nach außen, beobachtet Reaktionen und betrachtet sie als sehr wichtig und als Entscheidungshilfe.

Musterprogramme und wie Sie zielgerichtet fragen

Motivationsmuster

Zugehörigkeit Macht Leistung	Was ist Ihnen wirklich wichtig im Leben?
Auf etwas zu Von etwas weg	Was ist Ihnen bei XY (Werte) wichtig?

Überzeugungsmuster

VAK digital	Woher wissen Sie, ob jemand wirklich etwas von seiner Sache versteht? Müssen Sie etwas sehen, hören, lesen oder mit jemandem zusammenarbeiten?
Wiederholung	Wie oft müssen Sie etwas gesehen, gehört, gelesen oder ausprobiert haben?
Intern (Gefühl) Produkt/Extern (Statistik/Referenz)	Wie wissen Sie, dass Sie das richtige Produkt/Dienstleistung haben/bekommen?

Verarbeitungsmuster

Detail, global	Möchten Sie zuerst einen Überblick oder soll ich gleich mit den Details beginnen?
Gleichheit, Gegenteil	Legen Sie Wert darauf, dass das Produkt/die Dienstleistung vergleichbar ist mit Ihrem bisherigen Produkt/Ihrer bisherigen Dienstleistung? Oder suchen Sie nach etwas komplett Neuem?

Beziehungsmuster

Sachorientiert, menschenorientiert	Wenn wir das Projekt machen, geht es Ihnen in erster Linie um die Sache oder um den Menschen?
Ichbezogen, anders bezogen	Wer soll davon profitieren?

Es ist eigentlich nicht nötig, dass Sie so viele Fragen stellen, um Ihren Kunden richtig einschätzen zu können. Sie müssen nur genau hinhören, was er sagt, dann hören Sie, welches Muster bei Ihrem Kunden durchscheint. Wenn Sie diese Muster bei Ihren Kunden erkennen, können Sie ihre Reaktionen vorhersagen. Wenn Sie diese Lektion gelernt und die Muster verinnerlicht haben, wird es für Sie leicht sein, die Muster bei Ihren Kunden zu erkennen. Richten Sie Ihre Aufmerksamkeit nach außen und nehmen Sie jede Reaktion Ihres Kunden wahr - dann wird er wie ein offenes Buch für Sie sein.

Nutzen Sie dieses Buch nicht nur als Wissensquelle, sondern auch als Übungsbuch.

⊕ ÜBUNGEN:

1. Die folgenden Übungen helfen Ihnen, Musterprogramme schnell und einfach zu erkennen. Finden Sie heraus, welche Muster sich in diesen Sätzen verstecken.

a) Immer wenn ich an meine Ziele denke, weiß ich, dass ich den richtigen Weg gehe.

_____

_____

_____

b) Ich interessiere mich für die neueren Finanzierungsmöglichkeiten, damit ich in der Zukunft die Sicherheit habe, nichts zu verlieren.

_____

_____

_____

c) Diese Finanzanlage sollte für meine Familie einen hohen Schutz bieten.

_____

_____

_____

d) Die Sicherheit des Fahrzeuges soll für mich und meine Familie sehr hoch sein, weil wir noch ein langes und gesundes Leben führen wollen.

_____

_____

_____

e) Ich möchte erst etwas darüber lesen und es einfach mal erleben, und wenn dann meine Steuerberaterin ihr O.K. gibt, kaufe ich es.

_____

_____

_____

2. Achten Sie eine Woche darauf, welche Muster Ihre Mitmenschen haben. Achten Sie auf den Prozess, die Art, wie ein Mensch etwas sagt. Nutzen Sie die Vorlage, um verschiedene Menschen zu analysieren. Eigentlich brauchen Sie keine Fragen zu stellen, sondern Sie müssen nur genau zuhören und die Ergebnisse anschließend notieren. Testen Sie mit Fragen oder Äußerungen Ihre Ergebnisse, und vielleicht können Sie Reaktionen vorhersagen.

a) Analysieren Sie Ihren Partner oder Ihre Partnerin.

b) Analysieren Sie Ihre Mitarbeiter oder Geschäftskollegen.

c) Analysieren Sie Ihre Verwandten oder Bekannten.

d) Analysieren Sie Ihre Kunden.

Persönliches Profil
Motivationsmuster

Zugehörigkeit					Macht					Leistung
von etwas weg										auf etwas zu
☐	☐	☐	☐	☐	☐	☐	☐	☐	☐	☐
5	4	3	2	1	0	1	2	3	4	5

Überzeugungsmuster

☐ visuell	☐ auditiv	☐ kinästhetisch	☐ digital
☐☐☐☐	☐☐☐☐	☐☐☐☐	☐☐☐☐
1 2 3 4	1 2 3 4	1 2 3 4	1 2 3 4

intern										extern
☐	☐	☐	☐	☐	☐	☐	☐	☐	☐	☐
5	4	3	2	1	0	1	2	3	4	5

Verarbeitungsmuster

Detail										global
☐	☐	☐	☐	☐	☐	☐	☐	☐	☐	☐
5	4	3	2	1	0	1	2	3	4	5

Gleichheit										Gegenteil
☐	☐	☐	☐	☐	☐	☐	☐	☐	☐	☐
5	4	3	2	1	0	1	2	3	4	5

Beziehungsmuster

sachorientiert										menschenorientiert
☐	☐	☐	☐	☐	☐	☐	☐	☐	☐	☐
5	4	3	2	1	0	1	2	3	4	5

ichbezogen										anders bezogen
☐	☐	☐	☐	☐	☐	☐	☐	☐	☐	☐
5	4	3	2	1	0	1	2	3	4	5

Zusammenfassung: Kunden charakterisieren und Denkmuster erkennen (Step 6)

▶ Alle Menschen besitzen Musterprogramme, nach denen sie leben: Motivations-, Überzeugungs-, Verarbeitungs- und Beziehungsmuster.

▶ Die Musterprogramme sind verantwortlich dafür, wie wir verzerren, tilgen und generalisieren.

▶ Musterprogramme zeigen Ihnen auf, wie ein Kunde seine (Kauf-)Entscheidung trifft. Es geht um den Prozess, nicht um den Inhalt.

▶ Wenn Sie die Entscheidungsprozesse Ihres Kunden kennen, können Sie erahnen, wie Ihr Kunde in unterschiedlichen Situationen reagieren wird.

Antworten zu Übung 1:
a) Ichbezogen, auf etwas zu, intern, Leistungen, global
b) Ichbezogen, Verschiedenheitsmuster, weg von, intern, sachorientiert
c) Anders bezogen, weg von, menschenorientiert
d) Ich- und anders bezogen, auf etwas zu, menschenorientiert
e) VAK-Muster, extern, weg von, menschenorientiert

3.7 Die geheimnisvolle Macht der Überzeugung

Mit diesem Kapitel dringen wir in das Herz des Themas vor: die „Verkaufshypnose". Dieser Teil fasziniert mich immer wieder aufs Neue. So etwas Unglaubliches, so etwas Einzigartiges, so etwas Gigantisches! Und dann frage ich mich: Warum habe ich davon nicht viel früher erfahren? Ist es ein Geheimnis, das die Spitzenverkäufer um keinen Preis der Welt verraten wollen? Ein sogenanntes Wunderwerkzeug, mit dem man so viel erreichen kann, dass nur wenige bereit sind, darüber zu sprechen? Und viele aus diesem Grund nichts darüber erzählen wollen? Oder ist es einfach ein Buch mit sieben Siegeln? Während ich darüber schreibe, fühle ich vor lauter Aufregung ein Kribbeln im Bauch, wie Schmetterlinge, wie eine Pusteblume, die vom Wind bewegt in meinem ganzen Körper Energie freisetzt. Freude überkommt mich, wenn ich daran denke, Ihnen gleich dieses magische Instrument vorzustellen. Ich weiß nicht, ob Sie sich jetzt schon vorstellen können, was Ihnen das alles bringen wird. Vielleicht öffnet sich gleich eine neue Tür, was sage ich, eine neue Dimension für Sie. Stellen Sie sich doch nur einmal vor, wie entscheidend Sie Ihre Überzeugungsfähigkeiten steigern und was Sie damit Enormes bewirken können.

Sie haben den Kunden richtig eingeschätzt, Sie wissen, welche unerfüllten Wünsche er hat, Sie kennen seine Probleme, Sie wissen, welches Denkmuster Ihr Kunde hat, Sie haben also wie ein professioneller Arzt eine Diagnose gestellt. Der Kunde ist jetzt wie ein offenes Buch für Sie. Jetzt wollen wir unseren Kunden verzaubern und in eine andere Welt entführen.

Was will Ihr Kunde wirklich? Was ist sein tiefstes Verlangen? Die meisten Verkäufer neigen dazu, im Verkaufsgespräch nur über ihre Produktstärken zu sprechen. Sie erzählen ganz ausführlich, was ihr Produkt alles kann. Ab einem gewissen Punkt fragt sich der Kunde allerdings, was er davon hat. Wenn Ihr Kunde das jemals zu Ihnen sagen sollte, dann wissen Sie, dass Sie mehr bei sich und Ihrem Produkt sind als bei ihm. Sie sollten überlegen, was Ihr Kunde eigentlich davon hat, wenn er Ihr Produkt kauft. Ihr Kunde erhofft sich von Ihrem Produkt einen größeren Nutzen und die Befriedigung eines spezifischen Gefühls.

Von Produktstärken und Produktnutzen

Die Produktstärke ist die hervorstechendste Eigenschaft Ihres Produkts, die Qualität, die Einzigartigkeit. Finden Sie das Alleinstellungsmerkmal Ihres Produkts. Was unterscheidet Ihr Produkt von anderen Produkten auf dem Markt? Was macht Ihr Produkt so einzigartig? Diese Einzigartigkeit ist Ihre beste Produktstärke, aber selbstverständlich sind die restlichen Eigenschaften ebenfalls Produktstärken. Ein Produktnutzen ist das, was Ihr Kunde nun von diesen Produktstärken hat, zum Beispiel Bequemlichkeit, Ansehen, Gewinn, Sicherheit, Kostenreduzierung usw. Verwenden Sie einfach eine Brücke, die Ihnen dabei hilft, den Nutzen genauer zu definieren, beispielsweise mit

▶ ... das bedeutet für Sie ...

Betrachten wir diese Brücke einmal anhand eines Beispiels. Sie gehen in ein Kaufhaus und wollen sich einen neuen Fernseher kaufen. Der Verkäufer sagt: „Dieses Gerät hat eine einzigartige Fernbedienung. Das bedeutet für Sie, Sie können abends ganz bequem mit Ihrer Frau auf Ihrem bequemen Sofa liegen bleiben und ein-, aus- und umschalten. Und falls das Telefon klingelt, können Sie sehr schnell reagieren und den Ton sofort leiser machen. Ist das nicht sehr angenehm?" Lesen Sie noch ein zweites Beispiel: „Dieses Fahrzeug benötigt vier Liter Benzin. Das bedeutet für Sie, Sie können viel länger fahren, und zusätzlich sparen Sie bares Geld dabei."

Fragt der Firmenchef den Manager, der in der Firma für den Verkauf von Bohrmaschinen verantwortlich ist: „Womit machen Sie Geschäfte?" Der Manager denkt kurz nach und antwortet dann: „Natürlich mit Bohrmaschinen." Der Chef hört die Antwort, überlegt noch einmal kurz und entgegnet: „Nein! Sie machen Ihre Geschäfte mit Löchern. Wenn die Menschen keine Löcher bräuchten, würden Sie keine einzige Bohrmaschine verkaufen!"

Versuchen Sie es jetzt einmal mit Ihrem eigenen Produkt und verwenden Sie folgende Brücken als Auswahl:

Schmerz	Freude
Verringert Ihre ...	Bedeutet für Sie ...
Spart Ihnen ...	Stärkt Ihre ...
Verhindert ...	Bringt Ihnen ...
Sichert Ihnen ...	Garantiert Ihnen ...
Senkt Ihre ...	Optimiert Ihre ...
	Erleichtert Ihnen ...
	Ermöglicht Ihnen ...
	Steigert Ihre ...
	Verbessert Ihre ...
	Festigt Ihre ...
	Hilft Ihnen ...
	Sorgt für ...

Keine Produktstärke ohne Nutzen

[Vertriebsweisheit]!

Sie haben die Möglichkeit, mit diesen Brücken verschiedene Arten von Nutzen gegenüber Ihrem Kunden zu benennen. Liebe Leser, Übung macht den Meister, formulieren Sie bitte für Ihr Produkt oder Ihre Dienstleistung zur jeweiligen Nutzenbrücke ein Beispiel.

Die Beweisführung

Sie haben am Anfang des Buches bereits etwas über die Strategie des Untermauerns gelesen. Wenn Sie Präsentationen halten und Ihren Kunden überzeugen wollen, ist es äußerst wichtig, dass Sie Ihre Aussage mit einem Beweis untermauern. Sorgen Sie dafür, dass Sie genügend Beweise dafür haben, wie gut Ihr Produkt oder Ihre Dienstleistung ist. Es ist ratsam, einen Ordner anzulegen, in dem Sie schriftliche Beweise sammeln. Wenn Sie ein Sales Manager sind und mehrere Verkäufer haben, dann ist es für Sie unabdingbar, dass Sie so einen Ordner besitzen, um dieses Wissen auch Ihren Verkäufern zur Verfügung stellen zu können. Sie finden bestimmt auch, dass jeder Verkäufer von seinem Produkt überzeugt sein muss, oder? Wenn Sie von Ihrem Produkt nicht überzeugt wären oder sogar schlecht darüber reden würden, dann würden Sie mit Sicherheit nicht viel verkaufen bzw. auch nicht lange in diesem Beruf tätig sein. Ihr Kunde weiß, dass Sie niemals schlecht über Ihr Produkt reden würden. Er weiß auch, dass Sie Ihr Produkt ins Rampenlicht stellen und Ihrem Kunden alle Vorteile mit Hilfe der besten Strategien verkaufen würden. Er kann Sie also nicht als neutrale Person betrachten. Aus diesem Grund ist es wichtig, dass Sie Ihre Behauptungen mit Hilfe eines schriftlichen Beweises untermauern.

Es gab einmal eine Hotelkette, die Schwierigkeiten mit ihren Kunden hatte. Die Kunden checkten grundsätzlich nicht pünktlich aus. Das behinderte selbstverständlich den reibungslosen Ablauf. Nachfolgende Gäste und Kunden, die rechtzeitig ihre Zimmer beziehen wollten, konnten dies nicht tun. Es war eine Herausforderung für das Hotelmanagement. Auf der einen Seite wollte das Management seinen Kunden Flexibilität und Entgegenkommen signalisieren, auf der anderen Seite wollten die neuen Gäste rechtzeitig ihre Zimmer beziehen. Aufgrund dieses Dilemmas engagierte das Management einen externen Berater, um das Problem zu lösen. Die Idee sah folgendermaßen aus: Es wurde ein Schriftstück erstellt, in dem geschrieben stand, wie viel das Zimmer kostet, wann es zu beziehen ist und wann es zur Reinigung frei sein sollte. Diese Informationen wurden gerahmt und in jedem Zimmer aufgehängt. Seit diesem Tag sind 95 Prozent der Gäste pünktlich abgereist. Es war ab diesem Zeitpunkt einfach selbstverständlich, schließlich stand es schwarz auf weiß geschrieben. Das geschriebene Wort ist immer mehr wert als das gesprochene. Führen Sie also Ihre Beweise immer schriftlich auf. Sie werden jetzt verschiedene Beweisarten kennen lernen:

1. Statistiken oder Untersuchungen: Es gibt interne und externe Statistiken. Sie können zum Beispiel eine interne Statistik erstellen, die aufzeigt, wie die Kundenzuwächse der vergangenen fünf Jahre aussehen, oder Sie messen die Kundenzufriedenheit oder ermitteln, wie lange Sie mit Ihren Kunden arbeiten, um die Beständigkeit aufzuzeigen. Externe Statistiken können aufzeigen, wie sich die gesamte Branche entwickelt.

2. Expertenzeugnis: Viele Produkte oder Dienstleistungen werden ISO-zertifiziert. Sie können auch einen Lehrstuhl oder ein Institut damit beauftragen, Ihr Produkt oder Ihre Dienstleistung zu überprüfen, oder Sie finden etwas, das am Markt schon vorhanden ist.

3. Musterexemplare: Sie können Muster, Zeichnungen, Modelle, Proben oder Fotos verwenden, um Ihre Aussage zu untermauern.

4. Zeitungsartikel: Wenn Sie in einer Tageszeitung, der Fachpresse oder einer Wirtschaftszeitung Informationen über Ihr Produkt entdecken, kann es sehr hilfreich sein, Ihre Kunden darüber zu informieren.

5. Demonstrationen: Sie kennen sicherlich Marktplätze, auf denen an Ständen die Wirksamkeit von Scheuermilch oder anderen Produkten demonstriert wird. Haben Sie eine Möglichkeit, den Nutzen Ihres Produktes oder Ihrer Dienstleistung eindrucksvoll zu zeigen?

6. Testimonials: Ihre zufriedenen Kunden können Ihnen zum Beispiel schriftlich bestätigen, wie zufrieden sie sind. Ein Tipp: Wenn Ihr Kunde viel beschäftigt ist, könnten Sie ihn interviewen, seine Äußerungen schriftlich festhalten und ihm den Text innerhalb einer Woche nach dem Gespräch elektronisch übersenden. Dann braucht Ihr Kunde, wenn er damit einverstanden ist, die Referenz einfach nur auf seinem Briefpapier auszudrucken und Ihnen zu überreichen. Eine weitere gute Möglichkeit ist, wenn Sie die Telefonnummer Ihres zufriedenen Kunden weitergeben dürfen. Dann könnte ein potenzieller Neukunde bei Ihrem zufriedenen Kunden anrufen und sich selbst davon überzeugen, dass Ihr Produkt/Ihre Dienstleistung hält, was es/sie verspricht.

Die Überzeugungsstrategie

Diese Überzeugungseinheit wird Ihnen bekannt vorkommen, weil wir diese Strategie bereits bei „Neugier erzeugen" (Kapitel 3.4) verwendet haben. Der Unterschied ist, dass wir jetzt die genauen Bedürfnisse des Kunden kennen. Wir wissen, welches Motiv, welche Denkmuster und Probleme bzw. Schmerzen unser Kunde hat. Jetzt brauchen wir nur die gewonnenen Erkenntnisse in unsere Präsentation einzubauen.

Achten Sie darauf, dass Sie mehrere Überzeugungseinheiten bei einer Präsentation durchführen, und versuchen Sie nicht, Ihr vielseitiges Produkt mit den vielen verschiedenen Produktstärken in einer Überzeugungseinheit zu verkaufen. Der Grund: Mit jeder Überzeugungseinheit bringen Sie Ihren Kunden einen Schritt näher zum Abschluss. Es ist genauso, als hätte der Kunde eine Tasche und Sie würden nach und nach immer ein weiteres Stück hineintun - und das alles für das gleiche Geld.

1. Beeindruckende Behauptung ... „Wir ermöglichen es ...“

_____

_____

_____

2. Tatsachen mit „weil“ begründen ... „Das sage ich, weil ...“

_____

_____

_____

3. Produktnutzen ... „Das bedeutet für Sie ...“

_____

_____

_____

4. Zusatznutzen ... „und zusätzlich bringt es ...“

_____

_____

_____

5. Beweisführung mit „weil“ ... „Das sage ich, weil ...“

_____

_____

_____

6. Erlaubnis zu Fragen ... „Ich habe ein oder zwei Fragen ...“

_____

_____

_____

7. Testabschluss Nutzen 2 ... „Es ist doch für Sie wichtig ..., oder?"

_____

_____

_____

8. Testabschluss Nutzen 1... „und zusätzlich ... nicht wahr?"

_____

_____

_____

9. Testabschluss Tatsache ... „und ..."

_____

_____

_____

10. Suggerieren Sie den Abschluss ... „Dann machen wir es."

_____

_____

_____

Ein Beispiel für eine Überzeugungseinheit

Sie werden Ihre Ängste bei der Einwandbehandlung vollkommen verlieren und jeden Einwand spielerisch behandeln können. Das sage ich, weil Sie 15 verschiedene, bewährte Einwandbehandlungs-Methoden erlernen werden, mit denen Sie jedem Einwand begegnen können. Dies wird in Rollenspielen und Übungsmaßnahmen trainiert und die Einwände werden schriftlich entkräftet.

Das bedeutet für Sie, Sie erlernen die bewährtesten Strategien und können diese gleich in Ihrer Praxis spielerisch anwenden. Das ermöglicht Ihnen unterm Strich, dass Sie mehr und einfachere Abschlüsse tätigen können und mehr Geld verdienen werden als bisher. Stellen Sie sich einmal vor, Sie gehen zu einem wichtigen Großkunden, mit dem Sie vielleicht schon seit einem Jahr im Gespräch sind. Und dieser Kunde hat verschiedene Einwände. Jetzt können Sie es so machen wie früher: Sie behandeln den Einwand spontan und versuchen händeringend, die richtigen Worte zu finden, und Sie wissen nicht, ob die Art, wie Sie den Einwand behandeln, richtig ist und Sie womöglich dadurch den Auftrag verlieren. Oder Sie nutzen das neue Know-how und entkräften die Einwände mit den bewährten Einwandbehandlungs-Methoden.

Sie werden dadurch erfolgreicher! Das bestätigen uns 95 Prozent der Seminarteilnehmer und zusätzlich konnten wir bei vielen großen, renommierten Firmen genau diese Probleme lösen.

Ich habe ein, zwei Fragen an Sie:
Sie möchten doch einfacher und auch mehr Abschlüsse tätigen, oder?
Sie wollen doch auch die bewährtesten Einwandbehandlungs-Methoden beherrschen, oder?
Und dass dies in Rollenspielen und Übungsmaßnahmen trainiert und die Einwände schriftlich entkräftet werden, das ist doch auch für Sie wichtig, nicht wahr?
Ja, dann sollten wir es machen!

Ein veränderter Bewusstseinszustand nach innen und außen

Hat es Ihnen bislang so viel Spaß gemacht, dass Sie viele Übungen gleich zweimal ausprobiert haben? Wenn nicht, was hindert Sie daran, es einfach gleich noch einmal zu machen? Wenn Sie jetzt denken, das war schon alles, dann haben Sie noch ein wenig Geduld. Sie wissen inzwischen ja, wie unser Zustand funktioniert, oder? Wenn wir jetzt einen Blick in unseren Kopf wagen, erkennen wir eines: Wir erzeugen Bilder, führen Selbstgespräche oder hören die Stimmen von Vater, Mutter, Verwandten oder anderen Personen, die uns entscheidend geprägt haben, nicht wahr? Unser interner Prozess funktioniert über Bilder, Worte, unseren Körper und unseren Fokus nach außen. Das alles ergibt unseren Zustand. Sie haben auch gelesen, dass wir unsere Umwelt mit unseren fünf Sinnen wahrnehmen: Sehen, Hören, Fühlen, Riechen, Schmecken. Erkennen Sie die Parallele? So wie wir die Umwelt wahrnehmen, so speichern wir sie auch in unserem Gehirn ab. Wie außen, so auch innen.

Wenn wir eine wirklich verzaubernde Präsentation machen wollen, müssen wir so oft wie möglich die Sinnessprache nutzen: „Wollen Sie nicht mit diesem wunderschönen Auto mal eine Probefahrt erleben? Betrachten Sie die eleganten Kurven des Fahrzeuges und sehen Sie, wie der Lack in der Sonne glänzt. Und wenn Sie sich hineinsetzen, dann spüren Sie, wie weich das Leder ist. Vielleicht können Sie sogar das frische Leder riechen. Und während Sie den Motor starten, erkennen Sie die Kraft des Fahrzeuges und können diese am eigenen Körper erleben. Sie spüren regelrecht, dass der Motor vor Kraft strotzt und die Energie eines wilden Tigers hat. Verführerisch, oder?"

Wenn wir über Verkaufshypnose sprechen, dann sprechen wir von einem veränderten Bewusstseinszustand. Ideosensorische Trance ist eine Form der Hypnose, die wir täglich erleben. Es handelt sich dabei um unsere angeborene Fähigkeit, uns im Geiste Vorstellungen und Bilder zu erschaffen, Stimmen oder Geräusche zu hören, Gefühle und sogar Geschmacks- und Geruchsempfindungen hervorzurufen. Wann waren Sie das letzte Mal in so einer Trance und haben geträumt?

Vielleicht können Sie sich vorstellen, was Sie heute Abend essen wollen? Sie waren schon einkaufen, vielleicht einen Braten, und können diesen möglicherweise jetzt schon schmecken. Oder Sie malen sich aus, wie Sie zu Ihrem Kunden gehen und diese neuen Strategien gleich testen. Oder Sie stellen sich geistig vor, was Sie zu Ihrer Partnerin oder Ihrem Partner sagen werden. Wir können also Gerüche, Geschmackserlebnisse, Bilder, Geräusche und Gefühle halluzinieren. Spitzenverkäufer können durch die Sprache eine intensive Vorstellungskraft bei ihrem Gegenüber erzeugen, sein Wahrnehmungsvermögen und seine Stimmung beeinflussen.

Wenn Sie jetzt das Verlangen haben, diese Strategien gleich bei Ihrem Kunden auszuprobieren, dann ist das etwas ganz Natürliches. Versetzen Sie Ihren Kunden, bevor er Ihr Produkt testen will, in diese Trance, damit sein Hunger immer größer wird.

Submodalitäten

Verwenden Sie in Ihrer Präsentation möglichst viel Sinnessprache, damit Ihre Kunden in eine Welt der Sinne eintauchen. Die Liste der sinnessprachlichen Elemente, die im Buch vorhanden ist, können Sie nutzen, um Ihren Kunden zu verzaubern. Sie haben erfahren, dass wir in unserem Gehirn Bilder, Geräusche, Gefühle, Geschmackserlebnisse und Gerüche halluzinieren können. Es gibt noch eine Erweiterung und eine Vertiefung, die sensationell und fundamental ist. Bevor wir darüber sprechen, möchte ich Ihnen noch eine kleine Geschichte erzählen.

Ich liebe das Extreme und Außergewöhnliche. Vor langer Zeit, an einem schönen heißen Sommertag, gingen meine Freunde und ich zu einem See. Der See war traumhaft schön, ein künstlicher Sandstrand war angelegt und dieser rundherum mit Bäumen, Wiesen und Sträuchern verschönert worden. Das Bild wurde irgendwie gestört, denn an einem Ende des Strands stand ein riesiger Kran, von dem ganz plötzlich Menschen in den See sprangen. Es war ein Bungee-Jumping-Turm. Ein 60 Meter hoher Kran, von dem sich die verrückten Personen, nur mit einem Gummiseil gesichert, in die Tiefe stürzten. Wir waren ebenso verrückt und beschlossen, dies auch gleich einmal zu testen. Wir gingen los und meldeten uns an. Als ich oben auf dem Absprungpodest stand, ging es auf einmal los. Irgendwie spielten meine Sinne verrückt. Meine Füße waren an einem langen und dicken Gummiseil befestigt. Als ich einen Blick hinunter wagte, sah es im ersten Moment nicht so hoch aus. Doch dann plötzlich haben meine Sinne verrückt gespielt, und ich sah, wie sich der Boden und die Wasseroberfläche scheinbar immer weiter entfernten. Zuerst sah es aus wie 100 Meter, dann wie 150 Meter, und schließlich dehnte sich meine Vorstellung weiter auf 200 Meter aus, und es hörte nicht auf. Alle Menschen waren so klein da unten, und sie wurden immer kleiner und kleiner. Mein ganzer Körper fing an zu beben und zu kribbeln, und ich wollte gar nicht mehr springen. Dann sah ich, wie die Menschen zu mir hochschauten, und ich hörte ihre Stimmen: „Spring, spring!" Zu mir selbst sagte ich dagegen: „Nein, nein, spring nicht!" Ich habe mir dann vorgestellt, wie 100 Gospelsänger singen würden: „Spring und flieg einfach!" Aus 100 Gospelsängern wurden 200 Sänger und ihr Gesang wurde immer lauter. Auf einmal halluzinierte ich 1000 Gospelsänger. Es war so laut und dröhnte in meinem Kopf. Dann holte ich einmal tief Luft, atmete aus und sprang einfach drauf los. Die Wasseroberfläche kam immer näher und näher, mit so einer rasenden Geschwindigkeit, dass ich einen lauten Schrei ausstieß, um den Druck und die Angst raus zu lassen. Mein Oberkörper tauchte schließlich zweimal ins Wasser, dann hat mich jemand losgebunden und ich war wie berauscht.

Kennen Sie die Situation, dass Ihre Vorstellungskraft Ihnen einen Streich spielt? Sie nehmen auf einmal etwas als viel größer, viel höher, viel lauter oder viel schwerer wahr, als es in Wirklichkeit ist? Können Sie sich daran erinnern, wie Sie Ihren ersten oder später einen herausragenden Verkaufsabschluss getätigt haben, als Sie voller Energie waren und gedacht haben, Sie schaffen alles? Wissen Sie noch, wie es war? Welches Gefühl diese Situation bei Ihnen ausgelöst hat? Vielleicht war es wie ein Feuerwerk, das sich ganz langsam oder rasend schnell in Ihrem ganzen Körper ausbreitete. Können Sie sich das bildhaft vorstellen? Wie groß ist dieses Bild? Machen Sie es bitte einmal so groß wie eine Kinoleinwand. Ist es eher ein Bild oder läuft ein Film vor Ihrem inneren Auge ab, sehen Sie das Bild oder den Film in Farbe oder Schwarz-Weiß? Gibt es einen Rahmen oder sind die Ränder fließend? Haben Sie etwas gehört, vielleicht Stimmen oder andere Geräusche? Wie hat es sich angehört? War es stereo oder mono? Kam der Sound von allen Seiten oder nur aus einer bestimmten Richtung? Waren die Geräusche laut oder leise, waren die Bilder klar oder unklar? Merken Sie einen Unterschied? Man spricht hierbei von Submodalitäten: Dabei handelt es sich um die Eigenschaften Ihres Bildes, das Sie sich gerade vorgestellt haben. Richard Bandler würde jetzt sagen: Das ist die Währung unseres Gehirns.

Alle Bilder, Geräusche, Gerüche, Geschmackserlebnisse und Gefühle haben solche Submodalitäten, also ganz besondere Eigenschaften. Diese Eigenschaften machen den feinen Unterschied aus und bestimmen die Intensität. Stellen Sie sich einfach vor, Sie hätten ein Mischpult, auf dem Sie alle Eigenschaften einstellen und regulieren können. Welche Eigenschaften sind es?

Visuelle Eigenschaften: Farbe oder schwarz-weiß, Rahmen oder unbegrenzt, 2D oder 3D, Entfernung nah oder weit, Helligkeit, Kontrast, Film oder Bild, langsam oder schnell, groß oder klein, die eigene Person sehend, selbst im Bild sein.

Auditive Eigenschaften: stereo oder mono, Wörter oder Geräusche, laut oder leise, Klangcharakter, Herkunft der Geräusche, Dauer, anhaltend oder unterbrochen, schnell oder langsam, Klarheit.

Kinästhetische Eigenschaften: Intensität, warm oder kalt, Lokalisierung (wo im Körper ist das Gefühl am stärksten), Ausdehnung, Gewicht, Dauer, Form.

Wenn zum Beispiel ein Bild größer, das Geräusch lauter oder die Farben intensiver werden, dann kann das Gefühl auch intensiver sein. Bei Ihrer verführerischen und anziehenden Präsentation ist es sehr hilfreich, wenn Sie gewisse Eigenschaften genauer beschreiben, um Ihren Kunden dieses Gefühl ganz intensiv erleben zu lassen.

Zusammenfassung: Die geheimnisvolle Macht der Überzeugung (Step 7)

▶ Nach der vorangegangenen Diagnose stellt die Überzeugungsphase das Herzstück des Verkaufsprozesses dar.

▶ Die Produktstärke stellt eine Eigenschaft dar, als Produktnutzen bezeichnet man das, was der Kunde von dieser Eigenschaft hat. Ein wesentlicher Unterschied!

▶ Durch eine Präsentation in und mit allen Sinnen versetzen Sie Ihren Kunden in eine Art Trancezustand, in dem er unbedingt kaufen will, was gut für ihn ist.

▶ Die Submodalitäten sind die Eigenschaften eines Bildes, Geräusches und Gefühls. Sie bestimmen die Intensität der inneren Prozesse oder der Bilder, Geräusche und Gefühle.

3.8 Grundlagen der Verkaufshypnose

Sprachhypnose wird schon längst nicht mehr nur von Hypnotiseuren und Therapeuten verwendet. Es ist ein Irrtum, zu glauben, dass Hypnose nur funktioniert, wenn die Augen geschlossen sind, ein Pendel verwendet wird und man dem Hypnotiseur willenlos ausgeliefert ist. Für nls-Seller ist die Verwendung hypnotischer Sprachmuster bei Präsentationen eine Selbstverständlichkeit. So kommunizieren sie noch wirkungsvoller.

Eine kurze Geschichte der Hypnose

Bevor wir uns mit dem Thema Verkaufshypnose beschäftigen, möchte ich Ihnen in einem kurzen Exkurs etwas über die Geschichte der Hypnose erzählen.

Hypnose wird schon seit Jahrtausenden angewandt. Alte Sanskritschriften belegen, dass es schon in Indien Heilungstempel gab. Aus altägyptischen Papyrusrollen konnte man entnehmen, dass es einen sogenannten Tempelschlaf gab, der für Heilungsprozesse verwendet wurde. Um 1500 n. Chr. lebte ein Arzt namens Paracelsus in der Schweiz, der mit einem Magneten Heilungsprozesse herbeiführte. Etwa 1600 n. Chr. heilte der Ire Valentine Greatrakes seine Patienten durch Handauflegen und verwendete dabei zusätzlich einen Magneten. Durch seine Streichtechniken und Massagen, sagte man, konnte er Probleme aus dem Körper entfernen. Um 1725 n. Chr. nahm ein junger Arzt namens Franz Anton Mesmer die Magnetheilungstechnik in seine ärztliche Praxis mit auf, bis er eines Tages keinen Magneten fand, um seine Behandlung fortzuführen. Stattdessen nahm er einen Stock und kam damit zu dem gleichen Ergebnis. Im Jahre 1840 n. Chr. nahm ein junger Londoner Chirurg namens James Braid an Vorführungen teil, bei denen die Technik von Anton Mesmer demonstriert wurde. Er erkannte, dass der Behandelnde hinter dem Patienten stand und diesen vom Kopf abwärts streichelte. Dabei fiel ihm auf, dass der Blick des Patienten nach oben erstarrte und fixiert war. James Braid vertrat die Theorie, dass nicht der Magnet oder die Streichtechnik dafür verantwortlich war, sondern die Fixierung der Augen, und dass die ausgesprochenen Suggestionen einen Trancezustand herbeiführten.

Um 1864 gründeten Hippolyte Bernheim und Ambroise Liébault die Hypnoseschule von Nancy, wo auch der junge Sigmund Freud studierte. Um 1904 veröffentlichte Iwan Pawlow, ein junger russischer Forscher, das Experiment und die Theorie der menschlichen Konditionierung. Im Jahre 1943 veröffentlichte Clark Hull an der Yale Universität sein klassisches Werk „Hypnosis and Suggestibility". Eine interessante Aussage darin lautet: „Alles, was eine Trance voraussetzt, verursacht Trance. Dieses Prinzip ermöglicht uns auf verschiedene Arten, Menschen in Trance zu versetzen."

Clark Hull wurde auch durch den jungen Milton Erickson bekannt, weil er an verschiedenen Forschungsprojekten teilgenommen hat. Milton Erickson war wohl der bedeutendste Hypnotiseur des 20. Jahrhunderts, er praktizierte zwischen 1920 und 1980 fast täglich Hypnose. Seine sechzigjährige Arbeit, bei der er Tag für Tag 14 Klienten behandelte, führte zum Durchbruch der Hypnose. Um 1957 gründete Milton Erickson die Amerikanische Gesellschaft für Klinische Hypnose und die Zeitung The American Journal of Clinical Hypnosis. Durch schwere Erkrankungen an sein Haus gefesselt, gab er 1969 noch im Alter von 68 Jahren zuhause vor vielen Studenten und Praktikern Lehrseminare, an denen auch Richard Bandler, John Grinder und andere Mitglieder der NLP-Entwicklungsgruppe teilnahmen und wo sie die hypnotherapeutische Ausbildung machten.

Hypnose in unserem täglichen Leben

Viele Menschen denken, Hypnose habe zwingend damit zu tun, dass man willenlos ist und die Augen immer geschlossen sind. Das ist ein Irrtum. Man kennt Hypnose aus Filmen oder von magischen Shows, doch das hat mit der Kunst der Hypnose nur sehr wenig zu tun. Hypnose wird seit Jahrhunderten für klinische Zwecke angewandt.

Richard Bandler und John Grinder, die beiden Urväter der NLP, sagen: „Eigentlich ist jede Kommunikation Hypnose" und zugleich: „Nichts ist Hypnose - so etwas wie Hypnose gibt es gar nicht." In einem gewissen Sinne sind beide Aussagen identisch und wahr. Wenn man unter Hypnose etwas versteht, das den Bewusstseinszustand verändert, dann ist jede gelungene Kommunikation Hypnose.

Wenn ich Ihnen zum Beispiel von meinem letzten Urlaub in den Bergen erzähle, wo alles mit schönem, weißem Schnee bedeckt war und der Anblick der weißen Berge mich verzaubert hat. Und wo, wenn man über den weichen Pulverschnee lief, man regelrecht spüren konnte, wie die geschmeidige Schneemasse die Füße umhüllte. Wo man den Schnee bei jedem Schritt knirschen hören konnte, und wo die glasklare, kalte, frische Luft einen ebenso verzauberte wie die Stille der großen, weiten Ferne, die bei jedem Ausatmen eine innere Ruhe auslöste - dann ist das Hypnose.

Während des Erzählens verändere ich Ihren Bewusstseinszustand, so dass Sie alles leicht nachempfinden können und das Gefühl haben, selbst schon einmal dort gewesen zu sein. Wenn Sie jetzt den Drang verspüren, gleich dorthin zu fahren, dann war das hypnotische Sprachmuster erfolgreich. Hypnotiseure, Dichter, Politiker und Verkäufer verwenden solche Muster täglich.

Wenn ich Seminare und Trainings bei renommierten Firmen halte, bin ich zwangsläufig damit konfrontiert, mehrere hundert Kilometer zu fahren. Manchmal passiert es mir, dass ich ins Auto einsteige, losfahre und plötzlich bei der anderen Firma ankomme. Die Zeit und die Strecke vergehen manchmal wie im Flug. Ist Ihnen das auch schon einmal passiert? Das war ein Trancezustand. Die Frage, die wir uns stellen sollten, ist nicht, wie wir Personen in einen Trancezustand versetzen können, sondern aus welchem Zustand wir sie herausholen und in welchem Zustand wir sie haben wollen.

Wie Sie schon mitbekommen haben, gibt es viele hypnotische Zustände verschiedener Ebenen oder verschiedener Trancetiefen. Richard Bandler hat gesagt, dass es nicht darauf ankommt, wie tief ein solcher Zustand ist, sondern nur das Ergebnis ist wichtig. Wenn Sie also meinen, dass die Augen immer fest geschlossen sein müssen, um eine Person in einen Trancezustand zu versetzen oder eine Veränderung herbeizuführen, dann werden Sie im weiteren Verlauf dieses Buches etwas Spannendes erleben.

Manchmal passieren mir interessante Phänomene: Ich suche einen besonderen Stift, finde ihn einfach nicht und merke dann plötzlich, dass er die ganze Zeit vor mir lag. Das war wohl eine Halluzination. Natürlich haben Sie so etwas Ähnliches auch schon einmal erlebt, nicht wahr? Was wir in unserem alltäglichen Sprachgebrauch an Sprachmustern verwenden, ist erstaunlich. Eine Mutter sagt zu ihrem Kind: „Pass auf, stolper nicht über deine eigenen Füße." Und was passiert? Das Kind stolpert.

Oder ich sage zu Ihnen: „Denken Sie bitte nicht an ein schönes, luxuriöses Auto, nur für 30 Sekunden nicht." Und hat es funktioniert? Haben Sie nicht an das schöne, luxuriöse Auto gedacht? Nein. Es ist unmöglich, weil wir uns erst einmal darüber im Klaren sein müssen, was wir nicht denken dürfen, und schon ist das Bild da. Also, alle Negationen müssen von uns erst einmal visualisiert werden, um sie dann wieder verschwinden zu lassen.

Wenn Sie Sportler beobachten oder selbst Sport treiben, zum Beispiel Marathon laufen, dann wissen Sie, dass Sportler nichts anderes als Selbsthypnose betreiben, um die Schmerzen und Gefühle, die durch die starke Belastung auftreten, in Luft aufzulösen. Wie Sie erkannt haben, ist also Hypnose nichts Besonderes, weil sie in unserem alltäglichen Leben immer zu beobachten ist.

Wenn Sie Verkaufshypnose bzw. nls beherrschen, werden Sie bemerken, dass Sie die gleiche Sprache verwenden, die Sie tagtäglich benutzen, um zu kommunizieren. Das, was Sie lernen werden, ist, die Sprache ganz bewusst und qualifiziert anzuwenden.

Wenn Sie jetzt denken, dass Sprachhypnose etwas ganz Natürliches ist und Sie diese leicht in Ihrer Praxis anwenden können, haben Sie zum Teil Recht. Sprachhypnose ist etwas ganz Natürliches, es bedarf allerdings schon etwas Übung, sie auch ganz bewusst anzuwenden. Sie werden verwundert sein über Ihre Fähigkeiten, die Sie innerhalb des Buches erwerben bzw. noch immens steigern werden.

Ist Verkaufshypnose nicht Manipulation?

Viele Menschen denken, die Macht zu besitzen, andere Menschen zu überzeugen, sei etwas Schlechtes, weil die Menschen dann willenlos sind und Dinge tun, die sie eigentlich nicht tun würden. Sie befürchten, dass Personen beeinflusst, überredet oder manipuliert werden und etwas kaufen oder tun, was sie gar nicht besitzen oder machen wollten. Ja, Sie haben Recht! Wenn Sie die Macht besitzen, Menschen zu überzeugen, dann können Sie diese für viele Dinge nutzen. Doch schauen wir uns einmal unsere Welt etwas genauer an. Dieses Klischee vom globalen Dorf ist bekannt und immer noch wahr. Noch nie war es so einfach wie in der heutigen Zeit, Menschenmassen zu beeinflussen und zu manipulieren. Es werden sogar Milliarden von Euro investiert, um uns Menschen zu beeinflussen.

Das bedeutet, dass nur durch Manipulation und Beeinflussung immer mehr Menschen Coca-Cola trinken, zu McDonald's gehen und sogar Dinge machen, die vollkommen sinnlos sind, wie Zigaretten rauchen. Wie Sie sehen, werden wir so manipuliert, dass wir Dinge tun, die sogar ungesund für uns sind. Heutzutage werden wir weltweit in bestimmte Richtungen gelenkt und beeinflusst. Strategien werden dazu verwendet, um Menschen dazu zu bringen, eine bestimmte Einstellung oder Haltung einzunehmen oder einen bestimmten Politiker zu wählen. Es geht sogar so weit, dass Menschen bestimmte Einstellungen, Handlungen oder Landessitten eingetrichtert werden. Da stellt sich die Frage, ob wir überhaupt eine eigene Meinung haben. Oder ist alles manipuliert worden und wir denken so, wie wir denken sollen?

Die Welt wird von Menschen beherrscht, die die größten Überzeugungsfähigkeiten haben. Alles, was Sie erfahren, hat nur einen Sinn, wenn Sie mit diesem Wissen auf eine positive Art und Weise andere und sich erfolgreicher machen. Wenn Sie als Verkäufer ein Produkt oder eine Dienstleistung verkaufen, mit der Sie eine positive Veränderung für unsere Welt und Ihre Kunden erreichen, dann überzeugen Sie Ihre Kunden. Wenn Ihr Kunde Kosten spart, effektiver und einfach erfolgreicher wird, dann wird es ihm nur helfen, wenn Sie ihn überzeugen. Unser Wirtschaftskreislauf funktioniert nur, wenn gekauft und verkauft wird.

Was heißt Verkaufshypnose?

Bevor ich jetzt genau darauf eingehe und Ihnen sage, was konkret Verkaufshypnose ist, müssen wir erst einmal die Definition von Verkauf bzw. Hypnose klären. Hypnose kommt aus dem Griechischen und bedeutet Schlaf, es handelt sich um einen schlafähnlichen Zustand. Hypnose bedeutet also, dass man einen gewissen Zustand erreicht. Verkaufshypnose bedeutet, im Verkaufsprozess einen spezifischen Zustand zu erreichen. Wir unterscheiden zwischen Hypnose und Suggestion. Hypnose ist der Zustand, und Suggestion ist die Technik, die uns dabei hilft, diesen Zustand herbeizuführen. Als Nächstes müssen wir erfahren, wie viele Stufen es in der Hypnose gibt. Wir unterteilen die Hypnose der Einfachheit halber in die leichte, die mittlere und die tiefe Hypnose. Bei der Verkaufshypnose arbeiten wir grundsätzlich mit der leichten Hypnose. Das ist vergleichbar damit, dass Sie einen Stift suchen, der direkt vor Ihrer Nase liegt. Sie haben also quasi eine Halluzination, eine negative Halluzination, erzeugt. Das heißt, unter Verkaufshypnose versteht man nichts anderes als die Aktivierung von internen Bildern, internen Geräuschen, Gefühlen und Gerüchen und die Erzeugung einer internen Halluzination, die mit der Realität nichts zu tun hat.

Es gibt zwei verschiedene Arten der Suggestion, die direkte und die indirekte. Bei der Verkaufshypnose werden sowohl Techniken der indirekten als auch der direkten Suggestion eingesetzt. Doch grundsätzlich können wir Verkaufshypnose und Hypnose nicht gleichstellen. Verkaufshypnose bedeutet, dass im Verkaufsprozess ein Verkaufszustand erzeugt wird. Nehmen wir einmal ein kleines Beispiel zu Hilfe, um die Verkaufshypnose anschaulicher und exakter zu beschreiben. Stellen Sie sich vor, ich hätte eine schöne goldgelbe Zitrone in meiner Hand. Ich nehme diese goldgelbe Zitrone und zerschneide sie in zwei Hälften. Während ich sie zerschneide, spritzt ein wenig Zitronensaft nach oben. Jetzt zerschneide ich die Zitrone in vier Teile. Nachdem ich das getan habe, nehme ich eines dieser Viertel und beiße herzhaft hinein. Das Wasser läuft mir im Mund zusammen und der Geschmack ist wirklich sauer. Wenn Sie jetzt, meine Damen und meine Herren, einen leicht säuerlichen Geschmack wahrnehmen bzw. Ihnen das Wasser im Munde zusammenläuft, wenn dies der Fall ist, dann war dies eine klassische, gute Verkaufshypnose. Das bedeutet: Durch die Worte sind Bilder, Gefühle und Geschmackserlebnisse erzeugt worden, so dass Ihr Körper darauf reagierte und den Speichelfluss angeregt hat. Doch nicht nur die Sprache der Sinne oder Möglichkeiten, mit der interne Halluzination erzeugt werden, wird als Sprach- bzw. Verkaufshypnose verstanden, sondern es gibt in der Verkaufshypnose gewisse Satzkonstellationen, die eine hypnotische Wirkung erzeugen.

Wir verwenden innerhalb unseres Sprachsystems „Wortverbindungen", um den Sinn von zwei Satzteilen zu kombinieren. Es ist auch möglich, Sätze miteinander zu verbinden, die eigentlich in keinem Zusammenhang stehen, weil unser Bewusstsein dann automatisch nach Zusammenhängen sucht. Ich zeige Ihnen jetzt anhand des Sprachmusters „Ursache gleich Wirkung" die „WENN-DANN-Verknüpfung". Hören Sie sich einmal diesen Satz an:

„Wenn du aus dem Fenster schaust, dann musst du weinen."

Der erste Satzteil hat nichts mit dem zweiten Satzteil zu tun, doch wir denken, es bestehe eine Verbindung. Wir sind sicher, dass wir irgendetwas sehen werden, das uns zum Weinen bringt. Der erste Satzteil steht für die Ursache und der zweite Satzteil für die Wirkung.

Die Mutter sagt zu ihrem Kind, weil es nicht für die Schule lernen will: „Wenn du für deine Prüfung morgen nicht lernst, dann wirst du morgen auch nichts wissen und eine schlechte Note schreiben." Die Verbindung der Satzteile wirkt wie eine Prophezeiung. Unbewusst versuchen wir uns daran zu halten, sogar wenn wir keinen direkten Zusammenhang erkennen.

Wenn Menschen eine Begründung für eine Sache erhalten, dann sind sie zu 95 Prozent von einer Sache überzeugt (auch wenn es keine kausalen Zusammenhänge gibt). Wenn Sie unser Produkt sehen, dann werden Sie es kaufen wollen.

Eine weitere Strategie der Verkaufshypnose besteht darin, dass ein Teil der Aussage als wahr unterstellt wird. Wir gehen also davon aus, dass ein Teil der Aussage als wahr hingenommen wird. Stellen Sie sich einmal Folgendes vor: Zwei Männer unterhalten sich, und der eine sagt zum anderen: „Vorige Woche hat meine Frau zu mir gesagt, ich soll langsam fahren." Bei dieser Aussage wird stillschweigend angenommen, dass er mit seiner Frau zu schnell und rücksichtslos in seinem Auto durch die Gegend gefahren ist. Es wird nicht angesprochen, dass er jetzt mit dem Auto, Motorrad oder Sonstigem fährt, es wird einfach hingenommen, dass er mit dem Auto fährt.

Viele Eliteverkäufer verwenden in ihrem Sprachgebrauch stillschweigende Vorannahmen, also Annahmen, die stillschweigend unterstellt werden. Sie benutzen diese Vorannahmen neun Mal so oft wie normale Verkäufer. Wenn ich jetzt zum Beispiel behaupten würde, mein Verkaufstraining sei das beste, das Sie jemals erlebt haben, dann könnten Sie sofort reagieren und sagen, nein, es gibt bestimmt verschiedene Trainer auf dem Markt, die möglicherweise ähnliche Verkaufstrainings oder andere Verkaufstrainings anbieten. Sie haben vielleicht über andere Trainings gelesen oder etwas darüber gehört. Wenn ich jetzt etwas behaupte, dann wird Ihre Aufmerksamkeit genau darauf gelenkt. Wenn ich stattdessen sage: „Haben Sie erkannt, welche Unterschiede es zwischen unserem Verkaufstraining und dem Training unserer Mitbewerber gibt?", dann werden Sie sich auf die Unterschiede konzentrieren und vielleicht antworten: „Ja, ich habe Unterschiede erkannt" oder „Nein, ich habe keine Unterschiede erkannt". Es wird stillschweigend angenommen, dass es Unterschiede zu unseren Mitbewerbern gibt. Wenn Sie jetzt erkannt haben, welche sensationellen Möglichkeiten es gibt, mit der Sprache Menschen zu überzeugen, dann frage ich mich, welche Strategie Sie wohl als Erstes anwenden werden. Auch hierin steckt eine Vorannahme; nämlich, dass Sie eine Strategie anwenden werden. Wenn Sie in Ihrem Sprachgebrauch permanent Vorannahmen verwenden, dann wird es Ihnen leichtfallen, Menschen zu überzeugen. Wie wollen Sie die Menschen am besten überzeugen? Mit der Sprache, mit dem Körper? Auch hierin steckt eine Vorannahme, nämlich die, dass Sie Menschen überzeugen wollen. Haben Sie den wichtigsten Vorteil erkannt? Hierin steckt wieder eine Vorannahme, nämlich, dass es noch viele wichtige Dinge gibt. Das heißt also, je öfter Sie in Ihre Gespräche Vorannahmen einbauen, desto intensiver können Sie Ihr Gegenüber überzeugen. Sie stellen keine Behauptung auf, sondern nehmen einfach an, dass etwas so und nicht anders ist, und meistens wird es in unserem Gehirn dann auch so angenommen und abgespeichert. Wenn wir etwas ausdrücklich behaupten, dann prüfen wir diese Behauptung. Handelt es sich aber um eine Vorannahme, dann gehen wir davon aus, dass es sich um eine Tatsache handelt und wir akzeptieren diese aus diesem Grund ungeprüft. In der Verkaufshypnose gibt es sowohl offensichtliche direkte Suggestionstechniken als auch indirekte versteckte Suggestionstechniken, die den Kunden dazu einladen, ein starkes Kaufverlangen zu entwickeln. Sie werden nun einen Teil der indirekten Suggestionstechniken erlernen.

Eine wichtige Anmerkung noch: Sie sollten wissen, dass es nicht ausreicht, dass Sie einen Satz einmal aussprechen, damit die Person dann umgehend tut, was Sie sagen – so wie bei einem Zaubersatz: Abrakadabra und Ihr Kunde ist in einer Trance. Das ist nur dann möglich, wenn Sie mit einer Person eine Hypnose gemacht und einen Anker installiert haben und sie dann per Knopfdruck in Trance versetzen können. Doch das ist nicht Inhalt und Sinn dieses Buches. Sie müssen also mehrere Sätze mit diesen Sprachmustern verwenden und beharrlich indirekte Suggestionen verwenden. Nach dem Prinzip: Steter Tropfen höhlt den Stein.

Verkaufshypnose im Überblick

Viele nls-Seller verwenden dieses machtvolle Instrument, wenn auch oft unbewusst, in ihrem Geschäftsalltag. Meist führen sie mit ihren Geschäftspartnern oder Mitarbeitern eine Kommunikation auf unterbewusster Ebene. Durch den Einsatz kraftvoller Schlüsselwörter erzielen sie einen virtuellen Mehrwert ihrer Produkte bzw. Dienstleistungen und verfügen damit über ein Höchstmaß an Überzeugungs- und Begeisterungsfähigkeit. Vier entscheidende Strategien kommen dabei zum Einsatz.

Wie Sie bereits im Punkt „Beziehungsmanagement" erfahren haben, ist es äußerst wichtig, dass Sie Ihren Kunden spiegeln. Dieses Spiegeln schafft ein großes Vertrauensverhältnis, das nötig ist, um eine Überzeugungstrance zu erzeugen. Wenn Ihr Kunde Ihnen kein Vertrauen schenkt, ist es so gut wie unmöglich, eine Überzeugungstrance zu induzieren. Verwenden Sie dabei sowohl Techniken des verbalen wie auch des nonverbalen Spiegelns. Wenn Sie lange genug spiegeln, dann können Sie damit anfangen, Ihren Gesprächspartner zu führen und Ihre

Überzeugungsfähigkeit voll auszuschöpfen. Förderliche Sprachmuster sind vage Äußerungen, so dass Ihr Kunde freie Interpretationsmöglichkeiten hat. Sie geben ihm einen Rahmen vor, und er entscheidet, was für ein Bild in diesem Rahmen erscheinen soll. Mit Hilfe der vagen Äußerungen ist es möglich, den inneren Erlebnisprozess zu steuern. Sie dienen daher als Prozessinstruktion.

Vier Strategien der Verkaufshypnose		
Tatsachen und Suggestionen verknüpfen	Sätze werden miteinander verbunden, auch wenn es keinen Zusammenhang gibt, weil unser Bewusstsein nach Zusammenhängen sucht. Wir beginnen mit Tatsachen und Wahrheiten, dann folgen Suggestionen.	1. Konjunktionen 2. Ursache gleich Wirkung 3. Je … desto
Kunstvolle Vagheiten	Wir wollen keinen Misserfolg aufkommen lassen. Aus diesem Grund benutzen wir Wörter wie „vielleicht" oder „könnten".	1. Vagheiten
Persönliche Überzeugungskraft	Ein Teil der Aussage wird als wahr unterstellt.	1. W-Fragen 2. „oder" 3. Vorannahmen des Bewusstseins 4. Vorannahmen der Zeitsätze 5. Vorannahmen der Veränderung 6. Vorannahmen der Adjektive und Adverbien
Den bewussten Verstand umgehen	Geschichten, Metaphern und Zitate werden in der dritten Person vermittelt, da die Filter und Schutzmechanismen so ausgeschaltet sind. Die Botschaft geht sofort ins Unterbewusstsein.	1. Gedanken lesen 2. Eingebettete Fragen 3. Zitate 4. Geschichten 5. Metaphern

Tatsachen und Suggestionen verknüpfen

Dieses Sprachmuster lädt den Gesprächspartner ein zu glauben, dass aufgrund einer Tatsache notwendigerweise etwas anderes geschieht. Wir beginnen eine Äußerung mit Tatsachen (verbales Spiegeln), also mit Wahrheiten, die absolut unwiderlegbar sind, und verknüpfen diese dann mit einer Suggestion.

1. Konjunktion „und"

„Sie können das Produkt sehen (Tatsache) **und** seinen Nutzen einfach erkennen." (Suggestion) (Welchen Nutzen? Das ist vage gehalten.)

„Sie lesen diese Zeilen **und** können wahrnehmen, wie effektiv Sie lernen." (Was werden Sie effektiv lernen?)

„Sie sehen die außergewöhnlichen Referenzen, **und** das positive Ergebnis wird Ihnen die Zukunft beweisen."

(II) EIGENES BEISPIEL:

_____

_____

_____

2. Ursache gleich Wirkung

Ihre Kunden glauben zu machen, dass aufgrund einer Tatsache notwendigerweise etwas geschieht (Ursache gleich Wirkung), ist ein sehr starkes und wirkungsvolles Sprachmuster. Daher empfiehlt es sich, erst verschiedene „und"-Verknüpfungen anzuwenden, bevor Sie sich an die Verwendung von „Ursache gleich Wirkung" wagen.

Verwenden Sie folgende Sprachmuster:

▶ bewirkt, macht, zwingt, voraussetzen, weil, führt zu, deshalb, schafft, ermöglicht, hilft, unterstützt, beweist, während, bevor, bedeutet, wenn ... dann

„Ich werde Ihnen das Konzept jetzt ausführlich präsentieren, und das **ermöglicht** Ihnen, Herr Müller, sich vorstellen zu können, welchen langfristigen Unternehmenserfolg Sie erzielen, **weil** Sie wissen, was für Ihr Unternehmen gut ist." (Welchen Unternehmenserfolg wird er erzielen?)

„**Wenn** Sie das Produkt jetzt sehen, **dann** werden Sie erstaunt sein, welche Möglichkeiten es Ihnen in der Zukunft bringt."

„**Während** Sie diese Zeilen lesen, **bewirkt** der Inhalt, dass Sie mein Seminar vielleicht besuchen möchten, **weil** Sie neugierig sind, wie sich Ihre Fähigkeiten noch mehr verändern."

_____

_____

_____

3. Je ... desto ...

Mit dem Sprachmuster „Je ... desto ..." lassen sich Widerstände spiegeln und nutzen. Sie können dieses Sprachmuster auch mehrfach hintereinander verwenden.

„Meine Erfahrung hat mir gezeigt: **Je** mehr Fragen Sie stellen und sich Gedanken machen, **desto** besser können Sie sich vorstellen, wie Sie in Zukunft damit arbeiten, nicht wahr?" (Welche Vorstellung?)

„**Je** mehr Sie darüber erfahren, **desto** einfacher erkennen Sie den Nutzen, und je klarer Sie den Nutzen erkennen, **desto** leichter können Sie sich entscheiden."

„**Je** mehr Sie über unseren Service erfahren, **desto** zufriedener werden Sie mit Ihrem Kauf sein."

_____

_____

_____

Kunstvolle Vagheiten

Durch hypnotische Sprachmuster hat der Kunde den Eindruck, sich selber ein Bild aussuchen zu können, doch den Rahmen geben wir vor. Wir wollen keinen Misserfolg aufkommen lassen, und die Gegenteilssortierer mögen es überhaupt nicht, wenn ein anderer Mensch ihnen etwas vorschreibt. Aus diesem Grund benutzen wir Schlüsselwörter wie:

▶ vielleicht, möglicherweise, wahrscheinlich, es könnte sein, irgendwie, irgendwas, irgendwann, irgendwer

„Es ist **vielleicht** ganz einfach, eine mehr als zufriedenstellende Lösung zu finden." (Welche Lösung?)

„**Möglicherweise** erkennen Sie von ganz allein, welchen Nutzen Ihnen die Zukunft bringt."

„**Wahrscheinlich** möchten Sie mehr über den Service unseres Unternehmens erfahren."

Eigenes Beispiel:

_____

_____

_____

Persönliche Überzeugungskraft

Bei der persönlichen Überzeugungskraft wird ein Teil der Aussage als wahr unterstellt. Durch diese Vorannahme präsentieren wir unsere persönliche Überzeugung gegenüber unserem Produkt oder unserer Dienstleistung.

1. W-Fragen

▶ Wie, wann, wie viel, wo, wer, was, welcher ...

„**Wann** wollen Sie am ehesten mit dem Auftrag beginnen?" (Wir gehen davon aus, dass der Kunde definitiv beginnen möchte.)

„**Welcher** strategische Ansatz gefällt Ihnen persönlich am besten?"

„**Was** erwarten Sie von einer erfolgreichen Zusammenarbeit mit uns?"

Eigenes Beispiel:

_____

_____

_____

2. Das Bindewort „oder"

„Ich frage mich, ob Sie mit dem Produkt mehr Rendite **oder** mehr Sicherheit erzielen wollen?" (Wir gehen davon aus, dass Sie das Produkt kaufen möchten.)

„Ich frage mich, wann Sie Ihren Freunden von dieser Strategie erzählen möchten, eher früher **oder** später?"

„Manchmal kann es sein, dass, während Sie diese Zeilen lesen, Ihr rechter **oder** linker Zeh juckt **oder** ein wenig warm wird."

Eigenes Beispiel:

_____

_____

_____

3. Vorannahmen des Bewusstseins

Wir appellieren an sein Bewusstsein, etwas wahrzunehmen. Die möglichen Schlüsselwörter können Sie natürlich verwenden:

▶ denken, meinen, glauben, wissen, träumen, ahnen, bewirken, realisieren, wundern, bemerken, fragen, erleben, wieder erwähnen, erfassen, wahrnehmen, in Betracht ziehen, abwägen, verstehen

„Haben Sie schon **bemerkt**, welchen Nutzen Sie erhalten, wenn Sie gleich damit beginnen werden?" (Welchen Nutzen meinen wir, oder welchen meint Ihr Kunde?)

„Können Sie schon **erahnen**, wie leicht Ihr Unternehmen mit unserem Produkt in der Zukunft unbegrenzte Möglichkeiten erhält?"

„Haben Sie schon **bemerkt**, wie erfolgreich Ihr Unternehmen sein könnte, während Sie die Vorzüge unserer EDV-Anlage betrachten?"

ⅠⅠ▷ EIGENES BEISPIEL:

_____

_____

_____

4. Vorannahmen der Zeitsätze

Dieses aus einem Wort bestehende Sprachmuster können Sie als Verbindung zwischen Sätzen oder am Anfang eines Satzes verwenden. In einer bestimmten Zeit wird etwas Besonderes geschehen, und dies wird eingeleitet durch die Wörter:

▶ bevor, nachdem, seit, während, vorher, wenn, als

„Möchten Sie das einzigartige Produkt noch einmal in die Hand nehmen, **nachdem** Sie erkannt haben, wie sich Ihre Zukunft verändern kann?" (Wie verändert sich die Zukunft?)

„Versuchen Sie, dem Gefühl des Erfolges zu widerstehen, **während** Sie alle Vorzüge des außergewöhnlichen Produktes erkennen."

„Sie brauchen etwas Zeit, **bevor** Sie alle Vorteile unseres Produktes überblicken können, nicht wahr?"

ⅠⅠ▷ EIGENES BEISPIEL:

_____

_____

_____

5. Vorannahmen der Veränderung

▶ beginnen, fortfahren, aufhören, anfangen, schon, nicht mehr, noch nicht, noch, früher oder später, zulassen

„Sie werden **nicht mehr** wissen, wie die Einstiegskosten waren, wenn Sie in der Zukunft den Nutzen genießen." (Welcher Nutzen soll genossen werden?) „Während Sie die Pläne dieses Hauses sehen, können Sie **beginnen**, sich vorzustellen, wie Sie darin wohnen."

„**Früher oder später** können Sie es **zulassen**, Ihre Probleme fallen **zu lassen**, und in die erfolgreiche Zukunft blicken."

🆔 EIGENES BEISPIEL:

_____

_____

_____

6. Vorannahmen der Adjektive und Adverbien

Adjektive (beschreiben die Eigenschaften eines Substantivs, eines Hauptwortes) und Adverbien (beschreiben die Eigenschaften eines Verbs) sind die Würze. Diese „Dekoration" ist ganz, ganz wichtig! Beispiele:

▶ natürlich, einfach, unendlich, unbegrenzt, wiederholt, wirklich, meistens, wahrhaftig, normalerweise, viele, glücklicherweise, überraschend, erstaunlicherweise, leicht, erstaunt

„Wären Sie erstaunt, wenn ich Ihnen jetzt noch weitere **überraschende** Vorzüge unseres Produktes aufzeigen würde?" (Welche Vorzüge?)

„**Erstaunlicherweise** ist es **unendlich einfach, viel** mehr Umsatz mit unserem Produkt zu machen, weil es viele verschiedene Möglichkeiten gibt, es zu platzieren."

„**Glücklicherweise überrascht** es mich nicht, wenn ich meine Kunden besuche und sie von ihren großartigen Erfolgen erzählen, weil sie **natürlich** rechtzeitig reagiert haben."

🆔 EIGENES BEISPIEL:

_____

_____

_____

Den bewussten Verstand umgehen

Der Geschichtenerzähler

Es war einmal ein alter Mann, dem es große Freude bereitete, Geschichten aus seinem Leben zu erzählen. Die Menschen hörten ihm zu und glaubten, während sie ihm lauschten, ihre eigene Geschichte zu hören. Zugleich fühlten sie sich dabei merkwürdig geborgen. Es half ihnen später, eigene Probleme, die denen in den Geschichten ähnelten, leichter zu lösen. Dies bestärkte einige der Zuhörer sogar, selbst Geschichtenerzähler zu werden. Als sie ihre eigene Geschichte vortrugen, entdeckten sie Geheimnisse, die sie jahrelang gequält hatten. Irgendwie fühlten sie sich jetzt befreit.

1. Gedanken lesen

Beim Gedankenlesen behaupten wir, dass wir über die Gedanken und Gefühle unseres Gesprächspartners informiert sind, ohne den Prozess zu benennen, wie wir an die Informationen gelangt sind.

▶ Sie fragen sich vielleicht …
▶ Sie werden bald …
▶ Vielleicht sind Sie neugierig …
▶ Vielleicht möchten Sie herausfinden …
▶ Sie könnten sich fragen …

„**Sie fragen sich vielleicht**, wie viel Sie investieren sollten, um in der Zukunft noch mehr Kunden für Ihr Unternehmen zu gewinnen?" (Wir tun so, als wüssten wir, was unser Kunde möchte.)

„**Vielleicht möchten Sie herausfinden**, wie Sie in Ihrem Unternehmen noch effizienter und rentabler arbeiten können."

„**Vielleicht sind Sie neugierig** zu erfahren, wie viel erfolgreicher Sie wären, wenn Sie schon seit Jahren mit diesen Sprachmustern arbeiten würden?"

▶ Eigenes Beispiel:

_____

_____

_____

2. Eingebettete Fragen

Mit diesen eingebetteten Fragen sprechen Sie ja eigentlich mit sich selbst, und der Kunde hat die Wahl, ob er antwortet oder nicht. Dieses Instrument ist besonders geeignet, wenn Sie bereits zahlreiche Fragen gestellt haben und Ihren Kunden nicht drängen wollen.

- Ich frage mich ...
- Ich weiß nicht, ob ...
- Ich möchte gerne wissen, ob ...
- Ich bin neugierig ...
- Ich wundere mich ...

„**Ich frage mich**, ob Sie Ihre bevorstehenden Erfolge jetzt schon sehen können."
(Wir gehen davon aus, dass er Erfolge hat, und sagen nicht, welchen Erfolg.)

„**Ich bin neugierig**, wie sich Ihre Zukunft durch die hohe Rentabilität verändern wird."

„**Ich möchte gerne wissen**, ob Sie die hohe Rendite in Ihrer Zukunft genießen werden."

▸ EIGENES BEISPIEL:

_____

_____

_____

3. Zitate

Eine wörtliche Wiedergabe einer Unterhaltung oder Aussage wird vom Zuhörer bewusst so verarbeitet, als wäre sie an jemanden aus der Geschichte gerichtet. Das hat allerdings die Wirkung, als sei die Aussage direkt an den Zuhörer gerichtet, und er reagiert meist unbewusst darauf.

- Jemand hat mal gesagt:
- Herr Schmidt hat gesagt:
- Eine Frau sagte mir einmal:
- Ein Kind hat gesagt:
- Einmal sagte eine Person:

Jemand hat einmal gesagt: „Frage nicht, was ich für dich tun kann, sondern was du tun kannst, um deine Fähigkeiten noch zu steigern." Bei einem Interview wurde Arnold Schwarzenegger gefragt, welche von zehn Wiederholungen die wichtigste sei. **Er sagte:** „Die elfte Wiederholung ist die wichtigste und effektivste bei jeder Übung."

Herr Müller hat gesagt: „Man sollte dieses Produkt jetzt kaufen und sich auf die Zukunft freuen."

Die Presse hat geschrieben: „Wer jetzt nicht kauft, hat Pech gehabt."

_____

_____

_____

Führungskräfte im Vertrieb, die immer nur verkaufen (müssen), haben ein hartes Los. Ob es sich nun um Konzepte handelt, die den eigenen Mitarbeitern „verkauft" werden müssen oder um tatsächliche Verkaufsgespräche bei wichtigen Schlüsselkunden, die ein persönliches Gespräch fordern. Erfolgreicher und glücklicher sind diejenigen, die „kaufen" lassen. „Sog statt Druck" lautet der Erfolgsgrundsatz, der mit dem Einsatz hypnotischer Sprachmuster auch erreichbar ist.

Metaphern und Geschichten in der Verkaufshypnose

Hypnotische Sprachmuster haben im Gegensatz zur Hypnose keinen Anfang und kein Ende. Hypnose ist, wenn Sie, wie bei der Lektüre eines guten Buches, die Zeit vergessen, bei einem spannenden Kinofilm jegliches Zeitgefühl verlieren, wenn Sie bei den Liebesbotschaften Ihrer Freundin oder Ihres Freundes ins scheinbar Leere starren – das ist Trance, das ist auch Hypnose.

Ich will nicht, dass Sie jetzt einfach alle Menschen, die Ihnen begegnen, in einen Trance- und Hypnosezustand versetzen. Es geht darum, dass wir die Leute verzaubern, sie in eine Art angenehme Trance versetzen, bei der die Augen natürlich offen und der Verstand hellwach bleiben. Das ist tatsächlich das Modell und das Prinzip, das ich mit Ihnen erarbeiten möchte.

Metaphern

Wenn Sie Metaphern in einer Kommunikation verwenden, dann überzeugen Sie das Unterbewusstsein mit Wortbildern. Ziehen Sie eine Parallele bestehend aus dem, was Sie sagen wollen, und dem entsprechenden Bild. Wortbilder sind Bilder, die mit Worten gemalt worden sind!

▶ statt: Sie haben Recht.
▶ besser: Sie haben ins Schwarze getroffen.
▶ statt: Vergleichen Sie gerecht.
▶ besser: Vergleichen Sie nicht Äpfel mit Birnen.

Die erste Möglichkeit, mit Wortbildern zu arbeiten, ist ganz einfach. Sie verknüpfen durch einen Vergleich Ihre Aussage mit einem schlüssigen Bild.

▶ „Wenn Sie das erste Mal dieses Produkt in den Händen halten, ist es wie Schokolade. Sie können nie genug davon haben."

- „Diese Strategie ist wie ein Zauberstab. Sie können Ihren Kunden einfach verzaubern."
- „Wenn Sie mit diesem luxuriösen und einzigartigen Auto fahren, dann ist es wie im Himmel. Sie fahren wie auf Wolken, so fantastisch fährt es sich."

Die zweite Möglichkeit: Sie verwenden ein ganzes System und ziehen immer wieder Vergleiche.

- Haus: Fundament, Wände, verschiedene Räume, Dach, Alarmanlage
- „Diese EDV-Anlage ist wie ein Haus. Zuerst bauen wir Ihnen ein Fundament, das heißt ein einzigartiges Virenprogramm, dann sorgen wir für stabile Wände, damit jeder Mitarbeiter weiß, welche Richtung bzw. welchen Pfad er gehen muss, um seine Aktivität schnell zu erledigen. Dann richten wir verschiedene Räume ein, damit jeder Mitarbeiter weiß, wo sein Spielfeld ist. Wenn wir dann das Dach befestigt haben, haben Sie über alle Aktivitäten einen Gesamtüberblick. Zu guter Letzt bauen wir in Ihrem Haus eine Alarmanlage ein, damit, falls ein Unbefugter die verschiedenen Räume betreten möchte oder sogar jemand Unbefugtes von außen eindringen will, wir und Sie benachrichtigt werden und sofort Gegenmaßnahmen einleiten können."

▶ EIGENES BEISPIEL:

_____

_____

_____

Wie Sie erkannt haben, sind Metaphern wohl das beste und effektivste Instrument, um komplizierte Sachverhalte einfach und bildlich zu erklären. Damit können Sie Ihre Aussage schlagkräftiger machen!

Geschichten

Geschichten haben eine mächtige Wirkung auf uns Menschen, Sie formen unsere Gedanken und Überzeugungen. Diese Art der Kommunikation bewirkt, dass alle Abwehrmechanismen und Filtersysteme, die jeder Mensch hat, umgangen werden. Das heißt, dass der Zuhörer sich unbewusst in die Geschichte hineinversetzt und die Botschaft ohne den natürlichen Filter, bestehend aus Überzeugungen und/oder Glaubenssystemen, wahrnimmt. Er denkt vielleicht, es handele sich ja nur um eine Geschichte und habe mit ihm nichts zu tun. Außer, Sie erzählen ihm eine Geschichte, deren Botschaft sehr leicht zu erkennen ist (durch Parallelen zum Gesprächspartner und seinem Leben). Doch wenn Sie es schaffen, eine Geschichte zu erzählen, mit der Sie versteckte Botschaften weitergeben können, ist das ein mächtiges Instrument.

Selbst erlebte Geschichten

Schildern Sie eigene Erfahrungen und Erlebnisse, dadurch werden Sie glaubwürdiger.

„Gut, dass Sie jetzt ansprechen, dass Ihnen das Seminar zu teuer ist (Verständnis, Vertrauen). Ich habe ebenfalls kürzlich viel Geld in eine Fortbildung investiert und wusste nicht, ob es sich rentiert und ich die Kosten wieder hereinholen würde (ich setze mich ins gleiche Boot), doch ich habe nach dem Seminar bemerkt, wie sehr ich meine Kommunikationsfähigkeit verbessern und dadurch meinen Umsatz immens steigern konnte. Ich könnte mir vorstellen, dass es bei Ihnen genauso sein wird (Zukunftsprojektion)."

„Ich muss gestehen, dass das mein persönliches Traumauto ist. Wenn ich ganz entspannt zu Hause sitze, kann ich mich schon sehen, wie ich mit diesem Auto fahre, und Sie können sich diesen Traum jetzt erfüllen. Sie sind ein Glückspilz!!!"

Geschichten von dritten Personen

Lassen Sie dritte Personen sprechen, damit greifen Sie Ihren Kunden nicht an, und er muss keine Abwehrhaltung einnehmen.

„Der Preis ist zu hoch. Sehr gut, Sie sprechen ein wichtiges Thema an, Herr Müller. Die Firma XY hat vor drei Jahren genau wie Sie gedacht. Die Firma XY brauchte bis dahin drei Mitarbeiter, um die Buchhaltung zu führen. Jetzt braucht die Firma nur noch eine Person, und die Software macht alles von alleine. Die Firma konnte ihre Kosten senken und ist mit ihrer Entscheidung sehr zufrieden."

Nach den Geschichten ist es Zeit, noch einmal Beweise vorzulegen. Beweisen Sie, dass Ihre Aussage zu 100 Prozent stimmig ist. Wenn Sie schon so lange gewartet haben, den Kunden ganz heiß gemacht haben und er das starke Verlangen hat, jetzt zu kaufen, dann haben Sie den richtigen Zustand bei ihm erreicht. Ihre Überzeugungsfähigkeit ist so gewachsen, dass Sie schon förmlich sehen können, wie Ihr Kunde wartet, wie ein kleines Kind, das ein Bonbon bekommt. Lassen Sie ihn etwas zappeln und lassen Sie ihn spüren, dass er das große Verlangen hat, jetzt das Produkt zu besitzen. Er soll Ihnen regelrecht den Auftrag aus der Hand reißen und darauf hinfiebern zu unterschreiben. Ihr Kunde muss so sicher sein, so ein gutes Gefühl haben und in einem absoluten Spitzenzustand sein, dass er sagt: „Hören Sie auf, ich will jetzt endlich kaufen!"

Ein Leitfaden für Ihre Sprachmuster

Sie werden jetzt verschiedene Satzfragmente sehen, mit denen Sie ganz einfach eine Überzeugungstrance gestalten können. Ihrer Fantasie sind keine Grenzen gesetzt, weil die individuelle Einsetzbarkeit so vielfältig ist.

Menschen können, wie Sie wissen ...

▶ Menschen können, wie Sie wissen, einfach eine elegante Lösung finden.

▶ Menschen können, wie Sie wissen, Möglichkeiten erkennen, bevor andere Menschen es tun, nicht wahr?

Personen können (Name) ...

▶ Personen können, Herr Müller, einfach eine schnelle Entscheidung treffen.

▶ Personen können, Frau Schmidt, mit gewissen Produkten erfolgreicher arbeiten.

Vielleicht bemerken Sie ..., während Sie ...

▶ Vielleicht bemerken Sie den Leistungsumfang unseres Produktes, während ich Ihnen alle Vorzüge präsentiere.

▶ Vielleicht bemerken Sie die höhere Rendite, nachdem Sie dieses mit herkömmlichen Produkten verglichen haben.

Wahrscheinlich wissen Sie schon ...

▶ Wahrscheinlich wissen Sie schon längst, wie man noch mehr Kunden erreichen kann.

▶ Wahrscheinlich wissen Sie schon, wie einzigartig unser Produkt für Sie sein kann.

Ich weiß nicht, ob ...

▶ Ich weiß nicht, ob es für Sie wichtig ist zu wissen, wie Ihr Unternehmen noch mehr Kosten einsparen kann.

▶ Ich weiß nicht, ob Sie wissen, welche Vorzüge unser hervorragendes Produkt für Ihr Unternehmen bietet.

Versuchen Sie zu widerstehen ...

▶ Versuchen Sie zu widerstehen, während Sie alle Vorteile unserer Strategie kennen lernen.

▶ Versuchen Sie zu widerstehen, nachdem Sie erfahren haben, wie einfach Sie Kosten einsparen können.

Es könnte sein, dass Sie ..., während Sie ...

▶ Es könnte sein, dass Sie bemerken, wie sicher diese Geldanlage ist, während wir gemeinsam Ihre erfolgreiche Zukunft planen.

▶ Es könnte sein, dass Ihr Unternehmen viel sicherer ist, während Sie mit unserer erstklassigen EDV-Anlage arbeiten.

Sie könnten bemerken ..., wenn Sie ...

▶ Sie könnten bemerken, welchen Schutz Sie mit dieser erstklassigen Unfallversicherung haben, wenn Sie in einer unangenehmen Lage sind.

▶ Sie könnten bemerken, wie wohltuend und einfach diese Strategie ist, wenn Sie diese tagtäglich in Ihrer Praxis anwenden.

Ich könnte Ihnen sagen, dass ...

▶ Ich könnte Ihnen sagen, dass diese Maschine Ihren Arbeitsprozess erleichtert, doch das werden Sie selbst erfahren.

▶ Ich könnte Ihnen sagen, dass eine effektive Werbekampagne Erfolg bringt, doch das wird die Zukunft beweisen.

Man könnte, wie Sie wissen ...

▶ Man könnte, wie Sie wissen, heute schon von den Vorteilen profitieren.

▶ Man könnte, wie Sie wissen, noch mehr Mitarbeiter zufrieden stellen, während Sie leichter verkaufen.

Vielleicht haben Sie noch nicht ...

▶ Vielleicht haben Sie noch nicht erkannt, welcher Anzug am besten zu Ihnen passt.

▶ Vielleicht haben Sie noch nicht erfahren, welche Neuigkeiten es auf dem Markt gibt.

Sie möchten vielleicht wissen ...

▶ Sie möchten vielleicht wissen, wer effektive Möglichkeiten bietet, um Ihren Umsatz zu steigern.

▶ Sie möchten vielleicht wissen, wie Sie noch mehr Kosten sparen können.

Sie möchten vielleicht wissen ...

▶ Früher oder später werden Sie hören, wie gut diese Anlage ist, und dann werden Sie sich fragen, warum habe ich nicht schon früher damit begonnen?

▶ Früher oder später haben Sie Ihre Einstiegskosten vergessen und sind dankbar, dass Sie rechtzeitig Ihr Depot eröffnet haben.

Ich würde Ihnen nie sagen, dass ...

▶ Ich würde Ihnen nie sagen, dass Sie sehen und hören werden, wie Ihre zufriedenen Kunden Ihr Unternehmen weiterempfehlen, denn das wird Ihnen die Zukunft zeigen.

▶ Ich würde Ihnen niemals sagen, dass Ihre Frau Ihnen zutiefst dankbar sein wird, wenn Sie diese Immobilie sehen würde, denn das werden Sie selber erleben.

Wie wäre es für Sie ...

▶ Wie wäre es für Sie, schon heute alle Vorzüge des neuen und exklusiven Produktes genießen zu können?

▶ Wie wäre es für Sie, schon jetzt eine Software zu besitzen, die Ihnen Ihre Arbeit erleichtert und Ihre Effektivität noch steigert?

Was geschieht, wenn Sie ...

▶ Was geschieht, wenn Sie von Ihrem Mitbewerber erfahren würden, wie leicht und einfach die Anlage wäre?

▶ Was geschieht, wenn Sie erkennen, wie attraktiv unser Angebot ist?

Haben Sie nicht auch schon oft daran gedacht, dass ...

▶ Haben Sie nicht auch schon oft daran gedacht, dass sich gute Qualität auch bezahlt macht?

▶ Haben Sie nicht auch schon oft daran gedacht, dass das Beste gerade gut genug für Sie ist?

Ich frage mich, ob Sie ...

▶ Ich frage mich, ob Sie wissen wollen, wie beruhigend so eine Lebensversicherung in der Zukunft sein kann?

▶ Ich frage mich, ob Sie sich jetzt vor Ihrem geistigen Auge vorstellen können, was Ihre Freunde und Bekannten sagen werden?

Es wurde mir erzählt, dass ...

▶ Es wurde mir erzählt, dass nur wenige Menschen die Veränderung am Markt bemerken würden und dass Sie vielleicht, wenn wir jetzt schnell reagieren, davon profitieren können.

▶ Es wurde mir erzählt, dass sich Menschen leichter entscheiden könnten, wenn sie sich nur vorstellen könnten, wie sie mit dem Produkt in der Zukunft arbeiten würden.

Wenn Sie erst einmal ..., dann ...

▶ Wenn Sie erst einmal die Stärken des Produktes gesehen haben, dann wird Ihnen der Schritt zur Investition leichtfallen.

▶ Wenn Sie erst einmal darüber nachgedacht und es sich bildlich vorgestellt haben, dann wird es für Sie selbstverständlich sein, damit zu arbeiten.

Möglicherweise haben Sie schon seit einiger Zeit ...

▶ Möglicherweise haben Sie schon seit einiger Zeit daran gedacht, davon zu profitieren.

▶ Möglicherweise haben Sie schon seit einiger Zeit erkannt, welche Vorteile Ihnen dieses Produkt in der Zukunft bringt.

➕ ÜBUNGEN:

▶ Suchen Sie sich jede Woche fünf verschiedene Sprachmuster aus und schreiben Sie für jedes Sprachmuster drei verschiedene Sätze auf.

▶ Versuchen Sie bei Gesprächen, so vage wie möglich zu sein, damit keine Abwehrhaltung entsteht und Ihr Gesprächspartner immer zustimmt.

▶ Schreiben Sie eine Überzeugungstrance auf, in die Sie viele Sprachmuster eingepackt haben. Tragen Sie sie einem Freund oder einer Freundin vor und holen Sie sich so Feedback.

▶ Schreiben Sie eine individuelle Metapher auf, um Ihr Produkt oder Ihre Dienstleistung so einfach wie möglich zu erklären.

▶ Notieren Sie sich Geschichten, um Einwände damit wirkungsvoll zu entkräften.

Zusammenfassung: Grundlagen der Verkaufshypnose (Step 8)

▶ Sprachhypnose ist ein effektives Werkzeug, um dem Kunden ein Höchstmaß an Überzeugungs- und Begeisterungsfähigkeit zu vermitteln.

▶ Vier Sprachmuster finden Anwendung: Tatsachen und Suggestionen verknüpfen, kunstvolle Vagheiten, persönliche Überzeugungskraft und den bewussten Verstand umgehen.

▶ Entsprechende Redewendungen helfen dabei, eine Überzeugungstrance zu gestalten und Ihrem Kunden so ein Angebot zu unterbreiten, dass er ein unwiderstehliches Verlangen entwickelt.

▶ Geschichten in der Kommunikation überzeugen das Unterbewusstsein.

3.9 Vom Testabschluss zum Abschluss

Während des Verkaufsprozesses sollten Sie sich zügeln, bis Sie zum Abschluss kommen. Der Abschluss ist etwas ganz Natürliches. Wenn Sie sorgfältig alle Schritte gemacht haben, müsste es so sein, dass Ihr Kunde richtig Hunger hat und gierig ist nach Ihrem Produkt. Genauso als hätte er einen langen Marsch durch die Wüste hinter sich, wäre mehrere Tage, sogar Wochen unterwegs gewesen und Sie würden ihm jetzt endlich Wasser anbieten. Genauso soll das Verlangen unmittelbar vor dem Abschluss sein. Aus diesem Grund nutzen wir den Testabschluss, um herauszufinden, wo wir in unserem Verkaufsprozess genau stehen.

Stellen Sie sich einmal vor, Sie planen eine lange Reise. Sie haben sich entschlossen, nach Italien zu fahren, mit Ihrem Auto. Sie packen alle Sachen ein und nehmen eine Karte mit. Sie wissen ganz genau, wo Sie hinfahren wollen. Sie steigen ins Auto, nachdem Sie sich kurz den Plan angeschaut haben. Sie wissen also ganz genau, wo A, Ihr Start, und wo B, das Ziel, ist. Jetzt stellen Sie sich vor, Sie fahren und fahren und fahren und werfen die ganze Zeit nicht einen Blick in die Karte. Woher wissen Sie dann, dass Sie auf dem richtigen Weg sind? Woher wissen Sie, dass Sie wirklich an Ihrem Ziel ankommen? Die Landkarte dient dazu, um zwischendurch zu prüfen und zu testen, wo Sie momentan sind und welche Richtung Sie einschlagen müssen, damit Sie auch wirklich Ihr Ziel erreichen.

Genauso ist es mit dem Testabschluss. Der Testabschluss sollte permanent, immer wieder während des Verkaufsprozesses genutzt werden. Dieses Instrument ist für Sie eine wichtige Methode, um zu wissen, wo Ihr Kunde steht, in welchem Zustand er ist und wie seine Meinung zu Ihrem Produkt ist. Betrachten Sie den Testabschluss als Ihren Navigator, den Navigator durch Ihren gesamten Verkaufsprozess. Er zeigt Ihnen, in welche Richtung Sie gehen müssen, um in Ihrem Kunden tatsächlich das größte und unbändige Verlangen zu entwickeln, damit er auch kauft.

Wichtig ist für Sie vor allem zu wissen, dass Sie einen Abschluss erst ganz zum Schluss machen, wenn Sie wirklich merken, dass der Kunde soweit ist. Die meisten Verkäufer machen immer wieder denselben Fehler und wollen den Abschluss viel zu früh durchsetzen. Dabei gibt es so viele hervorragende Werkzeuge, mit deren Hilfe Sie immer wieder prüfen können, wo Sie stehen. Wenn Sie Ihre magische, verführerische Präsentation gemacht haben, der Kunde absolut überzeugt ist, Sie ihm gezeigt haben, wie er seine absolute Freude erlangen kann, dann können Sie durch einen Testabschluss überprüfen, ob er soweit ist. Dass der Kunde wirklich dieses Gefühl hat, mehrere Tage durch die Wüste gegangen zu sein, und jetzt von Ihnen unbedingt Wasser erhalten möchte. Dieses starke Verlangen, der unbändige Wille, jetzt kaufen zu wollen, muss vorhanden sein, deswegen nutzt man immer wieder den wirkungsvollen Testabschluss. Und genau darauf konzentrieren wir uns jetzt, auf den Testabschluss, Ihren Navigator. Das Navigationssystem bietet vier Strategien, wie Sie Ihren Testabschluss hervorragend meistern können.

1. Der Testabschluss zur Eröffnung

▶ Wie lange überlegen Sie sich schon ... zu kaufen?
▶ Sie überlegen sich also ernsthaft ... zu besitzen?
▶ Wann haben Sie sich entschlossen, XY zu besitzen?

Diesen Testabschluss zur Eröffnung können Sie nahezu gleich am Anfang des Verkaufsgespräches nutzen, um herauszufinden, wie wichtig dem Kunden eine Kaufentscheidung ist. Zusätzlich verdeutlichen Sie ihm, dass er sich wirklich Gedanken machen sollte. Und Sie versetzen ihn in die Lage, dass er sich wirklich bildlich vorstellt, dieses Produkt zu besitzen. Er soll gleich von Anfang an und hundertprozentig in diesen Zustand hineinkommen.

2. Der Testabschluss zur Meinung

Diese Art des Testabschlusses ist eine sanfte Möglichkeit zu ermitteln, was Ihr Kunde denkt, wie seine Meinung zu Ihrem Produkt ist.

▶ Was meinen Sie dazu?
▶ Wie finden Sie das?
▶ Was sagt Ihr Gefühl Ihnen?
▶ Was sagt Ihr Bauch?

Da Sie keine definitive Entscheidung von Ihrem Kunden erfragt haben, sondern nur nach seiner derzeitigen Meinung gefragt haben, können Sie ohne Weiteres seine Meinung noch weiter analysieren und dann gezielt argumentieren. Eine Meinung können wir immer ändern, es ist nur eine Meinung. Eine Tatsache hingegen können wir nicht ändern, außer, wir ändern die Sichtweise bezogen auf die Tatsache.

3. Der Testabschluss Schmerz - Freude

Nutzen Sie diesen Testabschluss, um Ihrem Kunden aufzuzeigen, welche Gründe er hat zu kaufen und welche Schmerzen er erleiden wird, wenn er es nicht tut. Sie nutzen dieses Instrument wie eine Waage. Auf die eine Seite kommen die Punkte, die der Kunde gerne vermeiden möchte, auf die andere Seite kommen die Punkte, die seinen großen Nutzen und seine Freude widerspiegeln.

▶ Es würde sich lohnen ..., um ... zu besitzen.
▶ Sie wollen also X vermeiden, um tatsächlich Y zu besitzen?
▶ Sie bevorzugen also, Y zu vermeiden, um in den Genuss von X zu kommen, nicht wahr?
▶ Wenn wir XY vermeiden würden, dann würde es sich doch lohnen, XY zu besitzen?

Wenn die Freude nur groß genug ist, dann haben Sie einen Hebel, ein Instrument, mit dem Sie zwingende Gründe schaffen können, um den Kunden zum Abschluss zu bewegen. Und ihm genau zu verdeutlichen, wie sich auf einer Waage einmal die eine Seite und einmal die andere Seite nach oben oder unten bewegt. Und schließlich kann sich ja Ihr Kunde vollkommen frei entscheiden, welche Seite ihm besser gefällt.

Das Schöne bei einem Testabschluss ist, dass Sie, falls der Kunde Nein sagt, immer noch die Chance haben, zu fragen, wie Sie seine Entscheidung positiv verändern können und wie es dazu gekommen ist, dass er nicht aus vollem Herzen Ja gesagt hat. Das heißt, Sie setzen Ihre Informationsanalyse fort. Falls der Kunde tatsächlich ein Nein bringen sollte, dann sollten Sie sich Zeit nehmen und sich selbst sagen: Gut, dass ich noch keinen Abschluss gemacht habe. Denn durch den Testabschluss haben Sie jetzt den Beweis dafür erhalten, dass Ihr Navigationssystem funktioniert und Sie sicher in eine andere, sinnvollere Richtung lotsen wird. Selbstverständlich ist dies auch ein Signal für einen Spitzenverkäufer herauszufinden, was wirklich die Gründe für die abschlägige Entscheidung des Kunden waren. Der Spitzenverkäufer stellt an dieser Stelle Fragen wie: „Welche Gedanken haben Sie? Wie ist denn Ihre Meinung bis jetzt darüber?" Ich habe Ihnen im vorigen Kapitel zahlreiche Möglichkeiten aufgezeigt, um weiter zu fragen. Ermitteln Sie die Werte und Überzeugungen Ihres Kunden und finden Sie heraus, wo seine Schmerzen, seine Problemzonen sind. Dann können Sie diesen Testabschluss später noch einmal tätigen.

4. Der Testabschluss zur Beschleunigung

Bevor Sie diese Frage stellen, sollten Sie definitiv wissen, in welchem Zustand Ihr Kunde momentan ist.

Beschleunigungsfragen

▸ Nur einmal angenommen, wir könnten ... - würden Sie sich dann jetzt entscheiden können?
▸ Unter der Voraussetzung, dass ... - würden Sie sich heute entscheiden?
▸ Falls wir diesen Punkt geklärt haben, sind Sie dann damit einverstanden?
▸ Wenn wir diesen Punkt lösen könnten, würden Sie sich dann heute entscheiden können?
▸ Darf ich davon ausgehen, wenn wir diesen Punkt geklärt haben, dass wir den Vertrag heute abschließen können?

Sie wissen jetzt, wo Sie stehen. Ihr Navigationssystem hat Sie durch den gesamten Verkaufsprozess geleitet. Wenn Ihr Kunde jetzt noch nicht hundertprozentig überzeugt ist, dann wissen Sie, Sie brauchen noch einige Überzeugungskraft. Holen Sie mehr Informationen ein und beginnen Sie erneut mit der Präsentation und der Schilderung der Vorteile, sprechen Sie die Emotionen Ihres Kunden an, seine Kaufmotive. Benutzen Sie für die Schilderung der Kaufmotive leuchtende Farben und verwenden Sie alle Techniken, die Sie bis jetzt gelernt haben. Ihre Überzeugungskraft sollte überwältigend sein. Sie sollten unbedingt diese Werkzeuge benutzen, um zu ermitteln, wo Sie stehen. Es sollte Ihr Hobby werden, es sollte Freude und Spaß auslösen, immer wieder diese Werkzeuge zu benutzen. Diese Testabschlüsse werden für Sie ein Wunderwerkzeug sein, um tatsächlich herauszufinden, wie der Zustand Ihres Kunden ist. Somit wissen Sie, wie viel Überzeugungskraft Sie noch aufwenden müssen, um tatsächlich den Abschluss für den Kunden so schön und so herrlich wie möglich zu gestalten. Als Beschleuniger können Sie noch folgendes Werkzeug einsetzen: Beweise. Legen Sie Beweise vor, die Ihre Aussage untermauern. Wenn Sie jetzt Lust verspüren, sofort in Ihrer Praxis verschiedene Testabschlüsse auszuprobieren, dann werden Sie ein Künstler, dann werden Sie ein Meister und werden Ihre Überzeugungsfähigkeit so immens steigern, dass Sie sich wundern werden, welche Ergebnisse Ihnen die Zukunft bringt.

Jetzt wissen Sie, wie Sie Ihr Navigationssystem einstellen müssen, um wirklich zum Abschluss zu kommen. Freuen Sie sich jetzt schon, diese Strategien zu testen. Was meinen Sie: Würde es sich für Sie lohnen, dieses Buch einen Monat lang ganz intensiv durchzuarbeiten? Würden Sie dadurch vieles noch besser verstehen und würden Sie die Techniken so gut beherrschen, dass Sie in der Lage wären, einfach jeden Kunden zu überzeugen? Können Sie sich vorstellen, dass Sie dadurch viel schneller zu Ihrem Erfolg kommen und sich vielleicht Ihr ganzes Leben verändert?

Zusammenfassung: Vom Testabschluss zum Abschluss (Step 9)

▶ Immer wieder ergibt sich im Laufe des Verkaufsgesprächs die Möglichkeit zu überprüfen, ob der Kunde reif für den Abschluss ist.
▶ Der Verkäufer erfährt so, wie der Zustand des Kunden in diesem Moment ist und welche Meinung er zum Produkt hat.
▶ Vier Strategien bieten sich für den Testabschluss an: zur Eröffnung, zur Meinung, Schmerz – Freude und zur Beschleunigung.

3.10 Die Vorstellungskraft aktivieren

Liebe Leser, stellen Sie sich bitte einmal vor, Sie wären gerade im Urlaub. Sie befinden sich an einem wunderschönen Sandstrand, auf dem Sie ganz fantastisch laufen können. Sie spüren den Sand zwischen Ihren Zehen. Sie können das Meer sehen und den Duft der Brandung riechen. Und vielleicht, wenn Sie so dahingehen und das Meer sehen, spüren Sie sogar, wie die Sonne Ihre Haut streichelt, ganz sanft. Eine Frage an Sie, liebe Leser: Wie stellen Sie sich einen wunderschönen Urlaub vor? Viel Natur, viel Bewegung, klasse Wetter, nette Leute? Was meinen Sie, was ist stärker: Wenn ich meinem Kunden ausmale, was er mit dem Produkt alles machen kann? Oder – wenn der Kunde sagt, was er meint, was er mit dem Produkt alles machen kann?

▶ Es ist zehn Mal stärker, wenn der Kunde selbst schildert, was er mit dem Produkt alles machen möchte!

Haben Sie sich nicht schon immer gefragt, wie Sie den Nutzen für den Kunden noch besser darlegen können? Wie Sie noch effektiver argumentieren können, damit Ihr Kunde wirklich weiß, was er von Ihrem Produkt oder Ihrer Dienstleistung hat? Waren Sie schon einmal in der Situation, dass Sie einem Kunden einen Nutzen darlegen wollten und er diesen irgendwie nicht greifen konnte? Der Kunde hat den Nutzen nicht so deutlich gesehen, es war ihm nicht wichtig genug, oder er konnte sich nicht zu einhundert Prozent in die Situation hineinversetzen, dass er das Produkt bereits besitzt und benutzt. Wenn Sie in der Vergangenheit vielleicht einmal Schwierigkeiten damit hatten, dann wird dieses Kapitel Ihnen einen neuen Horizont eröffnen. Sie werden eine neue Sichtweise, ein besseres Gefühl bekommen, und Sie werden hören, wie Ihr Kunde jetzt schon Ja sagen wird, wenn Sie folgenden Satz äußern: „Ich weiß nicht, ob Sie schon sehen können, wie erfolgreich Sie in der Zukunft sein werden, wie leicht Sie Ihre Abschlüsse tätigen können, wie überzeugend Sie sein werden, wenn Sie mit diesen effektiven Strategien arbeiten."

Ich frage Sie: Wie wird sich Ihre Zukunft wirklich verändern, wenn Sie diese Strategien zu einhundert Prozent beherrschen? Welche Chancen können Sie noch nutzen, wenn Sie das Gelernte jetzt sofort anwenden? Wenn Ihre Erwartung, Ungeduld, Hoffnung und Ihre Wissbegier so groß sind, dass Sie gleich anfangen wollen, damit wirklich erfolgreich zu arbeiten, dann werden Sie den ersten Schritt machen und viel schneller Ihre Abschlüsse erreichen und Erfolge feiern.

Die Strategie, wie Sie den Nutzen greifbar machen und eine Realität schaffen, ist wahrlich eine Goldgrube für außergewöhnliche Spitzenverkäufer, um dem Kunden sofort und schnell herausragende Lösungen zu präsentieren. Verstärken Sie die Vorstellungskraft Ihres Kunden in einem so großen Ausmaß, dass der Kunde sich zu einhundert Prozent in die jeweilige Situation hineinversetzen und bereits sehen kann, wie er mit Ihrem Produkt arbeitet. Versetzen Sie ihn in die Zukunft, wo er dieses Produkt wirklich schon benutzt und er bereits immense Erfolge damit erreicht hat. Er muss wirklich sehen, was für einen großen Vorteil ihm dieses Produkt bringt. Es reicht nicht nur aus, Ihrem Kunden zu erzählen, dass er bekommt, was er sich wünscht, wenn er Ihr Produkt/Ihre Dienstleistung kauft bzw. in Anspruch nimmt. Sie brauchen ihm nur das Gefühl (die Illusion) zu geben, es schon (heute) zu besitzen, weil unsere geistige Vorstellungskraft uns **zehn** Mal stärker beeinflusst als der reine Wille.

▣ BEISPIELE:
- ▶ Was werden Sie mit XY tun?
- ▶ Wenn Sie dieses XY anwenden, wie wird sich dann Ihr Leben verändern?
- ▶ Können Sie sich vorstellen, wie Sie konkret von XY profitieren?
- ▶ Was werden Sie mit XY alles verbessern?
- ▶ Wie würde sich Ihre Zukunft verändern, wenn Sie mit diesem Produkt arbeiten würden?

Jetzt muss es für den Kunden Realität werden, dass er mit Ihrem Produkt tatsächlich in der Zukunft arbeitet. Ihr Kunde muss tatsächlich sehen, wie er damit arbeitet, er muss es hören, er muss es fühlen, und er muss es riechen, er muss es sogar schmecken. Ihr Produkt oder Ihre Dienstleistung ist genau das, worauf er die ganze Zeit gewartet hat. Er will Ihr Produkt kaufen, dieser Wunsch ist größer als jeder andere. Er muss ein wirklich fesselndes und starkes Verlangen spüren. Machen Sie den Kauf zwingend notwendig für den Kunden. Sorgen Sie dafür, dass alles real und greifbar wird. Der Kunde soll das Produkt hautnah erleben, er soll es regelrecht spüren. Und wenn er dieses Produkt kauft, dann hat er ein Paradies auf Erden. Wenn er es nicht kauft, dann schmort er in der Hölle, und grausame und schlechte Zeiten kommen auf ihn zu.

Entfesseln Sie die absolute Kraft und geben Sie Ihrem Kunden die Möglichkeit, sich mit dem Produkt zu identifizieren, damit er mit dem Kauf pure Freude und Spaß verbindet. Dieses Gefühl muss viel größer sein als der Schmerz, den er zu erleiden hätte, wenn er das Produkt nicht kauft. Sorgen Sie dafür, dass das Absolute bei diesem Kunden entfesselt wird. Jetzt ist ein wichtiger Augenblick. Wenn Ihr Kunde sich nicht vorstellen kann, wie er in der Zukunft mit Ihrem Produkt arbeitet oder wie er es nutzt, dann ist die Wahrscheinlichkeit hoch, dass er das Produkt auch nicht kaufen wird. Er muss es erleben, er muss es fühlen, er muss sich hundertprozentig in diesem Gefühlszustand befinden.

Durch Fragen den Zustand beeinflussen

Sicher können Sie sich noch an den Teil über das Zustandsmanagement erinnern. Und Sie wissen, dass eine Frage den Kunden in einen besonderen Zustand versetzt. Das heißt, um den Nutzen greifbar zu machen, stellen Sie Ihrem Kunden eine Frage, wie zum Beispiel: „Wie würde sich Ihre Zukunft verändern, wenn Sie mit diesem Produkt arbeiten würden?" Diese Frage versetzt den Kunden in den hypothetischen Zustand, das Produkt bereits zu besitzen und damit zu arbeiten. Der Kunde muss also mit seinen eigenen Worten erzählen, wie wundervoll und herrlich die Zukunft mit diesem Produkt für ihn ist. Sobald Sie anfangen, ihm immer wieder nur zu schildern, selbst, wenn Sie das in leuchtenden Farben machen, was er mit Ihrem Produkt alles erreichen wird, kann es sein, dass ihn Ihre Worte nicht erreichen. Es handelt sich ja schließlich um Ihre Vision, nicht um seine. Bewegen Sie Ihren Kunden jetzt, kurz vor dem Abschluss, eine Nasenspitze vom Ziel entfernt, dazu, Ihnen mit seinen eigenen Worten von seiner Zukunft mit Ihrem Produkt zu erzählen.

Eigentlich hätten Sie ja schon viel früher zum Abschluss kommen können, wenn Sie eine hervorragende Präsentation gemacht und ihm seine Zukunft in den schönsten Farben eindrucksvoll geschildert hätten. Aber nein, Sie warten und aktivieren seine Vorstellungskraft. Sie versetzen ihn in die Zukunft. Sie lassen ihn regelrecht spüren, fühlen, sehen, riechen und schmecken, wie es in der Zukunft ist. Sie verstärken seine Entscheidung noch, und wenn er endlich unterschreiben darf, ist er Ihnen dankbar und zutiefst berührt. Dieser Verstärker wird Ihren Kunden in eine Sphäre katapultieren, die faszinierende Ergebnisse bringen wird. Dieser Verstärker funktioniert ähnlich wie eine Lupe, durch die die gesamte Energie der Sonne auf einen Punkt fixiert wird. Genauso stark ist dieser Part. Hier wird die gesamte Energie auf einen entscheidenden Punkt gebündelt. Haben Sie viel Spaß bei der Anwendung dieser Strategien und freuen Sie sich auf das nächste Kapitel.

Zusammenfassung: Die Vorstellungskraft aktivieren (Step 10)

▶ Der Kunde soll schildern, was er mit dem Produkt alles machen kann. Dadurch steigt Ihre Glaubwürdigkeit als Verkäufer deutlich.

▶ Geben Sie Ihrem Kunden das Gefühl, dass er schon heute im Besitz des Produkts ist. Er muss sich selbst, wie in einem Film, in der Zukunft sehen, wie er mit dem Produkt arbeitet.

▶ Stellen Sie Ihrem Kunden die richtigen Fragen, und er wird fühlen, hören und sehen, wie er das Produkt benutzt.

3.11 Einwände sind versteckte Chancen

Dieses Thema ist wohl das reizvollste und eine wahre Herausforderung für jeden Spitzenverkäufer. Jeder Spitzenverkäufer liebt es, seine wahre Kunst zu demonstrieren. Spitzenverkäufer warten regelrecht auf diesen Moment und haben Spaß daran, Einwände elegant und souverän zu entkräften. Damit auch Sie zum Spitzenverkäufer werden oder Ihre Fähigkeiten, mit Einwänden umzugehen, noch weiter verbessern können, werden Sie in diesem Kapitel einige Strategien kennen lernen. Und wenn Sie diese Strategien beherrschen, dann werden Sie mit Sicherheit jeden Einwand, der auf Sie zukommt, mit Leichtigkeit und ganz spielerisch behandeln können. Wie ein Arzt, der eine Diagnose stellt und ein passendes Medikament für jede Krankheit parat hat, wie ein Golfspieler, der den passenden Schläger nimmt, um einen gezielten und richtigen Schlag zu realisieren, wie ein Künstler, der die richtige Farbe wählt, um ein harmonisches Bild zu gestalten – genauso werden Sie vorgehen und die passende Strategie parat haben. Wenn Sie einmal in die Zukunft blicken und plötzlich bemerken, wie Sie durch die erlernten Strategien noch viel effektiver und eleganter mit den Einwänden Ihrer Kunden umgehen können, dann fühlen Sie das Kribbeln im Bauch mit Sicherheit schon jetzt. Und bestimmt sind Sie auch schon neugierig darauf, wie Sie mit diesen Techniken in der Zukunft jeden Einwand effektiv behandeln können.

Ich frage mich, ob Sie in der Vergangenheit Schwierigkeiten mit Einwänden hatten? Ob Sie einmal bei einem Kunden waren und nicht wussten, wie Sie auf einen Einwand am effektivsten reagieren. Vielleicht haben Sie deshalb sogar schon einmal einen Auftrag nicht bekommen, und die Beziehung zum Kunden hat gelitten, nur, weil Sie nicht wussten, wie Sie reagieren sollten. Ich weiß nicht, wie viele Aufträge Ihnen deshalb schon verloren gegangen sind. Und ich will mir erst gar nicht vorstellen, wie viel mehr Sie verdient hätten und wie viel erfolgreicher Sie gewesen wären, wenn Sie schon viel früher mit diesen Techniken gearbeitet hätten.

Der Einwand im Blickwinkel

Bevor ich aufzeige, wie diese Strategie funktioniert, betrachten wir erst einmal einen Einwand. Was ist ein Einwand? Sie müssen wissen, dass die Handlungen jedes Menschen, egal welchen Anschein es für uns hat, aus einer positiven Absicht heraus geschehen. Auch Ihr Kunde, der Ihnen gegenüber so offen ist, dass er Ihnen seinen Einwand mitteilt, macht dies mit einer positiven Absicht. Seien Sie froh und dankbar, dass Ihr Gesprächspartner Ihnen so ehrlich sagt, was ihn stört. Was meinen Sie? Was ist das Gegenteil von Liebe? Ich weiß, die meisten Menschen würden jetzt sagen: Hass. Aber bei Hass ist immer noch ein Gefühl im Spiel. Das Gegenteil von Liebe ist Ignoranz, Gleichgültigkeit. Ignoranz ist viel schlimmer als Hass. Gleichgültigkeit ist das Schlimmste, was Sie einem Menschen entgegenbringen können. Hass kommt in den besten Familien vor, vergeht häufig aber auch wieder. Wie oft streiten sich Ehepaare und hassen sich in diesem einen ersten Augenblick so, dass sie sich gleich scheiden lassen wollen? Doch lassen Sie sich sagen, solange noch Hass im Spiel ist, ist auch noch eine gewisse Zuneigung da. Sobald Ignoranz da ist, ist meist nicht nur die Ehe, sondern in Ihrem Fall auch der Kunde verloren.

Eines Tages kam einmal ein Seminarteilnehmer zu mir und erzählte mir eine interessante Geschichte. Er war in einem Kaufhaus gewesen, wo es Küchen gab, wunderschöne, exklusive Küchen. Und Sie wissen selbst, wie viel eine exklusive Küche kostet. Er berichtete, dass ein Paar gekommen sei und sich verschiedene Küchen angeschaut habe. Die Verkäuferin war sehr freundlich und zuvorkommend, stellte viele Fragen und präsentierte die Küchen. Sie erklärte ganz genau, was alles möglich sei, und dass die Küche speziell auf die Bedürfnisse des Paars zugeschnitten werden könne. Das Pärchen war sehr bodenständig und sprach wenig. Die beiden machten sich lediglich einige Notizen und hörten der Verkäuferin aufmerksam zu. Die legte sich richtig ins Zeug und ging auf jedes Detail ein. Sie erklärte, welche Geräte sie empfehlen würde, und zeigte die Kosten auf. Doch das Pärchen sagte nicht viel. Es gab keinen Widerspruch, keinen Einwand. Die beiden hörten zu, machten sich noch einige Notizen und verließen den Laden.

Einige Zeit später kam ein anderes Ehepaar, das ebenfalls nach einer neuen Küche Ausschau hielt. Die Verkäuferin war wieder sehr zuvorkommend und freundlich, erklärte alles ausführlich und klärte mittels einer genauen Informationsanalyse, was sich das Paar wünschte, welches Material es verwenden wollte, wie viel die neue Küche kosten dürfte und welche Geräte sie beinhalten sollte. Dieses Ehepaar aber war eher etwas „garstig". Die beiden stellten sehr viele Fragen und auch bei der Geräteauswahl genügte keines den Ansprüchen. Doch zum Schluss fanden sie nicht nur passende Maschinen, sondern auch eine tolle Küche. Bei der Frage der Montage gab es am Anfang ebenfalls ein kleines Hindernis. So konnte sich das Paar nicht vorstellen, dass irgendwelche fremden Leute kommen und alleine in ihrer Wohnung die neue Küche montieren sollten, da sie ja beide berufstätig waren. Doch auch dieses Problem konnte gelöst werden, und die Verkäuferin dachte sich: „Wow, das war ein ziemlich schwieriger Fall. Dieses Ehepaar hat viele Fragen gestellt und sehr viele Einwände gebracht."

Eine Frage an Sie: Was denken Sie, welches Ehepaar hat tatsächlich gekauft? Selbstverständlich hat das zweite Ehepaar gekauft. Warum? Das zweite Ehepaar hat sich bildlich schon vorgestellt, wie die Küche aussehen soll, wie wunderschön sie sich in der Wohnung macht und wie viel Spaß das Kochen darin machen wird.

Dieses Paar hatte genaue Vorstellungen von der Traumküche. Die Einwände spiegelten echtes Kaufinteresse wider. Wenn ein Kunde Ihnen keine Einwände entgegenbringt, dann heißt das häufig: Der Kunde hat zu wenig Interesse!

Wie sollten Sie Einwände ab dem heutigen Tag betrachten?

▶ Ein Einwand ist eine Frage.

▶ Ein Einwand ist ein Kaufsignal.

▶ Ein Einwand bedeutet, dass der Kunde sich bereits hundertprozentig ausmalt, wie er das Produkt nutzt und sich auch schon vorstellt, wie er es kauft.

Es ist eine Chance herauszufinden, was im Kopf Ihres Kunden vorgeht. Seien Sie dankbar für die Offenheit, für die Ehrlichkeit und dass Ihr Kunde Ihnen seine Einwände offen mitteilt. Er drückt so quasi seine Ängste und Befürchtungen aus. Und wer spricht schon freiwillig über seine Ängste? Ein Einwand ist eine der besten Chancen, zum Abschluss zu kommen, weil vielleicht nur noch ein kleines Hindernis zwischen Ihnen und dem Abschluss liegt.

So wird aus Angst Verständnis

Ermitteln wir jetzt doch einmal, was ein durchschnittlicher oder eher schlechter Verkäufer über einen Einwand denkt und welche Gefühle er hat: Meistens hat er Angst oder er ist aufgeregt, enttäuscht oder er fühlt sich sogar persönlich angegriffen, unterlegen oder hilflos und ärgert sich. Manchmal sogar widerspricht er dem Kunden („Nein, was Sie da sagen, ist absolut falsch") oder versucht, den Kunden eines Besseren zu belehren („Wissen Sie, ich würde Ihnen gerne einmal zeigen, wie Sie das richtig handhaben müssen"). Schlimmstenfalls greift er den Kunden persönlich an und verletzt dessen Gefühle: „Sie als Kaufmann haben sicherlich Probleme, diese hochtechnische Maschine zu verstehen, deshalb werde ich mich direkt an Ihre technische Abteilung wenden." Was empfindet der Kunde jetzt? Was hat unser Verkäufer erreicht? Der Kunde wird sich nunmehr, gelenkt von seinem Gefühl, eine mehr oder weniger negative Meinung bilden. Dabei vergessen diese Verkäufer meistens eines: Hier geht es immer um das Produkt und auf keinen Fall um ihn als Person. Wenn es ein Problem mit dem Produkt gibt oder irgendetwas nicht in Ordnung ist, dann liegt das am Produkt und auf keinen Fall an dem Verkäufer. Der Verkäufer hat jetzt die Chance, dem Kunden eine neue Sichtweise anzubieten. Im Grunde genommen ist eine Einwandbehandlung nichts anderes, als dass der Verkäufer dem Kunden eine neue Sichtweise offeriert. Dies hat selbstverständlich mit Ihrer hohen Flexibilität zu tun. Je flexibler Ihre Gedanken sind, desto leichter haben Sie es, Ihrem Kunden neue Sichtweisen anzubieten. Beginnen Sie also damit, Ihre eigene Flexibilität und Schlagfertigkeit zu trainieren, so wie ein Sportler seine Sportart trainiert.

Wie Sie tatsächlich vorgehen werden, hängt von der jeweiligen Situation ab, in der Sie sich befinden. Sie werden erkennen, welche zahlreichen Möglichkeiten und Chancen es gibt, mit einem Einwand umzugehen, weil Sie sich freuen, Ihre Flexibilität und Ihr Können unter Beweis zu stellen. Weil Sie jetzt zeigen können, aus welchem Verkäuferholz Sie geschnitzt sind. Sie kennen doch das Sprichwort: Bei einem Nein fängt das Verkaufen erst an.

Vor-Fokussierung

Entkräften Sie Einwände, bevor Ihr Kunde Sie formuliert. Verwenden Sie dafür die Vor-Fokussierungsstrategie. Diese Strategie ist sehr effektiv und wirkungsvoll. Sie kennen Ihre Kunden, Ihre Produkte oder Dienstleistungen und können vielleicht schon erahnen, welche Einwände kommen werden. Sie haben zwei Möglichkeiten: Erstens, Sie haben sich vorbereitet, warten, bis der Kunde diesen Einwand formuliert, und entkräften ihn dann. Oder zweitens, Sie nutzen die Vor-Fokussierung und entkräften den Einwand, bevor ihn der Kunde formuliert. Erzählen Sie eine Geschichte, in der der mögliche Einwand von Vorteil war und einen viel höheren Kundennutzen generierte.

Ein Beispiel: „Bevor wir jetzt anfangen, über die Dienstleistung zu sprechen, muss ich Ihnen etwas erzählen. Vor einem Jahr haben wir eine Firma beraten, die Ihrer recht ähnlich war und mehrere Filialen hatte. Am Anfang hatte der Firmenchef Bedenken, so eine Investition zu tätigen. Er meinte auch, dass die Kosten zu hoch seien. Ich erzählte ihm, dass sich die Investition nach etwa drei Monaten amortisiert hätte. Da das Vertrauen sehr hoch war und verschiedene Referenzen und Ergebnisse vorlagen, begannen wir, dieses Projekt zu realisieren. Wir beschlossen, mit einer Filiale zu beginnen. Schon nach zwei Monaten waren die Kosten für die eine Filiale zusätzlich erwirtschaftet worden. Die Ergebnisse gegenüber den anderen Filialen waren deutlich besser. Der Firmenchef sagte nur: „Wir hätten mit allen Filialen gleichzeitig beginnen sollen.“ Was ich Ihnen damit sagen möchte, Herr XY, ist, dass wir schon mit mehreren größeren Firmen gearbeitet haben und die Ergebnisse uns Recht geben.“

Erklärung der Geschichte

Erstens haben wir Vertrauen aufgebaut und mitgeteilt, dass wir auch Verständnis dafür haben, wenn er (der Kunde) Bedenken hat.

Zweitens haben wir eine Parallele aufgezeigt, damit sich der Kunde in der Geschichte wiedererkennen kann.

Drittens haben wir Beweise dafür vorgelegt, dass wir bereits mit ähnlich großen Firmen zusammengearbeitet haben und die Referenzen dafür vorhanden sind.

Viertens haben wir auf mögliche Chancen und bei Nichtkauf auf Schmerzen aufmerksam gemacht, also mögliche Verluste.

Fünftens haben wir ein verstecktes Kommando eingebaut, um den Kunden zum Handeln zu bewegen und mit allen seinen Filialen gleichzeitig zu starten.

Sechstens haben wir nicht über den Preis gesprochen, sondern nur gesagt, dass wir mit ähnlich großen Firmen erfolgreich zusammengearbeitet und gute Ergebnisse erzielt haben.

Wenn Ihr Kunde jetzt einen Preiseinwand bringt, brauchen Sie ihn nur darauf hinzuweisen, dass die andere Firma mit dieser Dienstleistung enorme Erfolge erzielt hat. Doch meist ist die Geschichte allein so aussagekräftig, dass darüber gar nicht mehr gesprochen wird.

Einwandbehandlungsstrategien

Sie werden jetzt verschiedene Strategien kennen lernen, und einige davon werden Ihnen sicher sehr leicht über die Lippen gehen. Es kann allerdings auch sein, dass Sie bei der einen oder anderen ein wenig Übung brauchen, um sie in Ihrer Praxis perfekt anwenden zu können. Doch wenn Sie diese Strategien beherrschen, werden Sie mit Sicherheit viel leichter Einwände behandeln können. Bevor Sie jedoch daran gehen, beachten Sie bitte den entscheidenden und zugleich wichtigsten ersten Schritt im Umgang mit Kunden und ganz im Speziellen, wenn es um Einwände geht: Zeigen Sie Verständnis. Durch ein „Ich kann Sie gut verstehen" oder „Ihre Zweifel sind verständlich" ist schon so manche Situation entschärft worden. Nicht zuletzt erhalten Sie oftmals nur so wieder den Zugang zum Ohr und zum Herzen Ihres Kunden.

Ein Freund ist jemand, in dessen Gegenwart du laut denken kannst.

[Walt Disney]

Erklärung

Zeigen Sie Ihrem Kunden auf, warum der Einwand gegen den Preis, die Lieferzeit oder ein sonstiger Einwand nicht gerechtfertigt sind. Manchmal will Ihr Kunde einfach nur noch mehr Informationen erhalten und verlangt aus diesem Grund eine Erklärung: „Sie haben natürlich Recht! Das ist schon eine Investition, und es werden sechs Mitarbeiter an Ihrem Projekt arbeiten."

Spezifische Sprachmodelle

Wie Sie im vorigen Kapitel gelesen haben, können Sie die versteckten Botschaften Ihres Kunden erkennen, und Sie wissen jetzt auch, dass jeder Mensch unbewusst Tilgungen, Generalisierungen und Verzerrungen benutzt. Durch die Identifizierung von spezifischen Sprachmodellen wie Universalaussagen, Bewertungen, Vergleichen, verlorenen Sprechern, unspezifischen Verben und unspezifischen Substantiven können Sie versteckte und unausgesprochene Überzeugungen erkennen. Hinterfragen Sie diese mit den angegebenen Fragen.

Die spezifischen Sprachmodelle hinterfragen

Universalaussage	Alle, immer, jeder, nie Wir kaufen immer von Firma XY	Ausnahmen suchen Wirklich immer? Haben Sie schon einmal woanders gekauft?
Bewertung	Sollte, muss, könnte, dürfte, notwendig Es muss eine 100 m²-Wohnung sein. Ich kann nicht kündigen.	Wirklich immer? Haben Sie schon einmal woanders gekauft? Grenzen überschreiten Was hindert Sie daran? Was würde passieren, wenn Sie eine Wohnung finden, die Ihnen gefällt und die keine 100 m² hat?
Vergleiche	Zu teuer, teurer, zu groß, größer Das Angebot ist zu teuer. Ein Mercedes ist besser.	Mit was wird verglichen? Im Vergleich zu was ist es zu teuer? Besser als was?
Verlorene Sprecher	Man, wir, die da Man kauft nicht im Sommer.	Wer ist der Sprecher? Wer sagt das? Wer ist man?
Unspezifische Verben	Ich werde meinen Chef dazu bewegen.	Wie wollen Sie ihn dazu bewegen? Was meinen Sie mit bewegen?
Unspezifische Substantive	Die Effektivität sollte gesteigert werden.	Was meinen Sie genau mit Effektivität? Was verstehen Sie darunter?

⊕ ÜBUNG:

Suchen Sie sich vier verschiedene Einwände heraus, die Ihnen in Ihrem Berufsalltag immer wieder begegnen, und entkräften Sie diese schriftlich.

Kundeneinwand:

_____

_____

_____

Verständnis:

_____

_____

_____

Einwandbehandlung mit den spezifischen Sprachmodellen:

_____

_____

_____

Tilgung:

_____

_____

_____

Generalisierung:

_____

_____

_____

Verzerrung:

_____

_____

_____

Bumerang-Strategie

Mit dieser Strategie werfen Sie den Einwand wieder zurück zum Kunden und ermöglichen ihm, seinen Nutzen zu sehen und/oder eine andere Sichtweise einzunehmen. Verwenden Sie diese Sprachmuster als Leitfaden.

▶ „**Genau aus diesem Grund** sollten Sie heute die Immobilie kaufen. Weil, wenn Sie betrachten, dass es vor fünf Jahren einen Wertzuwachs von circa zehn Prozent gegeben hat, dann ist diese Investition für Sie jetzt gerade richtig."

▶ „**Gerade deshalb** sollten Sie sich heute entscheiden, weil es in schlechten Zeiten sehr viel lukrativer ist, in den Finanzmarkt einzusteigen."

Isoliert betrachten

Hier weisen Sie darauf hin, dass es noch andere Betrachtungsweisen gibt. Sie bringen Ihren Gesprächspartner dazu, dass er das gesamte Produkt sieht, weil die anderen Vorzüge vielleicht noch viel wichtiger für ihn sein könnten.

▶ „Wenn Sie den Preis **isoliert** betrachten, gebe ich Ihnen Recht. Wenn Sie die Sicherheit betrachten, die Ihnen die EDV-Anlage bringt, dann werden Sie langfristig viel mehr Geld sparen, als Sie sich jetzt vorstellen können."

▶ „Wenn Sie den Preis des neuen Autos **isoliert** betrachten, dann gebe ich Ihnen Recht. Wenn Sie jedoch bemerken, dass Sie mit diesem Fahrzeug viel weniger Benzin benötigen, dadurch enorm viel Geld einsparen und zusätzlich noch steuerliche Vorteile haben, fahren Sie auf lange Sicht mit dieser Variante viel günstiger."

Gegenfragetechnik

Diese Strategie haben wir schon besprochen. Sie passt jedoch in diese Sammlung, aus diesem Grund hier eine kleine Wiederholung.

▶ „Was würden Sie denn an meiner Stelle sagen, um den Preis zu rechtfertigen?"

▶ „Unter welcher Voraussetzung würden Sie die Lage der Immobilie als Chance betrachten?"

Geschichten und Metaphern erzählen

Sie wissen ja inzwischen, was Geschichten und Metaphern bei uns Menschen bewirken. Zur Wiederholung: Mit einer Geschichte bzw. Metapher umgehen wir die gesamten Filtersysteme, Glaubenssätze und Überzeugungen des Kunden. Er nimmt die Botschaft ungefiltert auf. Erzählen Sie eine Geschichte über einen anderen Kunden, von einer anderen Firma oder über sich selbst. Mit dieser Geschichte vermitteln Sie Ihrem Kunden implizit, dass er enorm profitiert, wenn er jetzt kauft. Zusätzlich zeigen Sie ihm anhand der Geschichte auf, welche Nachteile es haben wird, wenn er sich gegen das Produkt entscheidet. Ein Beispiel:

„Jetzt ist nicht die richtige Zeit, eine Immobilie zu kaufen? Mein Onkel erzählt mir immer wieder die gleiche Geschichte: Wenn er nur damals die Immobilie gekauft hätte, dann wäre er jetzt ein reicher Mann. Möglicherweise fragen Sie sich: Warum hat er diese Immobilie nicht gekauft? Vielleicht hat ihm damals jemand den Rat gegeben, nicht zu kaufen, weil es noch nicht die richtige Zeit sei. Die Immobilie wurde damals für 30.000 Mark verkauft. Jetzt hat sie einen Wert von 500.000 Euro. Das bedeutet für Sie, wenn man sich gründlich umsieht, alle nötigen Informationen gesammelt und dann (dank kompetenter Hilfe) das Richtige gefunden hat, ist es immer eine richtige Zeit, eine gute Immobilie zu kaufen."

Reframing – Umdeuten

Das heißt, Sie geben der Situation oder Sache einen neuen Rahmen. Der Kunde soll durch diese Situation eine neue Sichtweise erleben. Diese Strategie unterteilen wir in zwei Schritte. Im ersten Teil des Reframings signalisieren Sie Verständnis für die Situation des Kunden, um den Rapport bzw. das Vertrauen zu festigen. Im zweiten Teil ermöglichen Sie Ihrem Kunden einfach eine neue Sichtweise. Um diesen Übergang elegant zu meistern, empfehle ich Ihnen Folgendes. Vielleicht haben Sie schon gemerkt, dass das Wort „aber" mit Vorsicht zu benutzen ist. Denn das Wort „aber" macht all das, was Sie in einem vorangegangenen Satz gesagt haben, zunichte.

Stellen Sie sich einmal vor, Ihr Kunde sagt: „Ich finde die Investition ein wenig zu hoch." Sie sagen: „Ich kann Sie verstehen, aber betrachten Sie, was für Möglichkeiten Ihnen diese Investition in der Zukunft bringen wird." Wenn Sie so antworten, dann brauchen Sie erst gar nicht zu sagen, dass Sie ihn verstehen, weil Sie dieses Verständnis mit dem Wort „aber" zunichte gemacht haben. Sie zeigen also kein Verständnis für seine Sichtweise. Ganz im Gegenteil: Sie sind eigennützig und wollen, ohne zu hören, was Ihr Kunde sagt, gleich Ihre Sichtweise aufzeigen. Sie bauen somit Widerstände auf. Das heißt, Sie machen die Beziehung, die Sie davor aufgebaut haben, wieder kaputt. Wenn Sie das Wort „und" verwenden, verknüpfen Sie die beiden Satzteile. Vermeiden Sie also Wörter wie:

▶ aber, dennoch, trotzdem, obwohl, auch wenn, dann wiederum

und ersetzen Sie diese durch förderliche Begriffe, die eine Beziehung aufbauen und festigen sollen, wie:

▶ und, da, und so, während, darüber hinaus.

Verwenden Sie lieber die Verbindungswörter, die ich Ihnen gerade genannt habe, um Ihren Rapport zu hundert Prozent zu festigen.

Was ist genau ein Reframing? Reframing bedeutet, dass man einem spezifischen Sachverhalt einen neuen Rahmen gibt. Beispiel: hoher Preis = mehr Qualität, längere Lieferzeit = längere Beobachtungszeit oder Überprüfungszeit. Wir unterscheiden zwei Arten des Reframings.

Kontext-Reframing bedeutet, dass etwas in einer bestimmten Situation, in der es passiert, von Nachteil sein kann. In einem anderen Kontext kann die gleiche Sache jedoch sehr positiv sein. Ein Beispiel: Eine Mutter beklagt sich, dass ihr Sohn sich immer wieder in der Schule prügelt. Das heißt also: Der Sohn prügelt sich in der Schule. Jetzt verändern wir den Kontext. Man könnte sagen: „Ist es nicht gut zu wissen, dass Ihr Sohn in der Lage ist, seine kleine Schwester zu schützen, und, wenn sie auf dem Heimweg von der Schule belästigt werden sollte, sie auch schützen könnte?"

Somit haben wir die Situation, also den Kontext, verändert. So schlecht das Prügeln in der Schule war, so positiv kann der Schutz der kleinen Schwester auf dem Weg von der Schule nach Hause sein. Ein anderes Beispiel: Stellen Sie sich einmal vor, es herrscht eine schwere Trockenzeit und es hätte seit Monaten nicht mehr geregnet. Der Bauer betet, dass es anfängt zu regnen, dass seine hart erarbeitete Ernte auf jeden Fall auch Früchte trägt. Plötzlich fängt es an zu regnen, und der Bauer freut sich. Im Gegensatz zum Bauunternehmen gleich um die Ecke, das gerade eine große Jubiläumsfeier hat und dessen Fest buchstäblich ins Wasser fällt. Neutral betrachtet ist der Regen weder schlecht noch gut. Es kommt darauf an, in welchem Kontext man den Vorgang betrachtet. Bei der Aussage „zu teuer" haben Sie durch das Kontext-Reframing immer eine Möglichkeit, einen anderen Kontext herzustellen. Diese Aussage lautet meist so:

▶ Die Lage der Immobilie ist unattraktiv.
   Unattraktiv ist X.
▶ Ich fühle mich demotiviert.
   Demotiviert ist X.

Suchen Sie jetzt eine spezifische Situation, in der X nützlich ist. Der Inhalt ist identisch! Fragen Sie sich: „In welchem Kontext (in welcher Situation), unter welchen Umständen wäre X nützlich?" Beispiel für Kontext-Reframing: „Die Lage der Immobilie gefällt mir nicht." Antwort des Verkäufers: „Ja, ich kann Ihre Bedenken sehr gut verstehen. Bei einer Immobilie kauft man ja gleich die Gegend mit. Die Lage war vor etwa zehn Jahren wirklich nicht erstklassig, das stimmt. Wissen Sie, derzeit ist dieses Viertel eines der am schnellsten wachsenden Viertel, die ich hier kenne. Gerade weil man es auf den ersten Blick noch nicht erkennen kann, ist es ein Geheimtipp, und Sie werden mit Ihrer neuen Immobilie, im Vergleich zu anderen Objekten, innerhalb kürzester Zeit eine enorme Wertsteigerung erleben." Analyse: schlechte Lage = ein Geheimtipp und höhere Wertsteigerung.

Stellen Sie sich einmal vor, Sie befinden sich gerade an einer großen Hauptstraße und hören viele Schritte, weil viele Menschen herumlaufen. Nichts Ungewöhnliches, oder? Wenn Sie allerdings in einer anderen Situation wären, zum Beispiel nachts alleine zu Hause, und Sie hören dann plötzlich Schritte ganz in der Nähe, dann könnte das Gefahr bedeuten. Und wenn Sie schon einmal die Erfahrung gemacht haben, dass bei Ihnen zuhause eingebrochen wurde, dann ist es wohl klar, dass Sie Angst bekommen, oder?

Beim **Bedeutungs-Reframing** verändern wir die Sichtweise, die Situation bleibt die Gleiche. Stellen Sie sich einmal vor, Sie sehen ein Grundstück. Der Bauer denkt, was für ein herrlicher Anblick und eine ideale Möglichkeit, ein neues Feld zu bestellen. Für einen Architekten ist dieses Grundstück wie gemacht dafür, ein großes Traumhaus darauf zu bauen. Für ein junges Paar ist es ein wunderschöner Ort, um ein Picknick zu machen. Für einen Piloten, der am Steuer eines kleinen Flugzeuges sitzt, dem bald das Benzin ausgeht, ist dieses Grundstück eine hervorragende Gelegenheit, zu landen. Und so gibt es noch viele andere Betrachtungsmöglichkeiten und Sichtweisen für das immer gleiche Feld.

Wenn Sie zum Beispiel ein Bild betrachten, könnten Sie sich fragen: Welche Emotionen will der Maler mit diesem Bild vermitteln? Was will er mit diesem Bild wirklich aussagen? Vielleicht sieht jeder etwas ganz anderes in diesem Bild und nimmt etwas vollkommen anderes wahr, als der Maler ausdrücken wollte? Man nimmt also selbst bei der Betrachtung von ein und demselben Gegenstand häufig eine andere Bedeutung wahr. Beim Bedeutungs-Reframing verändern wir den Inhalt der Bedeutung, weil eine Situation verschiedene Bedeutungen hat. Sie können bei einer Situation die positive Absicht suchen und diese als Vorteil anbieten. Stellen Sie sich einmal vor, ein Junge oder ein Mädchen würde sich darüber beklagen, dass all seine/ihre Zukunftsvisionen von den Eltern kritisiert würden. Dann könnte die positive Absicht der Eltern hinter der Kritik stehen, dass sie sich Gedanken über den Werdegang des Kindes machen und Angst haben, dass etwas Schlimmes passieren und das Kind eine Enttäuschung erleben könnte. Sie könnten dann antworten: „Ist es nicht schön, zu wissen, dass deine Eltern sich Sorgen machen und dich vor schlimmen Erfahrungen schützen möchten?"

▶ Ich bin eine Frau, darum kann ich nicht so gut verkaufen.
   Y macht X.

Sie könnten sich fragen: Wie wäre es, wenn Y nun Z bedeutet? Die Verkäufer, die ich kennen gelernt habe, sehen alle immer nur ihren eigenen Vorteil. Verkäufer ist Y. Ihr eigener Vorteil ist X. Jetzt können Sie X eine andere Bedeutung geben. Beispiel: „Das Auto ist in einem schlechten Zustand." Verkäufer: „Sie haben Recht, und darum führe ich Ihnen dieses Auto auch vor. Der Motor und die wichtigsten Teile des Autos sind in einem hervorragenden Zustand. Die Karosse benötigt vielleicht einige kosmetische Korrekturen. Erfahrene Verkäufer erkennen dieses Schnäppchen. Wenn Sie die kosmetischen Verbesserungen vorgenommen haben, hat dieses Auto einen viel höheren Wert."

Ärgere dich nicht darüber, dass der Rosenstrauch Dornen trägt,
sondern freue dich darüber, dass der Dornenstrauch Rosen trägt.

[Arabisches Sprichwort]

⊕ ÜBUNGEN:

1. Üben Sie als Erstes ein „Ein-Wort-Reframing", um Ihre Flexibilität zu trainieren, z. B. verantwortlich

= stabil, engstirnig oder sparsam
= vorsichtig, geizig oder freundlich
= nett, naiv.

Spielerisch

_____

Rücksichtsvoll

_____

Herrisch

_____

Engstirnig

_____

2. Reframen Sie jetzt die folgenden Sätze:

Bei einer Reklamation schreien mich die Kunden immer an.

_____

Unser Vertriebsleiter macht immer zu viel Druck.

_____

Wir müssen dieses Jahr 20 Prozent mehr Einkommenssteuer bezahlen.

———————————————————————————————————————

Dieses Jahr können wir uns nichts leisten.

———————————————————————————————————————

3. Nehmen Sie Ihre vier häufigsten Einwände und reframen Sie diese.

———————————————————————————————————————

———————————————————————————————————————

———————————————————————————————————————

SOM-Strategie

Die drei Buchstaben der SOM-Strategie stehen für Sleight of Mouth. Diese Strategie kommt aus den USA und steht für die verblüffende Geschicklichkeit des Mundes bzw. im Umgang mit der Sprache. Wie ein Zauberkünstler mit seinen Händen seine Geschicklichkeit beweist, demonstriert der nls-Seller seine Fertigkeit im Umgang mit der Sprache. Das Herzstück dieser Strategie ist das Reframing, mit dem in verschiedenen Ebenen ein neuer Rahmen definiert wird.

Bei der SOM-Strategie unterscheiden wir vier verschiedene Arten:

Anderes Ziel:

Fragen Sie sich, welches Ziel für Ihren Kunden noch viel interessanter und lohnenswerter sein könnte als das, was er derzeit anstrebt. Benutzen Sie die folgenden Beispielsätze, um Ihrem Kunden zu verdeutlichen, was er eigentlich anstrebt.

▶ Es geht Ihnen eigentlich nicht darum ..., sondern darum ...
▶ Im Grunde geht es nicht ..., es geht um ...
▶ Hat XY wirklich für Sie die höchste Priorität, ist es Ihnen nicht viel wichtiger, dass ...

Ein Beispiel: „Im Grunde geht es Ihnen doch gar nicht um den Preis, sondern vielmehr darum, welche Qualität Sie langfristig erhalten." „Hat die monatliche Investition für Sie wirklich die höchste Priorität, ist es Ihnen nicht viel wichtiger, was Sie im Schadensfall erhalten?"

Verdeutlichen Sie Ihrem Kunden, dass er eigentlich ein anderes, für ihn noch lohnenswerteres Ziel anstrebt.

Konsequent sein:

Ihr Kunde möchte die für ihn optimale Lösung erhalten. Um das zu erreichen, haben Sie die Pflicht, jeden Gedanken konsequent zu Ende zu denken. Was passiert nach einem, nach zwei oder nach fünf Jahren? Mit welchen Konsequenzen muss er rechnen?

- ▶ Das heißt ...
- ▶ Das bedeutet also ...
- ▶ Das führt dazu ...
- ▶ Das könnte dazu führen ...
- ▶ Schlussendlich bedeutet das ...

Ein Beispiel: „Das bedeutet also, dass Sie die andere Software-Anlage nehmen und mit dem Gedanken oder der Angst leben, dass vielleicht die Sicherheit Ihres Unternehmens stark minimiert ist und im schlimmsten Fall ein Virus Ihr Unternehmen erwischt." „Das könnte dazu führen, dass die Immobilienpreise innerhalb von fünf Jahren um zehn Prozent steigen und die Zinskosten bei einer guten Wirtschaftslage auch höher werden."

Mit Hilfe dieser Strategie können Sie Ihrem Kunden auf anschauliche Art und Weise verdeutlichen, was passieren wird, wenn er Ihr Produkt nicht kauft, und mit welchen Konsequenzen er auf lange Sicht rechnen muss.

Positive Absicht:

Was strebt Ihr Kunde an, welche positive Absicht verfolgt er? Fragen Sie sich, welche positiven Gründe ihn dazu bewegt haben, und Sie sind auf dem besten Weg zum Erfolg!

- ▶ Ihre Absicht ist also ...
- ▶ Sie möchten also ...
- ▶ Sie wollen also ...
- ▶ Ihr Wunsch ist ...
- ▶ Wenn ich Sie richtig verstanden habe, dann möchten Sie ...

Ein Beispiel: „Sie möchten also langfristig so günstig wie möglich eine Immobile erwerben?"

„Wenn ich Sie richtig verstanden habe, dann möchten Sie für Ihr hart verdientes Geld das bestmögliche Produkt bekommen, stimmt's?"

Dadurch, dass Sie nicht auf die Bedenken oder den Einwand des Kunden eingehen, sondern ihn auf seine positive Absicht ansprechen, fühlt sich Ihr Kunde von Ihnen verstanden und angenommen. Mit diesem neu gewonnenen Vertrauen können Sie ihn jetzt noch besser überzeugen.

Hierarchie der Werte:

Definieren Sie ein neues Ziel, das für Ihren Kunden einen höheren Wert hat als das, was er ursprünglich angestrebt hat. Fragen Sie sich: Welcher Wert ist für den Kunden der höchste?

▶ Ist es nicht besser ..., als ...
▶ Ist es nicht schöner ..., anstatt ...
▶ Ist es nicht angenehmer ... anstatt ...
▶ Ist es nicht nützlicher ..., als ...
▶ Ist es nicht vorteilhafter ..., als ...
▶ Möchten Sie nicht ..., statt ...

Ein Beispiel: „Ist es nicht besser, jetzt etwas mehr zu investieren, als in der Zukunft viel höhere Kosten zu haben? " „Möchten Sie nicht lieber in der Zukunft eine viel höhere Sicherheit, als dann unsicher leben zu müssen?"

Bei diesem Punkt suchen wir den höheren Wert und zeigen dem Kunden diesen nochmals auf.

▌▶ BEISPIELE:

Einwand: „Die monatlichen Kosten sind mir zu hoch, weil die momentane Wirtschaftslage so unsicher ist."

Anderes Ziel: „Im Grunde geht es Ihnen doch gar nicht darum, wie viel Sie monatlich investieren müssten, sondern darum, ob Sie im Schadensfall einen unbegrenzten Schutz haben."

Konsequent sein: „Das heißt also, Sie wollen aufgrund der momentanen Wirtschaftslage monatlich weniger investieren und mit dem Gedanken oder der Angst leben, dass vielleicht Ihre persönliche Sicherheit sehr stark gefährdet ist und Sie im schlimmsten Fall sogar zum Sozialfall werden?"

Positive Absicht: „Sie möchten also monatlich ein angenehmes Preis-Leistungs-Verhältnis haben und Ihrer Familie den größtmöglichen Schutz bieten?"

Hierarchie der Werte: „Ist es nicht vorteilhafter, dass Sie eine viel höhere Sicherheit in der Zukunft genießen, als dann unsicher zu leben?"

▶ Eigenes Beispiel:

Einwand:

_____

_____

_____

Anderes Ziel:

_____

_____

_____

Konsequent sein:

_____

_____

_____

Positive Absicht:

_____

_____

_____

Hierarchie der Werte:

_____

_____

_____

Bedenkzeit

Wenn Ihr Kunde zum Beispiel sagt: „Das will ich noch mit meiner Frau besprechen" oder „Das muss ich noch mit meinem Chef besprechen", können Sie einen letzten Versuch starten, um ihn tatsächlich dazu zu bewegen, heute zu unterschreiben. Sie könnten Ihrem Kunden zum Beispiel so antworten: „Ich kann Sie gut verstehen und hätte für Sie eine Empfehlung. Wie lange, meinen Sie, benötigen Sie, um eine Entscheidung zu treffen? Drei Tage? Vier Tage?" Der Kunde antwortet: „Drei Tage." „Gut. Sie bestätigen heute den Auftrag, und ich lege ihn für vier Tage auf Option. Wenn Sie in dieser Zeit merken, dass Sie Ihre Entscheidung noch einmal überdenken möchten, dann rufen Sie uns kurz an, und ich storniere diesen Auftrag sofort. Wenn ich in vier Tagen nichts von Ihnen gehört habe, dann gebe ich den Auftrag weiter zur Bearbeitung. Das ist einfach für Sie und einfach für uns. Wissen Sie, es ist viel einfacher, über eine getroffene Entscheidung nachzudenken, als darüber zu grübeln, diese Entscheidung möglicherweise zu treffen. Machen Sie diesen Schritt ohne jegliche Verpflichtung, und Sie können in aller Ruhe in sich hineinfühlen und herausfinden, ob es sich richtig für Sie anfühlt."

Neun Schritte, wie Sie jedem Einwand entgegenkommen können

1. Hinhören

Hören Sie zu, denn Ihr Kunde sagt ganz genau, was er haben möchte. Seien Sie offen und signalisieren Sie mit Ihrer gesamten Körperhaltung Verständnis. Wo Worte selten sind, haben sie Gewicht.

2. Zeigen Sie verbales Verständnis

Sagen Sie zum Beispiel: „Das ist ein wichtiger Punkt, den Sie da ansprechen. Das kann ich akzeptieren, wenn Sie es jetzt noch so sehen. Ich verstehe Ihre jetzige Meinung. Ich weiß zu schätzen, dass ... Ich merke, ich spreche mit einem Fachmann." Dieser zweite Schritt zeigt Ihren Respekt und Ihr Verständnis. Dieser zweite Schritt dient dazu, Anerkennung und Lob zu geben, für seine Äußerung, für seine Offenheit, für seine Ehrlichkeit. Dieser zweite Schritt dient dazu, Rapport aufzubauen, also die Beziehung zu festigen. Selbstverständlich können Sie in diesem zweiten Schritt auch eine kleine Geschichte erzählen, um Ihr Verständnis für Ihren Gesprächspartner und dessen Situation auszudrücken.

> *Ich kann einen anderen erst richtig verstehen,*
> *wenn ich einige Meilen in seinen Mokassins gelaufen bin.*

[Indianische Weisheit]

3. Den Einwand in eine Frage umwandeln

„Meinen Sie wirklich, dass der Preis zu hoch ist? Meinen Sie wirklich, dass die Lage der Immobilie nicht in Ordnung ist? Die Geldanlage ist zu unsicher? Die monatliche Investition ist zu hoch?" Es kann sein, dass sich der Kunde nach dieser Frage noch einmal Gedanken macht und den Einwand nicht länger als Einwand betrachtet.

4. Hinterfragen Sie den Einwand

Versuchen Sie zu verstehen, aus welchen Gründen der Kunde diesen Einwand bringt: „Wir wissen beide, dass Sie Ihre Gründe haben, das jetzt so zu sehen. Was ist der Grund? Nur Sie kennen Ihre persönliche Situation. Können Sie mir sagen, weshalb Sie so denken? Was ist der Grund? Was ist die positive Absicht?"

5. Den Einwand zum letzten Einwand machen

„Gibt es noch weitere Gründe, die Sie davon abhalten, sofort zu kaufen? Gibt es sonst noch etwas, das Sie zögern lässt? Gibt es außerdem noch etwas, das Sie davon abhält?" Beim fünften Schritt machen wir den Einwand zum letzten Einwand und unterscheiden zugleich einen Einwand von einem Vorwand. Falls Sie merken, dass der Kunde noch einen anderen Einwand hat, dann gehen Sie wieder zurück zu Schritt Nr. 2; ansonsten machen Sie weiter bei Schritt Nr. 6.

6. Wenn-dann-Testabschluss

„Wenn wir diesen Punkt für Sie lösen, dann würden Sie sich heute entscheiden können? Wenn ich Ihnen aufzeigen könnte, welche Vorteile dieses Produkt hat, dann würden Sie mit Sicherheit zustimmen, oder?"

7. Einwandbehandlungsstrategien

Sie haben viele verschiedene Einwandbehandlungsstrategien kennen gelernt. Nehmen Sie die passende Strategie, um Ihren Einwand zu behandeln.

8. Nutzen liefern

Benutzen Sie alle Ihre Fähigkeiten und Ihr gesamtes Know-how, das Sie bis jetzt erworben haben. Wenden Sie Verkaufshypnose und Verkaufslinguistik an und malen Sie Ihrem Kunden aus, welchen großen Nutzen er hat, wenn er es so macht, wie Sie es ihm angeboten haben und empfehlen. Sie könnten sagen: Das bedeutet für Sie ...; das erhöht Ihre ...; das ermöglicht Ihnen ...; das schafft Ihnen ...

9. Den Testabschluss einleiten, den Abschluss suggerieren

Machen Sie es fest und kommen Sie ans Ziel. Sagen Sie: „Jetzt haben wir es." Oder: „Es ist doch o.k. so für Sie?" Oder: „Sie wollen doch von diesem XY (Nutzen) profitieren?" Oder Sie bauen bei diesem Part nochmals den Nutzen des Kunden ein. Fragen Sie ihn, ob er diesen Nutzen tatsächlich auch haben möchte. Zum Beispiel: „Ihnen ist doch die höhere Sicherheit der EDV-Anlage wichtig, oder?" Im nächsten Kapitel werden Sie mehrere Strategien kennen lernen, wie Sie den Abschluss ganz einfach und sehr elegant erzielen können. Seien Sie gespannt und neugierig, und vielleicht haben Sie den Drang, jetzt noch viel schneller zu lesen als bisher.

▶ BEISPIELE, WIE SIE EINWÄNDE ENTKRÄFTEN KÖNNEN

Einwand: „Das ist ein stolzer Preis für dieses Produkt."

Verständnis: „Ich kann Sie gut verstehen, dass Sie das noch so sehen."

Frage umwandeln: „Sie finden, das ist ein stolzer Preis?"

Hinterfragen: „Selbstverständlich haben Sie gute Gründe, weshalb Sie das so sehen. Würden Sie mir sagen, welcher Grund für Sie der entscheidende ist?"

Weitere Gründe: „Gibt es noch weitere Gründe, die Sie jetzt noch vom Kauf abhalten würden?"

Wenn-dann-Lösung: „Das heißt also, wenn ich Ihnen aufzeigen würde, dass der Preis gerechtfertigt ist und Sie für Ihr Geld eine sehr hohe Qualität bekommen, dann würden Sie sich für den Kauf entscheiden können?"

Einwandbehandlung: „Es werden etwa fünf Mitarbeiter mit der Realisierung Ihrer Ziele beschäftigt sein, und, Herr Müller, es geht Ihnen doch gar nicht um den Preis, sondern vielmehr um eine erstklassige Qualität, nicht wahr?"

Nutzen: „Die schnelle und qualitative Realisierung Ihres Projektes ermöglicht Ihnen, mittel- bis langfristig Kosten zu reduzieren und Ihren Gewinn zu maximieren."

Testabschluss: „Das wollen Sie doch, oder? Gut, dann machen wir es."

➕ ÜBUNG:

Notieren Sie Ihre fünf häufigsten Einwände und entkräften Sie diese.
Kundeneinwand:

_____
_____
_____

1. Hinhören

_____
_____
_____

2. Verständnis

_____
_____
_____

3. Frage umwandeln

_____
_____
_____

4. Hinterfragen

_____
_____
_____

5. Weitere Gründe?

_____
_____
_____

6. Wenn-dann-Lösung

_____
_____
_____

7. Einwandbehandlung

_____
_____
_____

8. Nutzen

_____
_____
_____

9. Testabschluss

_____
_____
_____

Zusammenfassung: Einwände sind versteckte Chancen (Step 11)

▶ Einwände sind echte Herausforderungen für den Verkäufer, um zu zeigen, dass er sein Handwerk versteht und sein Mundwerk beherrscht.

▶ Einwände sind Fragen (an den Verkäufer) und eindeutige Kaufsignale.

▶ Neun Schritte helfen Ihnen dabei, mit Einwänden richtig umzugehen: hinhören, verbales Verständnis zeigen, den Einwand in eine Frage umwandeln, hinterfragen, zum letzten Einwand machen, Wenn-dann-Testabschluss, Einwandbehandlungsstrategien verwenden, Nutzen bieten, Abschluss suggerieren.

▶ Beim Reframing geben Sie einer bestimmten Situation einfach einen anderen Rahmen. Der Kunde hat so die Möglichkeit, die Situation aus einer anderen Perspektive zu betrachten.

▶ Bei der SOM-Technik beweisen Sie, dass Sie ein Meister der Sprache sind. Mit Ihrem Slight of Mouth verzaubern Sie Ihre Kunden regelrecht.

3.12 Abschluss leicht gemacht, Zukunft sichern

Jetzt kommen wir zum Schluss, das heißt zum Abschluss. Oder soll ich besser sagen, wir beginnen jetzt mit dem Anfang, mit dem Start einer langen und erfolgreichen Kundenbeziehung. Denn der Abschluss ist erst der Anfang einer langen Beziehung und ein ganz natürlicher Prozess. Wenn Sie alle Punkte, die ich Ihnen bis zu diesem Zeitpunkt erklärt habe, aufgenommen haben, die Übungen durchgeführt und das Wissen so verankert haben, dann wird der Abschluss für Sie nur eine logische Folge sein.

Welche Schwierigkeiten können bei einem Abschluss auftauchen? Was würde passieren, wenn Sie ganz wichtige Aspekte beim Abschluss einfach weglassen würden? Sie werden nach dieser Lektion mit Sicherheit zukünftig Ihre Abschlüsse viel einfacher und leichter tätigen. Sie werden lernen, wie Sie bei einem Abschluss so effektiv vorgehen und mit den Strategien umgehen, dass Sie tatsächlich den Kunden verzaubern und der Kunde unbedingt abschließen möchte. Ihr Kunde hat das enorme Verlangen, endlich abzuschließen. Am besten wäre es doch, wenn der Kunde zu Ihnen kommt und sagt: „Jetzt möchte ich das Produkt/die Dienstleistung wirklich gerne haben!"

Können Sie sich schon vorstellen, wie sich Ihre Zukunft verändern wird, wenn Sie diese effektiven Techniken perfekt beherrschen? Können Sie schon sehen, wie Ihr Bankkonto langsam oder schnell beginnt zu wachsen? Stellen Sie sich einmal vor, Sie haben einen harten, langen Arbeitstag hinter sich und hatten wirklich keine Zeit, etwas zu essen. Am späteren Abend kommen Sie nach Hause, und Ihre Frau oder Ihr Mann hat etwas ganz Herrliches zu essen gemacht. Allein beim Anblick läuft Ihnen schon das Wasser im Munde zusammen. Es ist Ihr Lieblingsessen. Und Sie freuen sich auf die Belohnung, weil Sie so intensiv und hart gearbeitet haben. Haben Sie nicht Lust, sich sofort auf das Essen zu stürzen und gleich zu beginnen? Genauso und nicht anders wird das Gefühl sein, wenn Sie bei einem Kunden zum Abschluss kommen. Ihre Fähigkeiten und Fertigkeiten werden Sie tragen.

Wenn Sie jetzt neugierig und ungeduldig sind und gerne wissen möchten, wie Sie denn nun Ihren nächsten Abschluss ebenso einfach wie effektiv tätigen können, dann werden Sie ganz interessante, neue Erkenntnisse gewinnen und sich vielleicht wundern, wie sich Ihre Zukunft ganz schnell verändert. Ihre erwartungsvolle Haltung wird die Fähigkeit um ein Vielfaches erhöhen. Woran erkennen Sie, wann der Kunde so weit ist? Wann ist der richtige Zeitpunkt, den Abschluss zu tätigen? Ganz wichtig ist, dass Sie niemals abschließen, wenn Ihr Kunde noch nicht so weit ist. Aus diesem Grund sollten Sie eindeutige Kaufsignale erkennen können, und erst wenn das geschehen ist, dürfen Sie mit dem Abschluss beginnen. Wenn Sie zu früh damit beginnen, kann ich Ihnen keine Garantie dafür geben, dass Sie den Abschluss auch wirklich tätigen. Ihre Fähigkeit, Kaufsignale zu erkennen, ist wirklich entscheidend! Welche Kaufsignale kennen Sie und welche möchten Sie noch in Ihr Repertoire aufnehmen?

Kaufsignale leicht erkennen

Körperliche Kaufsignale

▶ Der Kunde entspannt sich. Sie erkennen, dass sich seine gesamte Muskulatur merklich entspannt, weil er sich sicher ist, wie er sich entscheiden möchte. Er fühlt sich wohl mit seiner Entscheidung, und das sieht man. Am besten erkennt man die entspannte Haltung des Kunden im Gesicht und an der lockeren Nacken- und Schultermuskulatur.
▶ Seine Körperhaltung wird systematischer. Das heißt, er sitzt oder steht aufrecht und hat keine Schräghaltung oder andere Abweichungen von einer geraden und aufrechten Körperhaltung.
▶ Seine Augen fangen an zu glänzen. Wie bei einem kleinen Kind, das ein Geschenk bekommt, erkennen Sie, dass die Augen des Kunden zu leuchten und zu glänzen beginnen.
▶ Die Pupillen werden größer, sie weiten sich. Das heißt, die Wahrnehmung ist geschärft.

Sprachliche Kaufsignale

▶ Der Kunde erfragt Einzelheiten über Ihr Produkt, weil er sich jetzt vorstellen kann, es tatsächlich zu kaufen. Er versetzt sich also in den Zustand, es jetzt schon zu besitzen, und aus diesem Grund fragt er nach Details.
▶ Er vergleicht das Produkt mit anderen, um vielleicht die Vorteile Ihres Produktes zu erkennen.
▶ Er fragt nach Zusatzprodukten. Welche Wahlmöglichkeiten oder zusätzliche Möglichkeiten hat er, dieses Produkt zu erweitern?

Aktionen des Kunden richtig werten

▶ Er zeigt Ihnen ein vergleichbares Produkt und spricht mit Ihnen darüber, wie er das Produkt einsetzen möchte.

▶ Ihr Kunde wird besonders nett und sehr freundlich. Er streckt Ihnen seine geöffneten Hände entgegen. Er kratzt sich am Kinn und überlegt. Seine gesamten sprachlichen Äußerungen weisen auf eine spezifische Sichtweise hin, die der Kunde derzeit hat. Er spricht jetzt schon so, als würde er das Produkt bereits besitzen, und beschreibt, was er alles damit machen könnte oder würde.

Stellen Sie sich einmal vor, Ihre Fähigkeit zu verkaufen wäre immens gestiegen. Ihre Firma gibt Ihnen einen Bonus, eine Gratifikation, weil Ihre Leistungen so herausragend waren und Sie deutlich höhere Ziele erreicht haben als die anderen Verkäufer. Ihr Bonus: ein Flug in einem Kunstflugzeug. Keine Angst, Sie fliegen nicht selbst, Sie sitzen hinten drin und dürfen den Flug genießen. Jetzt stellen Sie sich einmal vor, Sie gehen an diesem ganz besonderen Tag zum Flugplatz. Der Pilot erwartet Sie, begrüßt Sie mit offenen Armen und sagt zu Ihnen: „Sie werden heute etwas Wunderschönes erleben." Der Pilot weist Sie ein und sagt, was Sie alles beachten sollen. Sie haben die passende Kleidung an, die bei diesem interessanten Flug notwendig ist, und es geht los. Sie steigen in das kleine und sehr wendige Flugzeug ein. Der Motor wird gestartet, und so langsam bebt dieses Flugzeug, und Sie spüren die Kraft des Motors. Ein kleiner Ruck, und die Maschine rollt über die Startbahn. Dann zieht der Pilot die Nase nach oben, ihr Blick wandert ebenfalls nach oben, zum Himmel. Sie sehen den Himmel vor sich, und Sie kommen ihm immer näher und näher und näher.

Die Maschine befindet sich im Steilflug nach oben, und auf einmal stürzt der Pilot das Kunstflugzeug senkrecht nach unten. Sie sehen plötzlich den Boden auf sich zukommen. Rasend schnell und immer schneller und noch schneller. Sie wundern sich, was der Pilot macht. Sie haben ein mulmiges Gefühl im Bauch, so als ob Sie sich fast übergeben müssten. Und dann plötzlich wendet er nach rechts und dann wieder nach links und wieder nach oben und wieder nach unten und dann ein Looping, und plötzlich erinnern Sie sich sehr unangenehm daran, was Sie heute Morgen alles gegessen haben. Das geht 15 Minuten lang so, und Sie denken: Hoffentlich hört das bald auf und wir landen. Nach einer Weile landen Sie tatsächlich und die Maschine kommt zum Stehen. Ein kleiner Ruck, und das Flugzeug parkt. Sie steigen aus und denken, Sie sind Achterbahn gefahren, nur, dass es noch viel schlimmer war, viel extremer und die Krafteinwirkung auf Ihren Körper viel heftiger war. Ihr ganzer Körper ist total durcheinander. Sie sind sogar etwas orientierungslos. Sie brauchen erst einmal einige Sekunden, um sich wieder auf dem Boden der Tatsachen zurechtzufinden. Sie sehen eine Bank, gehen auf diese zu, setzen sich hin und ruhen sich aus.

Nach rund 20 Minuten kommt der Pilot noch einmal zu Ihnen und sagt: „Komm, wir drehen jetzt noch einmal eine Runde." Mit einem kleinen Unterschied: Rein körperlich bleiben Sie auf der Bank sitzen, aber Ihr imaginärer Körper steigt in dieses Flugzeug ein und fliegt nach oben. Es werden Slaloms gedreht, es geht im

Steilflug hoch und nach unten, Sie machen Loopings und Schrauben und Sie können, quasi von außen, beobachten, wie sich Ihr Gesicht verzieht und Ihnen ein wenig übel wird. Worin besteht der Unterschied? Der Unterschied ist, dass Sie beim ersten Mal assoziiert waren, Sie waren wirklich in diesem Flugzeug und haben alles am eigenen Leib miterlebt. Sie haben alles selbst durch Ihre Augen gesehen, mit Ihren eigenen Ohren gehört, alles selbst gefühlt. Beim zweiten Mal waren Sie dissoziiert, das heißt, Sie waren nicht wirklich mittendrin im Geschehen, Sie haben es von außen beobachtet. Es war so ähnlich, als würden Sie einen Film auf einer Kinoleinwand sehen und Sie selbst würden eine Rolle in diesem Film spielen. Es handelt sich um zwei völlig unterschiedliche Perspektiven. Es sind zwei völlig unterschiedliche Gefühlswelten. Im ersten Fall, beim assoziierten Beispiel, ist das Gefühl viel stärker, weil Sie ja tatsächlich live dabei sind. Im zweiten Fall, im dissoziierten Beispiel, ist das Gefühl weniger stark, weil Sie ja alles nur beobachten, so wie Sie im Kino einen Film sehen.

Diese beiden Sichtweisen sind vollkommen verschieden und helfen uns dabei herauszufinden, wie weit unser Kunde tatsächlich ist. Wenn Ihr Kunde beim Verkaufsabschluss assoziiert ist, sich selbst also wirklich bereits dabei sieht, wie er mit Ihrem Produkt arbeitet, dann ist das ein hundertprozentiges Signal dafür, dass er jetzt reif für den Abschluss ist und unweigerlich kaufen wird. Ist Ihr Kunde dissoziiert, dass heißt, Sie erkennen bereits an seiner Wortwahl, dass der Besitz des Produktes für ihn noch sehr theoretisch ist, dann sollten Sie mit dem Abschluss noch warten und weiter daran arbeiten, dass Ihr Kunde möglichst bald assoziiert, dass er vollkommen im Geschehen involviert ist und wirklich kaufen möchte. Der Kunde muss das absolute Verlangen haben, Ihr Produkt oder Ihre Dienstleistung jetzt zu kaufen. Er muss regelrecht hungrig danach sein. Nun werden Sie einige Abschlussstrategien kennen lernen.

Abschlussstrategien nutzen

Der kleine Abschluss nebenbei

Fragen Sie nach unwichtigen Dingen, Kleinigkeiten, nach Nebensächlichkeiten, wie zum Beispiel: „Soll die Wohnung gereinigt werden, bevor Sie einziehen?" Wir Menschen neigen dazu, kleine Abschlüsse, kleine Entscheidungen leichter zu treffen. Große Entscheidungen fallen vielen Menschen ziemlich schwer. Darum sollten Sie mit kleinen Entscheidungen beginnen, dann kommen Sie mit der Salamitechnik, Scheibchen für Scheibchen, zum Ziel. Nach Nebensächlichkeiten zu fragen ist hilfreich, darum ermitteln Sie durch Fragen, ob dieses o.k., jene Farbe für Ihren Kunden gut ist oder eben ob die Wohnung vor dem Bezug gereinigt werden soll oder nicht.

Zustimmungsabschluss

Dabei handelt es sich um den sogenannten Ja-Rhythmus. Sie haben ja ein Beispiel, wie Sie vorgehen können. Es ist sehr effektiv. Sie holen sich drei oder vier sichere Ja-Antworten, und dann beginnen Sie mit der Abschlussfrage. Beim Zustimmungsabschluss kommt es darauf an, dass Sie Ihren Kunden Dinge fragen, die bereits geklärt sind. Wichtig ist, dass Sie mit Nebensächlichkeiten beginnen und sich dann steigern, um eine Übereinstimmung zu erhalten. Fragen Sie, ob Sie beide das Gleiche notiert und tatsächlich zu 100 Prozent alles richtig schriftlich fixiert haben bzw. alle Wünsche des Kunden erfüllen konnten. Verwenden Sie beim Zustimmungsabschluss verschiedene Nutzenargumente und holen Sie sich verschiedene Jas des Kunden. Verwenden Sie Endungen wie: Nicht wahr? Oder? Stimmt's?

▶ Lassen Sie uns zum Schluss alles noch einmal zusammenfassen.
▶ Stimmt es, dass Sie 100.000 Schrauben haben möchten?
▶ Es ist für Sie wichtig, dass wir innerhalb von zwei Wochen liefern können, nicht wahr?
▶ Ist es richtig, dass wir jeweils 50 Prozent der Ware in das eine und die anderen 50 Prozent in das andere Werk liefern sollen?
▶ Sie möchten ein Zahlungsziel von drei Wochen erhalten? Gut, dann lassen Sie uns beginnen.

Der Plus-Minus-Abschluss

Wir reihen mit dem Kunden gemeinsam noch einmal alle Argumente - am besten schriftlich - auf, die für und gegen den Kauf sprechen („Plus und Minus"), wobei die Vorteile überwiegen müssen. Ein paar wichtige Tipps: Lassen Sie zuerst Ihren Kunden alle Bedenken, die gegen den Kauf sprechen bzw. ihn zögern lassen, noch einmal ansprechen. Schreiben Sie diese auf eine Liste. Beachten Sie dabei, dass Sie die Äußerungen in verkürzter Variante aufschreiben. Zum Beispiel: Die Handhabung ist gewöhnungsbedürftig. Sie schreiben nur „gewöhnungsbedürftig" auf. Das Problem mit der langen Lieferzeit. Sie schreiben nur „Lieferzeit" auf. Wenn Ihr Kunde alle seine Bedenken genannt hat, dann beginnen Sie ihn zu fragen, was für den Kauf spricht. Sie notieren alle Vorteile, nur mit dem kleinen Unterschied, dass Sie hier gelegentlich ganze Sätze aufschreiben. Wenn Ihr Kunde dann anfängt zu stocken und keine weiteren Gründe benennen kann, die für den Kauf sprechen, helfen Sie ihm und fragen: „Ist das XY nicht auch noch wichtig für Sie gewesen? Es war für Sie wichtig, dass es sehr stabil ist, oder?" Sie suchen so lange nach Argumenten für den Kauf, bis ihre Zahl die der Bedenken überschreitet. Dann stellen Sie eine Kontrollfrage. Einleitung: „Also, Herr Kunde, dann fassen wir doch einmal die wichtigsten Punkte zusammen:"

Minus: Plus:

_____   _____

_____   _____

_____   _____

_____   _____

Kontrolle:

_____

_____

_____

Und zum Schluss: „Also Herr Kunde, lassen wir uns doch noch einmal durch den Kopf gehen, was für und was gegen den Kauf spricht. Wir haben ja alle Argumente notiert und jetzt sagen Sie mir ehrlich: Was sagt Ihnen Ihr Bauchgefühl?" Diese Technik können Sie verwenden, wenn Ihr Kunde noch einige Zweifel hat. Selbstverständlich brauchen Sie diese Technik nicht einzusetzen, wenn Ihr Kunde keine Schwierigkeit mit Entscheidungen hat und er eigentlich weiß, dass er Ihr Produkt kaufen oder Ihre Dienstleistung nutzen möchte. Entscheidungsfindungstechnik nennt man diese Strategie auch. Es gibt Menschen, die diese Technik häufig verwenden, wenn sie vor einer wichtigen Entscheidung stehen. Kennen Sie solche Menschen?

Alternativabschluss

Das ist wohl eine der gängigsten Abschlusstechniken. Weil sie so effektiv ist, nenne ich sie trotzdem an dieser Stelle noch einmal. Auch beim Alternativabschluss ist wichtig, dass Sie zunächst Nebensächlichkeiten abfragen. „Wollen Sie zu diesem Software-Programm ein elektronisches Handbuch oder lieber eines im Papierformat erhalten?" „Wohin werden Sie als Erstes mit Ihrem neuen Fahrzeug fahren, nach Hause zur Familie oder zu Freunden und Bekannten?"

Zukunft sichern

Ihre Zukunft sichern Sie auch, indem Sie Ihrem Kunden zum Abschluss einfach mal gratulieren. Beglückwünschen Sie ihn; schließlich hat er doch soeben einen klasse Kauf getätigt:

▶ Sie haben es sich wirklich verdient, Gratulation.
▶ Mein Bruder hat es auch gemacht, ich gratuliere Ihnen.

Bringen Sie Ihren Kunden zum Schluss zum Lachen! Ihr Kunde muss in einem Spitzenzustand sein! Und als nls-Seller der Spitzenklasse verkaufen Sie nicht nur Produkte oder Dienstleistungen, sondern vielmehr Gefühle und Zustände. Sind diese positiv, wird sich auch Ihr Verkäuferleben zum Positiven verändern.

Pflegen Sie Ihren Kunden

Vor einiger Zeit habe ich mir ein neues Auto gekauft. Weil ich oft lange Strekken fahren muss, brauche ich alle ein bis zwei Jahre ein neues Fahrzeug. Selbstverständlich macht es mir immer wieder großen Spaß, wenn ich mit guten Verkäufern verhandle, weil ich die nls-Strategien dann auch beim Einkauf nutzen kann. Der Verkäufer im Autohaus war jedenfalls sehr freundlich und nett, wir waren uns einig über die Konditionen, dann haben wir die Papiere fertig gemacht und über die Auslieferung gesprochen. Der Verkäufer wusste, dass ich ein Vielfahrer bin. Nach der Unterzeichnung des Kaufvertrages und der Auslieferung des Fahrzeuges habe ich nichts mehr von ihm gehört. Sie kennen vielleicht dieses Sprichwort: anhauen – umhauen – abhauen. Und genau das hat der Verkäufer mit mir gemacht. Und das, obwohl er wusste, dass ich in einem oder zwei Jahren wieder ein potenzieller Kunde sein werde.

Wenn Sie eine Dienstleistung verkaufen, beginnt in der Regel erst nach der Unterzeichnung der Papiere die Geschäftsbeziehung. Doch wenn Sie ein Produkt verkaufen, ist der Verkaufsprozess in der Regel nach dem Kauf und der Übergabe der Ware abgeschlossen. nls-Seller tun mehr als die meisten Verkäufer und informieren sich in beiden Fällen nach rund zwei bis vier Wochen, wie es ihrem Kunden geht. Welche Veränderungen oder Erleichterungen genießt Ihr Kunde durch das Produkt? Das hat natürlich mehrere Vorteile: Erstens merkt der Kunde, dass er Ihnen wichtig ist, und schätzt Ihre uneigennützige Handlung. Zweitens erhalten Sie positive Energie, wenn Sie ihn anrufen oder persönlich besuchen. Für den Fall, dass Sie vielleicht den ganzen Tag Ablehnungen erhalten haben, kann genau dieser Kundenkontakt für Sie wieder einmal ein Beweis dafür sein, wie gut Ihr Produkt ist. Außerdem haben Sie wieder eine gute Geschichte, die Sie bei Ihrem nächsten Kundenbesuch erzählen können. Mehr Win-Win geht kaum, oder? Die 1×4-Regel besagt: Kontaktieren Sie viermal im Jahr Ihre Kunden, per Telefon, persönlich, per

Post, Fax oder per Mail. Außerhalb dieser Zeit ist es natürlich auch angebracht, an Geburtstagen, zu Weihnachten oder Neujahr ein paar nette Worte zu wechseln oder einige Zeilen zu schreiben. Wenn Sie diesen Tipp nicht schon ohnehin befolgen, dann garantiere ich Ihnen, dass Sie damit ganz leicht Ihren Umsatz steigern werden.

⊕ ÜBUNGEN:

▸ Schärfen Sie Ihre Beobachtungsgabe. Nehmen Sie wahr, wie Ihre Mitmenschen reagieren, wenn sie etwas entschieden haben. Beobachten Sie die Körperhaltung, die sprachlichen Äußerungen und die Aktionen, die sie durchführen.
▸ Erstellen Sie eine Ideensammlung und finden Sie heraus, welche „kleinen Abschlüsse nebenbei" Sie in Ihrer Praxis realisieren können.
▸ Schreiben Sie zur Übung zwei Zustimmungsabschlüsse auf und festigen Sie diese Strategie.
▸ Pflegen Sie Ihre Kunden und machen Sie sich einen genauen Plan, wann und wie Sie Ihre Kunden kontaktieren und pflegen.

Zusammenfassung: Abschluss leicht gemacht, Zukunft sichern (Step 12)

▸ Der Abschluss ist etwas vollkommen Natürliches im Verkaufsprozess, nicht mehr, aber auch nicht weniger.
▸ Ihr Kunde sagt Ihnen verbal, zeigt durch seine Körpersprache und andere Signale, wenn er zum Abschluss bereit ist.
▸ Nutzen Sie diese Signale und leiten Sie zügig den Abschluss ein. Denn das natürliche Ende eines Verkaufs- (nicht Beratungs-)Gesprächs ist der Abschluss.
▸ Nach dem Verkauf ist vor dem Verkauf. Gratulieren Sie Ihrem Kunden zum getätigten Kauf, bringen Sie ihn unmittelbar nach dem Abschluss nochmals in einen Spitzenzustand und stimmen Sie sich so gemeinsam auf eine gute Abwicklung und eine langfristige Zusammenarbeit ein.
▸ Pflegen Sie Ihren Kunden durch regelmäßige Kontakte und sei es nur, um ihm einfach einmal einen schönen Tag zu wünschen.

3.13 Der Zusatzverkauf

Es ist erstaunlich, wie leicht man mit Hilfe des Zusatzverkaufs innerhalb kürzester Zeit seinen Umsatz um 20 bis 30 Prozent steigern kann. Doch es gibt einiges zu beachten, und nur, wer wirklich weiß, welche Schritte für einen eleganten und souveränen Zusatzverkauf nötig sind, kann punkten. Manchmal merkt man bereits während des Verkaufsgesprächs, dass neben dem Produkt, um das es aktuell geht, noch weitere Zusatzprodukte oder -dienstleistungen für den Kunden interessant sein könnten oder sich ein Upselling geradezu anbietet.

Doch manchmal reagieren Verkäufer in diesen Situationen nicht adäquat, sondern ängstlich, weil sie unsicher sind, ob sie das Verkaufsgespräch überhaupt zum Abschluss bringen können. Sie wollen sich erst einmal auf den ersten Abschluss konzentrieren, frei nach dem Motto „Lieber den Spatz in der Hand als die Taube auf dem Dach". Natürlich ist diese Angst nachvollziehbar, aber sie ist unbegründet.

Wenn Sie jede Phase des Verkaufsprozesses durchgeführt haben, ist es eine selbstverständliche Konsequenz, dass der Abschluss eingeleitet wird. Wenn Sie vollkommen entspannt sind, Ihren Fokus auf die Kundenbedürfnisse ausrichten und stets im Hinterkopf haben, dass es Ihnen um den Kunden und dessen größtmöglichen Vorteil geht – dann gibt es keinen Grund, den Zusatzverkauf nicht einzuleiten.

Stellen Sie sich einmal vor, Sie verkaufen Notebooks. In diesem Fall ist es sehr einfach, zu den Notebooks weitere Zusatzprodukte zu verkaufen, beispielsweise eine größere Speicherkapazität, mehr RAM, einen schnelleren Prozessor, eine Tasche für das Notebook, einen zusätzlichen Reise-Akku etc. Wichtig ist dabei nur, dass Sie berücksichtigen, was Sie in der Bedarfsanalyse erfahren haben. Wenn Sie Ihrem Kunden nicht die Zusatzprodukte anbieten, die, basierend auf der Bedarfsanalyse, interessant für ihn sein könnten, wird er diese zu einem späteren Zeitpunkt bei einem anderen Anbieter erwerben.

Die verschiedenen Arten des Zusatzverkaufs

1. Cross Selling, der sogenannte Querverkauf

Diese Art des Zusatzverkaufs unterscheiden wir noch einmal in den senkrechten Querverkauf und in den waagerechten Querverkauf. Verdeutlichen wir den senkrechten Querverkauf einmal anhand eines Beispiels. Ein Kunde kauft sich einen Anzug, und der Verkäufer offeriert ihm, im Rahmen des senkrechten Querverkaufs, das passende Hemd, eine passende Krawatte und wenn möglich auch ein gutes Paar Schuhe zum Anzug. Ein anderes Beispiel: Ein Kunde kauft sich ein neues Auto, und der Verkäufer bietet ihm als Zusatzprodukte Winterreifen, noch hochwertigere Fußmatten oder die erste Inspektion zu einem absoluten Sonderpreis an. Vorstellbar wäre ebenfalls, dass der Verkäufer seinem Kunden als zusätzliche Produkte eine Lederausstattung fürs Auto, eine Sitzheizung, getönte Scheiben oder ein fest installiertes Navigationssystem anbietet.

Der Einzelhandel hat das Potenzial, das im Zusatzverkauf steckt, bereits erkannt und bietet Ihnen, wenn Sie etwas kaufen, mögliche Zusatzprodukte an. Kaufen Sie im Supermarkt eine Packung Spaghetti, dann stehen die verschiedenen Soßen gleich griffbereit daneben. Kaufen Sie sich einen Smoking, dann finden Sie in der gleichen Abteilung das passende Hemd, eine schöne Fliege oder weitere passende Accessoires.

Beim waagerechten Cross Selling geht es um den Verkauf von ergänzenden, jedoch nicht verwandten Produkten. Ein Beispiel: Sie vertreiben Software-Produkte an Firmen. Zusätzlich zu diesen Produkten können Sie Ihren Kunden, im Rahmen des waagerechten Zusatzverkaufs Schulungen anbieten. Wenn Sie Autos verkaufen, dann könnten Sie zusätzlich noch Autoversicherungen, einen Rund-um-die-Uhr-Pannenservice oder andere Dienstleistungen anbieten. Beim waagerechten Verkaufen bietet es sich geradezu an, Kooperationen mit verschiedenen Firmen einzugehen und dadurch den Kunden vollkommen zufriedenzustellen. Schließlich ist es doch heutzutage selbstverständlich, dass man Netzwerke aufbaut und seinen Kooperationspartnern etwaige Geschäfte zukommen lässt. Ein Finanzdienstleister, der sich auf Versicherungen spezialisiert hat, der aber in seinem Netzwerk einen Spezialisten für den Bereich Investments und einen Spezialisten für Immobilienan- und -verkäufe hat, der kann seinen Kunden diese bei Anfragen empfehlen. Natürlich macht ein solcher Aufbau von Kooperationen erst einmal Arbeit, doch es lohnt sich, denn allein durch diese Strategien können Sie Ihren Umsatz drastisch erhöhen. Denken Sie immer daran: Das Vertrauen des Kunden ist vorhanden. Und wenn der Kunde eine Sache kauft, dann ist er meist auch bereit, eine zweite Sache von Ihnen zu kaufen.

2. Upselling, der Veredelungsverkauf

Eine weitere Form des Zusatzverkaufs ist das Upselling. Upselling steht für eine Veredelung des Produkts, eine Produkterweiterung. Die Menge eines Produkts kann erhöht werden, die Qualität kann erhöht, also verbessert werden und es kann zusätzliche Erweiterungen des Produktes durch Extras aller Art geben. Beim Upselling bieten Sie Ihrem Kunden also nicht die günstigste Variante an, sondern offerieren ihm vielmehr ein noch hochwertigeres Produkt bzw. eine Dienstleistung, die in einer höheren Preisklasse angesiedelt ist. Verdeutlichen wir das Prozedere des Upsellings anhand eines Autokaufs. Ihr Kunde hat sich für einen spezifischen Autotyp entschieden, und Sie bieten ihm dieses Modell jetzt nicht in der Basisvariante an, sondern offerieren ihm eine Premium-Variante dieses Wagens, der bereits mit zahlreichen besonderen Extras ausgestattet ist. Je nach Bedarfsanalyse können Sie das Ursprungsprodukt, also ein Auto eines bestimmten Typs, immer weiter veredeln und um hochwertige Ausstattungsextras erweitern.

Grundvoraussetzung für das Upselling ist natürlich, dass Sie eine sehr gute Analysephase hatten und dadurch präzise wissen, welches Potenzial Ihr Kunde tatsächlich hat. Ich gebe Ihnen einen wichtigen Tipp: Entscheiden Sie nicht für Ihren Kunden, er weiß, was er benötigt und was nicht. Verdeutlichen Sie ihm durch Fragen, welchen Bedarf er hat, und bieten Sie ihm unterschiedliche Varianten an; doch nehmen Sie Ihrem Kunden nicht die Entscheidungen ab. Durch eine plausible Argumentation, durch die Verdeutlichung des hohen Nutzens können Sie die Produktvorteile elegant aufzeigen.

Falls Sie während der Analysephase nicht genau erfahren haben, welche Zusatzprodukte oder Dienstleistungen Ihr Kunde benötigt, ist es sinnvoll, verschiedene Fragen zu stellen, bevor Sie den Zusatzverkauf einleiten. Eine hilfreiche Anleitung finden Sie in Kapitel 3.5 „Kunden richtig einschätzen und Salz in die Wunde geben". Finden Sie so viel wie möglich über Ihren Kunden heraus und stellen Sie ihm Fragen:

- ▶ In welcher Umgebung wird das Produkt eingesetzt?
- ▶ Welchen Belastungen muss das Produkt in der Praxis gewachsen sein?
- ▶ Wie genau wollen Sie das Produkt in den Ablauf einbinden und damit arbeiten?
- ▶ Können Sie mir einmal ganz konkret erklären, wie Sie mit dem Produkt arbeiten wollen und was dabei zu beachten ist?
- ▶ Wie könnten die Abläufe durch die neue Dienstleistung noch optimiert werden?

Jede Information hilft – nur so können Sie sich wirklich ein Bild von Ihrem Kunden und dessen Bedürfnissen und Wünschen machen.

Zusatzverkauf einfach realisieren

Wie können wir den Zusatzverkauf ganz einfach realisieren? Ich stelle Ihnen jetzt anhand von zwei Beispielen vor, wie Sie Ihren Zusatzkauf rhetorisch auf hohem Niveau präsentieren können.

1. Zusatznutzenkette

Produktstärke – Kundennutzen – Beweisführung – Kontrollfrage

Mit diesen vier Steps können Sie ganz elegant den Zusatzverkauf realisieren und haben zugleich alle relevanten Punkte in Ihrer Kurzpräsentation. Verdeutlichen wir das Vorgehen einmal anhand eines Verkaufsgespräches über ein Notebook.

Verkäufer: „Herr Müller, ich empfehle Ihnen zu Ihrem Notebook noch extra zwei Gigabyte RAM. Das bedeutet für Sie, dass Sie mit mehreren Programmen gleichzeitig, vollkommen problemlos, arbeiten können. Und falls Sie viele Fenster offen haben, dann läuft Ihr Rechner trotzdem sehr schnell. Die meisten Kunden kaufen ohnehin im Nachhinein mehr RAM und der Aufwand ist dann deutlich höher. Aus diesem Grund empfehle ich Ihnen, die zwei Gigabyte jetzt gleich mit einzubauen. Sie möchten doch gerne, dass Sie flexibel sind und Ihre Arbeit noch schneller bewältigen können?"

Ich gebe Ihnen jetzt noch ein weiteres Beispiel, wie Sie den Zusatzverkauf einleiten können.

Verkäufer: „Herr Müller, ich empfehle Ihnen das Versicherungspaket Profi Plus. Das bedeutet für Sie, dass Sie nicht nur die allgemeine Rechtsschutzversicherung haben, sondern diese zusätzlich auch noch den Bereich Arbeitsrecht komplett abdeckt, so dass Sie wirklich rundum geschützt und für alle Eventualitäten gerüstet sind. Für so einen kleinen Obolus lohnt sich das definitiv, sagen die meisten meiner Kunden. Möchten Sie gerne die Sicherheit haben, dass Sie rundum geschützt sind?"

Ein Beispiel noch zur Verdeutlichung des Ablaufs.

Verkäufer: „Zu dieser Software empfehle ich Ihnen einen Wartungsvertrag. Im Wartungsvertrag enthalten ist ein 24-Stundenservice, den Sie immer dann in Anspruch nehmen können, wenn Sie mal ein Problem haben sollten. Unmittelbar nachdem Sie Ihr Problem telefonisch geschildert haben, wird es gelöst. Das bedeutet für Sie, dass Sie sich auf einen reibungslosen Ablauf verlassen können. Sie können dadurch schneller reagieren und haben ein besseres und sicheres Gefühl. Die meisten unserer Kunden haben sich für diesen Wartungsvertrag entschieden und sparen dadurch nicht nur bares Geld, sondern sind auch sehr zufrieden, weil ihre Probleme wirklich umgehend gelöst werden. Herr Müller, ist es Ihnen nicht wichtig, dass Sie einen reibungslosen Ablauf in Ihrem Unternehmen haben und die Sicherheit, dass alles gut funktioniert?"

Wichtig bei dieser Vorgehensweise sind die folgenden Punkte:

▶ Die Produktstärke sollte detailliert geschildert werden. Zahlen, Fakten und Daten verstärken die Produktstärke noch. (Die Produktstärke wird auf die Bedürfnisse des Kunden abgestimmt.)

▶ Der Kundennutzen sollte nicht zu allgemein formuliert sein. Es geht im Verkaufsgespräch um einen spezifischen Kunden, es sollte also auch sein unmittelbarer Nutzen genannt werden.

▶ Mit der Beweisführung steht und fällt der Erfolg der Argumentation. (Hinweise auf andere Kunden, Namen, Daten, Erfahrungen und Statistiken nützen, Allgemeinplätze wie „meine Kunden sind immer zufrieden" schaden.)

▶ Die Kontrollfrage ist die Rückversicherung des Verkäufers, alles richtig verstanden zu haben. Suggestivfragen sind hilfreich, sollten aber elegant und sparsam eingesetzt werden.

⊕ ÜBUNGEN:

Formulieren Sie eine Zusatznutzenkette für eines Ihrer Produkte/Ihre Dienstleistung.

Produktstärke

_____
_____
_____

Kundennutzen

_____
_____
_____

Beweisführung

_____
_____
_____

Kontrollfrage

_____
_____
_____

Das zweite Format, über das wir jetzt sprechen, setzt nicht an der Produktstärke an, sondern wird durch einen spezifischen Standpunkt eingeleitet, wie der folgende Aufbau zeigt.

2. Zusatzargumentationskette

Standpunkt – Logisches Argument – Kundennutzen – Kontrollfrage

Wichtig ist, dass Sie zu Beginn Ihrer Argumentation nicht zu einer Ich-Aussage oder Man-Aussage greifen, sondern sich auf eine neutrale Aussage zurückziehen. Die folgenden Beispiele werden verdeutlichen, warum dieses Vorgehen so wichtig ist.

Verkäufer: „Eine Lederausstattung in Ihrem Auto erhöht den Wiederverkaufswert. Der Grund hierfür ist, dass das Leder sich zum einen wesentlich leichter reinigen lässt und zum anderen die Stabilität der Bezüge deutlich höher ist. Das Material ist weniger anfällig und robuster. Das bedeutet für Sie, dass Ihr Wagen innen immer gepflegt und sauber aussieht und Sie ihn dadurch leichter weiterverkaufen können; und das bei einem sehr guten Wiederverkaufswert. Sie möchten doch gerne einen besseren Wiederverkaufswert haben?" Alternative Frage: „Soll ich die Lederausstattung gleich auf Ihrer Bestellung vermerken?"

Wichtig bei dieser Vorgehensweise sind die folgenden Punkte:

▶ Der Eröffnungs-Standpunkt ist neutral (keine Ich- oder Man-Aussage).
▶ Logische und leicht nachvollziehbare Argumente wirken glaubhaft. Verbinden Sie diese mit der Brücke „Der Grund hierfür ist" oder „Die Tatsache ist" und „Das Argument hierfür ist", „weil" oder „denn".
▶ Anschließend folgt eine Überleitung zum Nutzen: „Das bedeutet für Sie", „das bringt Ihnen", „das erhöht Ihre", „das schützt vor".
▶ Es folgt die Kontrollfrage, bei der es sich entweder um eine Suggestivfrage handeln kann „Sie möchten doch" und „Sie wollen doch" oder „Soll ich Ihnen das gleich mit dazu buchen" oder um eine Alternativfrage. (Es wird nicht gefragt, ob der Kunde einen Zusatznutzen erhalten möchte, sondern vielmehr welchen Zusatznutzen er erhalten möchte. „Wollen Sie zu Ihrem neuen Notebook eher eine Stofftasche oder eine Ledertasche?")

Die Variante der Alternativfrage ist recht einfach und kann sofort angewendet werden. Der Zusatzverkauf wird bereits vielerorts verwendet, doch nicht immer wird dieses Instrument erkannt. Bei der Fastfood-Kette McDonald's sind die Mitarbeiter sehr gut geschult und stellen meist, nachdem der Kunde etwas bestellt hat, die Zusatzverkauf-Frage. „Möchten Sie zu Ihrem Menü noch eine Apfeltasche oder ein Eis?" „Möchten Sie Ketchup oder Mayonnaise? Möchten Sie das Maxi-Menü für nur 50 Cent mehr?" Die meisten Kunden reagieren positiv auf die Frage und neh-men gerne die größere Portion oder ein Extra-Produkt. Allein mit dieser Art der Zu-satzfrage können Sie Ihre Umsätze hervorragend steigern.

Setzen Sie diese Strategie um, und Sie werden verblüfft sein, wie leicht es Ih-nen fällt, und es wird Ihnen Spaß machen, immer wieder den Zusatzverkauf ein-zuleiten. Wenn Ihr Kunde einen Einwand äußert, dann empfehle ich Ihnen, noch einmal in Kapitel 3.11 „Einwände sind versteckte Chancen" nachzulesen, damit Ih-nen die verschiedenen Arten der Einwandbehandlung ganz präsent sind. Bereiten Sie sich gut vor, schreiben Sie sich unterschiedliche Möglichkeiten des Zusatzver-kaufs auf, üben Sie es, trainieren Sie es, denn so sind Sie perfekt gerüstet und kön-nen den Zusatzverkauf professionell und erfolgreich durchführen.

➕ ÜBUNGEN:

Formulieren Sie eine Zusatzargumentationskette für eines Ihrer Produkte/Ihre Dienstleistung.

Standpunkt

_____

_____

_____

Logisches Argument

_____

_____

_____

Kundennutzen

_____

_____

_____

Kontrollfrage

_____

_____

_____

Es ist wirklich erstaunlich, wie einfach der Zusatzverkauf ist, wenn man weiß, worauf man achten muss. Beginnen Sie also mit dem ersten Schritt, üben Sie die Strategie des Zusatzverkaufs konsequent, und Sie werden merken, dass es Ihnen nach einiger Zeit des Übens und Trainierens sehr leichtfallen wird, die Techniken anzuwenden. Wenn Sie jedoch nicht konsequent üben und trainieren, so dass Ihnen der Zusatzverkauf in Fleisch und Blut übergeht, dann ist es klar, dass Sie bei der Umsetzung nervös sind. Aber sind Sie nervös, weil Sie die Strategien nicht beherrschen, oder sind Sie nervös, weil Sie dem Kunden etwas anbieten, was ihm möglicherweise nicht gut tun würde, wodurch er also keinen echten Nutzen erhalten würde?

Es gibt verschiedene Gründe, weshalb Sie den Zusatzverkauf einleiten und diese Technik in den Ablauf des Verkaufsgesprächs als ganz normalen Schritt eingliedern sollten. Nicht nur, dass Sie eine deutliche Umsatzsteigerung erreichen können – 20 bis 50 Prozent sind ohne Weiteres möglich – bei manchen Branchen mehr, bei manchen Branchen weniger. Zusätzlich hat es auch positive Auswirkungen auf die vorhandene Kundenbeziehung, es entsteht eine noch bessere Kundenbindung, da Sie Ihrem Kunden eine Rundum-Versorgung anbieten. Würden Sie das nicht tun, müsste Ihr Kunde zu einem anderen Unternehmen gehen, das ihm dann die Produkte oder Dienstleistungen bieten würde, die er sich wünscht.

Einen weiteren Punkt dürfen Sie auch nicht außer Acht lassen: Ihr Kunde vertraut Ihnen bereits, es ist also absolut natürlich, wenn Sie ihm über den ersten Abschluss hinaus noch ein Zusatzprodukt anbieten. Würden Sie das nicht tun, könnte es schließlich sein, dass Ihr Kunde erst einige Zeit nach dem Abschluss bemerkt, dass ihm etwas fehlt. Ob er dann noch zu Ihnen kommt, obwohl Sie verpasst haben, ihn auf dieses Zusatzprodukt aufmerksam zu machen? Wenn jemand seine Bedürfnisse kennen sollte, dann sind das doch Sie, oder nicht?

Ab wann sollte man den Zusatzverkauf einleiten? Es gibt verschiedene Zeitpunkte, an denen man mit dem Zusatzverkauf beginnen kann und auch sollte. Während des Verkaufsgesprächs kann man einhaken und ein Upselling ansprechen; eine Produktveredelung oder eine Erweiterung vorschlagen. Unmittelbar nach Beendigung des Gesprächs, nachdem der Kunde den Auftrag unterschrieben hat, kann man zusätzlich noch ein weiteres Produkt verkaufen. Ebenfalls ist es möglich, dem Kunden, unmittelbar bevor er unterschreibt, noch weitere Produkte oder eine Erweiterung des einen Produktes anzubieten. Ein weiterer guter Zeitpunkt für die Einleitung eines Zusatzverkaufs ist ungefähr drei bis vier Tage nachdem der Kunde den Kauf getätigt hat. Knüpfen Sie wieder an, stärken Sie durch einen Anruf Ihre Beziehung zum Kunden und starten Sie den Verkauf eines Zusatzproduktes.

Üben Sie jetzt den Zusatzverkauf. Schreiben Sie mindestens vier Zusatz-verkauf-Argumentationen auf und trainieren Sie zugleich die verschie-denen Formate, die sich für die unterschiedlichen Produkte und Dienst-leistungen eignen.

1.
_____
_____
_____
_____
_____

2.
_____
_____
_____
_____
_____

3.
_____
_____
_____
_____
_____

4.
_____
_____
_____
_____
_____

Testen Sie bei mindestens drei verschiedenen Kunden, welches Format Ihnen am besten gefällt, und verwenden Sie dieses von nun an grundsätzlich bei jedem Verkaufsgespräch. Übung macht den Meister!

Wichtige Anmerkungen

Wenn Sie Cross Selling machen, dann lohnt es sich, verschiedene Termine mit Ihrem Kunden auszumachen und die Produkte nach und nach, Scheibchen für Scheibchen zu verkaufen. Verkaufen Sie erst ein Produkt, und nach der Vertragsunterzeichnung schlagen Sie ein ganz neues Kapitel auf und vereinbaren einen neuen Termin mit Ihrem Kunden, um über dieses Produkt zu sprechen.

Erfolgreiche Verkäufer wenden dieses Upselling absolut professionell an und verkaufen dem Kunden zum Beispiel bei der Finanzdienstleistung nicht ein Produkt, sondern verwenden einen sogenannten Türöffner. Ein kleineres, günstigeres Produkt wird verkauft. Dieses Geschäft fungiert als Türöffner und führt dazu, dass eine vertrauensvolle Beziehung zwischen dem Kunden und dem Verkäufer aufgebaut wird. Im Nachhinein, wenn das Produkt gekauft ist, wird überprüft, welche Dinge für den Kunden noch weiter interessant sein könnten, und der Verkäufer bietet seinem Kunden einen weiteren Termin an. So hangelt man sich von Produkt zu Produkt, von einem Termin zum nächsten. Faktisch erhält der Kunde eine Rundum-Versorgung und eine umfassende Beratung; er erwartet auch von Ihnen, dass Sie ihn nach dem ersten Verkauf weiter betreuen und nicht nach dem Geschäftsabschluss das Weite suchen. Eine professionelle Beratung, der konsequente Zusatzverkauf und eine gute Terminplanung inklusive Salami-Technik sind Garanten für Ihren Erfolg.

Zusammenfassung: Der Zusatzverkauf (Step 13)

▶ Der Zusatzverkauf ist etwas vollkommen Natürliches, wenn Sie zuvor alle Phasen des Verkaufsgesprächs eingeleitet und durchlaufen haben.

▶ Eine gezielte Bedarfsanalyse hilft Ihnen dabei zu ermitteln, welche zusätzlichen Produkte oder Veredelungen für Ihren Kunden in Frage kommen.

▶ Es gibt verschiedene Zeitpunkte, um den Zusatzverkauf einzuleiten. (Im Gespräch, vor Unterzeichnung der Papiere, nach der Unterschrift des Kunden, mehrere Tage nach Auftragsunterzeichnung.)

▶ In vier Schritten können Sie den Zusatzverkauf durchführen. (Zusatznutzenkette: Produktstärke – Kundennutzen – Beweisführung – Kontrollfrage oder Zusatzargumentationskette: Standpunkt – logisches Argument – Kundennutzen – Kontrollfrage)

▶ Es gibt keinen Grund, den Zusatzverkauf nicht durchzuführen, da Ihr Kunde Ihnen vertraut und bereit ist, bei Ihnen zu kaufen.

SCHLUSSWORT: DIE MACHT ZU ÜBERZEUGEN

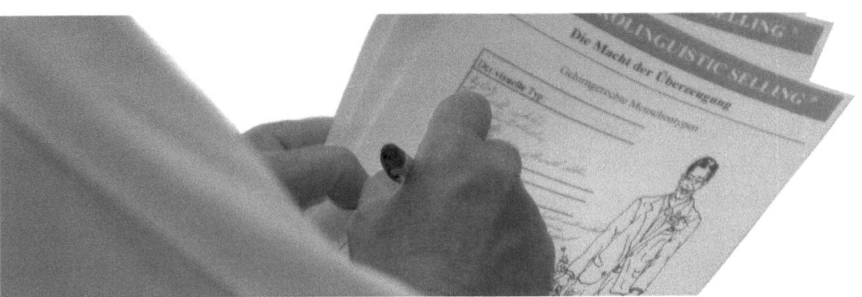

Viele Menschen denken, die Macht zu besitzen, andere Menschen zu überzeugen, sei etwas Schlechtes, weil die Menschen dann willenlos sind und Dinge tun, die sie sonst aus freien Stücken nicht getan hätten. Sie befürchten, dass Personen beeinflusst, überredet oder manipuliert werden und etwas kaufen oder tun, was sie gar nicht brauchen oder wollten. Ja, Sie haben Recht! Wenn Sie die Macht besitzen, Menschen zu überzeugen, können Sie vieles damit machen. Doch betrachten Sie unsere Welt einmal realistisch. Das Klischee vom globalen Dorf ist bekannt und immer noch wahr. Noch nie war es so einfach wie in der heutigen Zeit, Menschenmassen zu beeinflussen und zu manipulieren. Es werden sogar Milliarden investiert, um uns Menschen zu beeinflussen.

Das bedeutet, dass nur durch Manipulation und Beeinflussung immer mehr Menschen Coca-Cola trinken, zu McDonald's gehen und sich sogar vollkommen sinnlose Dinge angewöhnen, wie Zigaretten rauchen. Wie Sie sehen, werden wir alle so manipuliert, dass wir Dinge tun, die nicht gut für uns sind oder sogar ungesund. Manipulation kann aber auch dazu führen, dass eine tief gehende, positive Einstellungsveränderung auf der gesamten Welt möglich ist. Das hängt alleine davon ab, wer die größte Überzeugungsfähigkeit hat und zu welchem Zweck diese eingesetzt wird. Wir Menschen glauben, dass wir heutzutage von Reizen regelrecht überflutet werden. Wenn wir zurückblicken zum Leben unserer Urahnen, bemerken wir, dass diese genauso von Reizen überflutet wurden. Der Unterschied besteht nur darin, dass unsere Urahnen Bildern, Geräuschen, Geschmackserlebnissen, Gerüchen und Gefühlen ausgesetzt waren und diese über Leben oder Tod, einen gefüllten Bauch oder lebensbedrohlichen Hunger entschieden. Der größte maßgebliche Unterschied liegt in der Distanz. Heutzutage werden wir weltweit in ganz bestimmte Richtungen gelenkt und beeinflusst. Strategien werden dazu verwendet, damit Menschen eine bestimmte Einstellung haben oder einen bestimmten Politiker wählen, es geht sogar so weit, dass uns bestimmte Einstellungen, Handlungen, Regeln oder länderspezifische Sitten eingetrichtert werden.

Da stellt sich die Frage: Haben wir überhaupt eine eigene Meinung oder ist alles manipuliert worden und wir denken so, wie wir denken sollen? Das Charakteristische an unserer modernen Welt ist, dass wir permanent und beharrlich manipuliert und beeinflusst werden. Es ist sogar mit unseren modernen Medien möglich, ein Bild, eine Einstellung an Millionen von Menschen zeitgleich zu übertragen und diese so auch zeitgleich zu beeinflussen. In einer Welt voller Überzeuger haben Sie die Wahl, selbst ein Überzeuger zu sein und diese Fähigkeiten zu besitzen, oder Sie werden derjenige sein, der überzeugt wird. Es ist ganz egal, ob Sie die besten Ideen, die besten Produkte oder die beste Dienstleistung haben, die die Welt zum Positiven verändern würde(n). Wenn Sie keine Überzeugungsfähigkeit haben, werden Sie niemals eine Veränderung erreichen. Dieses Talent ist wohl das wichtigste in unserer heutigen Zeit.

Stellen Sie sich doch nur einmal vor, Sie hätten kein Geld oder sonst irgendetwas, das Sie zum Leben benötigen. Sie hätten lediglich die Kleidung, die Sie am Körper tragen und würden sich in einer fremden Stadt befinden. Meinen Sie nicht, dass Sie, wenn Sie diese Fähigkeit besäßen, innerhalb kurzer Zeit etwas zu essen hätten, zum Autohaus gehen und ein Auto leasen oder finanzieren könnten oder innerhalb kürzester Zeit eine Arbeitsstelle bekommen würden oder zur Bank gehen, sich dort einen Kredit holen und damit ein profitables Geschäft aufbauen könnten? Meinen Sie nicht auch, dass dies möglich ist, wenn Sie nur so gut überzeugen können, dass viele Menschen von Ihnen und Ihrem Vorhaben überzeugt sind? Die Welt wird von Menschen beherrscht, die die größten Überzeugungsfähigkeiten haben. Das ist es, worum es in diesem Buch geht. Es macht keinen Sinn, Herrscher eines sterbenden Planeten zu sein. Alles, was Sie erfahren haben, hat nur einen Sinn, wenn Sie mit diesem Wissen auf eine positive Art und Weise andere und sich selbst noch erfolgreicher machen. Wenn Sie als Verkäufer ein Produkt oder eine Dienstleistung verkaufen, mit der Sie eine positive Veränderung für unsere Welt und Ihre Kunden bewirken könnten, dann überzeugen Sie Ihre Kunden. Wenn Ihr Kunde effektiver, kostensparender und einfach erfolgreicher wird, dann wird es ihm nur helfen, wenn Sie ihn überzeugen. Unser Wirtschaftskreislauf funktioniert nur, wenn gekauft und verkauft wird. Das Erfolgsgeheimnis für Reichtum und Wohlstand ist, dass das Geld im Fluss bleibt und nicht an einer Stelle des Kreislaufs festgehalten wird. Sorgen Sie dafür, dass das Geld im Fluss bleibt. Die beste Kraft beruht auf Kooperation, sie entsteht, wenn Menschen zusammenarbeiten und nicht jeder als Einzelkämpfer agiert. Es ist an der Zeit, zum Wohle aller Menschen die Möglichkeiten zu nutzen und die Zukunft positiv zu gestalten.

Jetzt ist die richtige Zeit!

LITERATURVERZEICHNIS

BANDLER, RICHARD / DONNER, PAUL: Die Schatztruhe, 3. Auflage, Paderborn 2004

BANDLER, RICHARD / GRINDER, JOHN: Kommunikation & Veränderung, 8. Auflage, Paderborn 2003

BANDLER, RICHARD / GRINDER, JOHN: Metasprache und Psychotherapie, 11. Auflage, Paderborn 2005

BANDLER, RICHARD / GRINDER, JOHN: Neue Wege der Kurzzeit-Therapie, 14. Auflage, Paderborn 2007

BANDLER, RICHARD / GRINDER, JOHN: Reframing, 8. Auflage, Paderborn 2005

BANDLER, RICHARD / LA VALLE, JOHN: Die Schatzkammer des Erfolges, 2. Auflage, Paderborn 2004

BANDLER, RICHARD: Unbändige Motivation, 3. Auflage, Paderborn 2009

BANDLER, RICHARD: Veränderung des subjektiven Erlebens, 7. Auflage, Paderborn 2006

BETTGER, FRANK: Lebe begeistert und gewinne, 42. Auflage, Zürich 2005

BUCHHOLZ, ANDREAS / WÖRDEMANN, WOLFRAM: Der Wachstumscode für Siegermarken, Berlin 2000

CARNEGIE, DALE: Besser miteinander reden, 4. Auflage, Frankfurt am Main 2003

COUÉ, EMILE: Autosuggestion, 5. Auflage, Zürich 2005

DILTS, ROBERT B.: Die Magie der Sprache, 3. Auflage, Paderborn 2008

FUCHS, JÜRGEN: Das Märchenbuch für Manager, 5. Auflage, Frankfurt am Main 2009

GEFFROY, EDGAR K.: Das Einzige was stört ist der Kunde, 16. Auflage, München 2005

HÖLLER, JÜRGEN: Alles ist möglich, Berlin 2000

HÖLLER, JÜRGEN: Sag Ja zum Erfolg, Berlin 2000

MOHL, ALEXA: Metaphern-Lernbuch, 4. Auflage, Paderborn 2007

MOINE, DONALD / LLOYD, KENNETH: Unlimited Selling Power, Paderborn 1994

PESESCHKIAN, NOSSRAT: Der Kaufmann und der Papagei, Frankfurt am Main 1979

ROBBINS, ANTHONY: Das Power-Prinzip, Berlin 2004

ROBBINS, ANTHONY: Das Robbins Power-Prinzip, Berlin 2004

TRACY, BRIAN / SCHEELEN, FRANK M.: Der neue Verkaufsmanager, Landsberg 2000

TRACY, BRIAN: Der Weg zum Erfolg, Freiburg 2004 (Audio)

TRACY, BRIAN: Die Psychologie des Verkaufens, 13. Auflage, Freiburg 1998 (Audio)

TRACY, BRIAN: Luckfactor, 3. Auflage, Offenbach 2000

TRACY, BRIAN: Thinking big, 6. Auflage, Offenbach 1998

TRACY, BRIAN: Verkaufspsychologie, Baden 1992 (Audio-Kassetten)

TRACY, BRIAN: Verkaufsstrategien für Gewinner, München 2006

STICHWORTVERZEICHNIS

Die Kunst der Überzeugung ...

... ist weniger eine Kunst als vielmehr ein Handwerk, meint Marc M. Galal und tritt in seinen Seminaren immer wieder aufs Neue den Beweis an. Schließlich kann jeder Mensch lernen, überzeugend zu sprechen, souverän zu argumentieren und seine Gesprächspartner in seinen Bann zu ziehen.

In den Elite-Seminaren nls® 1, 2 und 3 erfahren Sie Erstaunliches über die Macht der Sprache und erleben, wie Sie mit Hilfe von Verkaufshypnose und Strategien Ihr Gegenüber entschlüsseln, Ihre Argumentation gezielt auf ihn abstimmen und so einfach und effektiv überzeugen.

nls® 1 - Die Macht der Überzeugung: In diesem Seminar lernen Sie, wie Sie durch gezielte Motivanalyse und durch wirkungsvolle Strategien der Verkaufshypnose Ihre Kunden für sich gewinnen. Wenn Sie es nicht tun, dann wird es ein anderer tun.

nls® 2 - Die Kunst der Beeinflussung: Jeder Kunde kauft nach einer spezifischen Strategie. Nur wer diese erkennt, kann seine Argumentation danach ausrichten. In diesem Seminar tauchen die Teilnehmer in die tiefsten Denkstrukturen ihrer Kunden ein und lernen, mit Metaphern und Geschichten die Kauflust enorm zu erhöhen.

nls® 3 - Die Geheimnisse der Verkaufshypnose: Ob wir wollen oder nicht, jeder von uns ist Faktoren der Manipulation und Beeinflussung ausgesetzt. In diesem Seminar trainieren die Teilnehmer, die Entscheidungsmuster der Kunden durch direkte und indirekte Suggestionstechniken positiv zu beeinflussen.

Niemand kauft gerne die Katze im Sack ...

Aus diesem Grund bietet Marc M. Galal Interessenten das günstige 1-Tages-Seminar „Spielend einfach verkaufen" und kostenlose Abendseminare an, denn so machen sich die Teilnehmer selbst ein Bild von der nls® Strategie. Buchen Sie im Anschluss ein Folge-Seminar, haben beide Seiten ein gutes Gefühl.

Vorträge, Firmentrainings und unterschiedliche Seminare von nls® I über NLP™ Business Practitioner und nls® Sales Coach - alle Informationen über das komplette Seminarprogramm finden Sie unter www.marcgalal.com.

Aktuelle Informationen und Praxis-Tipps aus erster Hand erhalten Sie auch im Sales Ticker, der alle 14 Tage erscheint. Bei Anmeldung unter www.marcgalal.com erhalten Sie eine Audio-CD mit Verkaufstipps gratis!

I DER AUTOR I

„Ein Unternehmen lebt nicht von dem, was es produziert, sondern von dem, was es verkauft." Dieses Zitat des amerikanischen Top-Managers Lee Iacocca ist Leitmotiv und Wahlspruch des Verkaufstrainers und Vertriebsexperten Marc M. Galal, der bereits mehr als 50 000 Seminarteilnehmer begeistert hat.

Nach seiner Tätigkeit als Vertriebsleiter in einem gut gehenden mittelständischen Unternehmen ließ sich Marc M. Galal von NLP™-Altmeister Dr. Richard Bandler persönlich ausbilden. Sein Grundlagenwissen erwarb sich Galal in Europa und war hier in namhaften Unternehmen erfolgreich als Trainer tätig. Er ist lizenzierter Trainer der Society of NLP sowie Hypnose-Coach, ließ sich in der provokativen Therapie, direkt von deren Begründer Frank Farrelly, schulen und besitzt als einer der wenigen Verkaufstrainer das begehrte Zertifikat der Sales Professional Q 100 (Verband DIN EN ISO 9000 ff. für Zertifizierung e.V.). Marc M. Galal entwickelte die nls® Verkaufsstrategie, die ganz auf die Belange des Verkaufs ausgerichtet ist. nls, Neuro Linguistic Selling, wird bereits von zahlreichen namhaften Unternehmen wie Deichmann, Bang & Olufsen, Luxhaus, Nestlé, Toyota und Renault genutzt.

Als ehemaliger Vize-Weltmeister in einem Hochleistungssport hat Marc M. Galal bewiesen, dass Träume durch Disziplin und Übung Realität werden können. Um ständig nach den neuesten wissenschaftlichen Erkenntnissen ausbilden zu können, reist er mehrere Wochen im Jahr zu Qualifizierungsprogrammen in die Vereinigten Staaten von Amerika.

Kontakt:

Marc Galal Institut

Rudolfstraße 13, 60327 Frankfurt am Main

Freecall +49 / 800 / MARCGALAL

Freecall +49 / 800 / 627 24 25 25

E-Mail: info@marcgalal.com

Seminartermine unter www.marcgalal.com

If you have any concerns about our products,
you can contact us on
ProductSafety@springernature.com

In case Publisher is established outside the EU,
the EU authorized representative is:
Springer Nature Customer Service Center GmbH
Europaplatz 3, 69115 Heidelberg, Germany

Printed by Libri Plureos GmbH
in Hamburg, Germany